Daniel Olivier

Luthers Glaube

Die Sache des Evangeliums in der Kirche

Klett-Cotta

Aus dem Französischen übersetzt von Michael Maurer

Das Original erschien unter dem Titel
„La foi de Luther. La cause de l'Évangile dans l'Église"
© Éditions Beauchesne, Paris, 1978

CIP-Kurztitelaufnahme der Deutschen Bibliothek

Olivier, Daniel:
Luthers Glaube : d. Sache d. Evangeliums in d.
Kirche / Daniel Olivier. [Aus d. Franz. übers.
von Michael Maurer]. – Stuttgart : Klett-Cotta,
1982.
Einheitssacht.: La foi de Luther (dt.)
ISBN 3-608-91068-9

Inhalt

Abkürzungen

ARG   Archiv für Reformationsgeschichte
Cl   Luthers Werke in Auswahl (Clemen-Ausgabe)
CR   Corpus Reformatorum
DB   Denzinger/Schönmetzer: Enchiridion Symbolorum, Definitionum et Declarationum de rebus fidei et morum. 36. Aufl. 1965
HTR   Harvard Theological Review
KD   Kerygma und Dogma
Lj   Lutherjahrbuch
MPL   Migne: Patrologia latina
NRTh   Nouvelle revue théologique
PL   Positions luthériennes
RGG   Die Religion in Geschichte und Gegenwart. 3. Aufl., 6 Bände. 1957—65
RHE   Revue d'histoire ecclésiastique
RQH   Revue des questions historiques
Rev SR   Revue des sciences religieuses
RSPT   Revue des sciences philosophiques et théologiques
WA   Weimarer Ausgabe

Einleitung: Die Lutherforschung

Ein halbes Jahrtausend ist seit der Geburt Martin Luthers (1483) vergangen, und doch wird sein Name — in welchem Bereich auch immer — wieder und wieder genannt. Luther ist zum Symbol geworden für die größte Krise in der Geschichte des Christentums — die Reformation[1] —, die Trennung zwischen Katholiken und Protestanten, die Frage nach der Stellung und der Rolle des Papstes in der Kirche Jesu Christi. Was soll man heute von Luther halten? Dieses Buch wurde zu einem Zeitpunkt geschrieben, wo im französischen Raum wieder von Luther die Rede war: Diesmal galt er als Inbegriff der von den Gegnern der nachkonziliaren Entwicklung der katholischen Kirche behaupteten „Protestantisierung" des Katholizismus. Meine Auffassung vom Glauben Luthers ist unabhängig von diesen Querelen entstanden. Es ist aber kaum zu verhindern, daß ein neues Lutherbuch von einem katholischen Priester, der sich positiv über Luther äußert, unter Umständen als ein neuer Angriff gegen den traditionellen Glauben eingeschätzt werden kann.

In Wirklichkeit gehen meine Gedanken seit langem in eine andere Richtung. Wenn man die Fakten nüchtern betrachtet, ist die Behauptung, daß die Veränderungen der Kirche[2] seit dem Konzil den Katholizismus tendenziell mit den protestantischen Thesen in Einklang bringen, bestenfalls eine *Hypothese*. Ihretwegen kann man nicht verbieten, Probleme zu untersuchen, die durch die Entwicklung der letzten Jahre aufgeworfen wurden.

Der Ausgangspunkt jener Veränderungen war ein Anstoß, den das Konzil gab. Der katholische Glaube geht davon aus, daß die zum Konzil versammelten Bischöfe vom Heiligen Geist inspiriert sind. Nun hat aber die Verbrüderung mit den Protestanten gerade auf dem Konzil durch die Zulassung eingeladener Beobachter zu den Sitzungen des 2. Vaticanums durch Papst Johannes XXIII. begonnen. Protestanten waren auf dem Konzil von Trient (1545—1563), das die Reformation verurteilte, nicht anwesend. Eine Folge war, daß sich ein *anti-protestantischer* Katholizismus herausbildete.

Man darf aber nicht — wie es von verschiedenen Seiten immer wieder zu hören ist — die Bemühungen einer so großen sozialen Institution wie der katholischen Kirche, eine katastrophale Entscheidung ihrer Vergangenheit zu korrigieren, leichtfertig als „Protestantisierung" abstempeln. Katastrophal nicht in dem Sinn, daß sich Trient über die wahre Natur des Katholizismus hätte täuschen können, sondern in dem Sinn, daß die „Gegenreformation" an dem Versuch scheiterte, den Bruch rückgängig zu machen. Die Christenheit blieb beklagenswerterweise geteilt. Man hatte sich also über die „Lösung" der Krise getäuscht. Die neue Haltung, die auf dem 2. Vaticanum zum Vorschein kam, ist zunächst einmal nichts anderes als das Ergebnis des begründeten Willens, nicht mehr blindlings *anti*protestantisch zu sein, weil das keine Lösung war — und weil es *nicht mehr nötig ist.* Das Konzil von Trient wollte einen durch den Protestantismus in seiner Existenz bedrohten Katholizismus verteidigen. Aus der Notlage des Augenblicks erklärt es sich, daß es dazu kommen mußte, eine Strömung zu verurteilen, die eine wachsende Zahl von Gläubigen von Rom entfremdete. Aber dieses Problem des Katholizismus, angesichts der protestantischen Expansion zu überleben, stellt sich nicht mehr. Die Gegenwart stellt die Kirche vor gefährliche Herausforderungen anderer Art. Auf dem 2. Vatikanischen Konzil konnte der Katholizismus gelassen der Existenz anderer kirchlicher Gemeinschaften entgegensehen wie auch der Notwendigkeit, mit ihnen ins Gespräch zu kommen. Dadurch *hat er wieder zu sich selbst gefunden.*

Ist der Preis für dieses Auftauen nun fatalerweise das Eindringen der protestantischen Thesen ins römische Dogma? Die Traditionalisten behaupten das mit Eifer. Nach ihrer Interpretation des Konzils von Trient bedeutet jede Annäherung an die Protestanten ein Paktieren mit der Häresie. Man gibt vor, die Bedrohung gewinne Gestalt in der Reform der Messe, die — so wird behauptet — eine „Lutherische Messe" geworden sei. Sicher konnte es lange so erscheinen, als ob die Kirche jene Position nicht ändern könne, welche vom Konzil von Trient bis zu Pius XII. (gestorben 1958) die vorherrschende war. Aber wie könnte man bezweifeln, daß die Entwicklung des Katholizismus seit dem 2. Vaticanum mit seinen Grundprinzipien übereinstimmte? Die Konstitution über die Liturgie, welche den ersten Akt der Konzilsreform darstellte, war sie nicht die Antwort darauf, daß es ganz offensichtlich notwendig ist, sehr alte Riten an die Erfordernisse der Evangelisierung des Volkes durch das Wort Gottes anzupassen?

Ich hatte zu jener Zeit schon damit begonnen, Luther zu erforschen. Ich war überrascht zu sehen, daß die Bischöfe der ganzen Welt der Kirche übereinstimmend legitime Veränderungen des Kultus und der Meßfeier zugestanden, welche die Reformation vier Jahrhunderte vorher vergeblich gefordert hatte. Man orientierte sich also an einer anderen Auffassung der aus dem 16. Jahrhundert überkommenen Probleme. Der Dogmatismus und Ritualismus à la Pius V. (unter diesem Papst wurde das Konzil von Trient zu Ende geführt) erwiesen sich auf die Dauer als Verarmung, und zwar in dem Maße, wie sie das Leben der Kirche auf einer überwundenen Stufe der Vergangenheit erstarren ließen. Die Akten des Pontifikats Pius' XII. konnten nicht das letzte Wort Roms zur ökumenischen Bewegung und zu vielen anderen aktuellen Problemen sein, denn man hatte die Nichtanerkennung von Fakten, die kein Mensch mehr leugnen konnte, schon bis zum Absurden getrieben. Mußte der Katholizismus unter dem Vorwand der Treue zum Buchstaben Trients (gewiß nicht zu seinem Geist) unbegrenzt auf die Freiheit verzichten, die zum Wohl der Kirche und der Gläubigen unabdingbaren Maßnahmen zu ergreifen in all den Fällen, wo man solche Maßnahmen „protestantisch" nennen konnte? Das Ergebnis der Forschungen, die durch diese Überlegungen provoziert wurden, findet man hier. Man wird sehen, daß die wahren Protestanten nicht immer so sind, wie man sie sich vorzustellen pflegt. Es sind zwei verschiedene Dinge: seinen Glauben zu bekennen und päpstlicher als der Papst sein zu wollen. Ich wünschte, daß es mir gelänge, die Hypothek der angeblichen „Protestantisierung" der Kirche abzutragen. Es geht nicht darum, den konziliaren Katholizismus von dem Vorwurf reinzuwaschen, er sei durch den Umgang mit der Häresie kompromittiert, oder dem Protestantismus das Zeugnis der Rechtgläubigkeit auszustellen. Was zählt, ist dieses: allen Christen, die guten Willens sind, die Schritte zu der Entwicklung zu erleichtern, an der sie ebenso mitwirkend wie betrachtend teilnehmen, — einer Entwicklung, die nichts anderes ist als die sehr späte Erfüllung dessen, was das Konzil von Trient hätte tun können, wenn die Umstände es erlaubt hätten.

Die Aktualität Luthers bedarf wohl kaum eines Beweises. Die Lutherforschung erreicht die Größenordnung von mehreren Hundert Publikationen pro Jahr[3]. Die Debatte um Luther selbst wird allmählich klarer, obwohl es schwierig bleibt, sich über seine Persönlichkeit einig zu werden. Andererseits ist es ja auch nicht so sehr der Luther von einst, der uns interessiert, sondern der dauerhafte Wert seines Werkes. Die Verurteilung seiner „Irrtümer" durch Rom bleibt unverändert bestehen. Aber man konnte doch sehen, wie allmählich eine *katholische* Lutherforschung entstand, die selbst von Protestanten respektiert wird und die den Heiligen Stuhl 1970 dazu gebracht hat anzuerkennen, daß Luther ein aufrichtiger Christ und dem Evangelium ergeben war[4]. Meine Aufgabe ist es nun, ein Bild dieser Forschungen und der neuen Ergebnisse zu entwerfen — in den Grenzen des zur Verfügung stehenden Raumes.

Auf dem Feld der Lutherforschung kommt es mindestens ebensosehr auf die religiöse Ausrichtung an wie auf die wissenschaftlichen Ergebnisse. In der Tat sah sich die Forschung immer auf die Debatte über den Glauben Luthers verwiesen. Dieser Glaube ist die Quelle eines dogmatischen Streites, der die Erforschung des Lebens und Denkens von Luther immer von neuem aufleben läßt. Es gilt also zu zeigen, wo die Diskussion über den Glauben steht, dem wir die Reformation verdanken.

Der Knoten dieses Konflikts ist die katholische Opposition gegen die Thesen, die für den Protestantismus charakteristisch sind: Autorität des Gotteswortes, Rechtfertigung durch den Glauben, allgemeines Priestertum. Zu diesen Thesen gibt es jeweils eine katholische Version, die dazu verleiten kann, viele „protestantische" Lehren und Gewohnheiten als

„häretische" zu definieren. Die Unnachgiebigkeit Roms angesichts des gegenwärtigen Protestantismus stellt für eine Verständigung über den Glauben Luthers ein unüberwindliches Hindernis dar; so sehr sind in dieser Debatte Vergangenheit und Gegenwart miteinander verbunden. Denn diese Debatte ist von höchstem Interesse für die Selbstdarstellung des Christentums.

Die Diskussion hat nun insofern eine neue Richtung genommen, als Luther im 20. Jahrhundert von zahlreichen *katholischen* Historikern und Theologen „entdeckt"[5] wurde. Das Wort „entdeckt" ist nicht zu stark, weil der Katholizismus, um Luther verurteilen zu können, ihn von Anfang an, also jahrhundertelang, ignoriert hat — und zwar in jeder Bedeutung dieses Wortes. Unschlagbar, indem sie den Reformator zu einem Häretiker abstempelten[6], haben die Verteidiger der katholischen Wahrheit ausnahmslos offenkundige Fakten beiseite gefegt, welche heute von allen Historikern anerkannt werden.

Gegenwärtig gibt man zu, daß die Verurteilung Luthers auf mißbräuchliche Art erfolgte und daß die rigide Ablehnung jeder Gemeinschaft mit den Protestanten, an der man ein für allemal seit 1521 (Exkommunikation Luthers) und seit dem Konzil von Trient festhielt, auch für die Kirche nicht unschädlich gewesen ist. Aber entscheidend ist das wachsende Gefühl dafür, daß Luthers Reformation nicht bedeutungslos gewesen ist, sondern daß sie auch für den katholischen Glauben positive Wirkungen hatte und hat. Joseph Lortz sah in der Reformation „die Bloßlegung ihres (der Kirche) eigenen innersten Besitzes, dies aber in einseitiger und damit objektiv falscher Darstellung"[7], und er zögerte nicht, „Luthers Reichtum in die katholische Kirche heimzuholen"[8]. Im selben Sinne liest man aus der Feder O. H. Peschs, ebenfalls einer der wichtigsten katholischen Lutherforscher: „Luther ist heute für die katholische Theologie ein nach rückwärts und vorwärts weisender Zeuge gemeinsamen Glaubens, unser ‚gemeinsamer Lehrer', wie Kardinal Willebrands 1970 in Evian sagte."[9]

Ich werde noch detaillierter von diesem katholischen Umschwung hinsichtlich Luthers zu sprechen haben, über den man sich leicht in neuen Büchern und in den Fachzeitschriften informieren kann[10]. Er hat eine Euphorie verursacht, die dazu führte, daß man von Rom (ohne Erfolg) die Aufhebung der Exkommunikation Luthers verlangt hat[11].

Aber man ist weit davon entfernt, Luther zu „rehabilitieren", und auch dieses Buch wurde nicht mit dieser Zielsetzung geschrieben. Einer katholischen Rezeption von Luthers Glauben stehen noch zu viele Hindernisse entgegen. Die römische Orthodoxie hat ihre wachsamen Beschützer, für die Luther katholisch machen zu wollen dasselbe ist wie selbst lutherisch zu werden[12].

Die katholische Neubewertung Luthers ist noch zu jung, als daß man schon alle die neuen Probleme, die sie aufwirft, hätte klären können. Aber sie gründet sich auf solide historische und theologische Studien. Sie scheint zwar auf der Stelle zu treten, so daß man sogar Rückschritte befürchten muß[13]. Sie ist noch nicht zu einer deutlichen Sicht dessen durchgestoßen, was viele spürten, ohne es klar formulieren zu können.

Daß man schon den Umschwung als solchen für die Hauptsache nahm, beruhte auf der Fragehaltung der Suchenden angesichts der Tatsache, daß die offizielle Kirche niemals jenen jungen Mönch hatte hören wollen, der sich seit 1517 zum Fürsprecher des Evangeliums machte. Das Konzil von Trient ging noch mit erstaunlicher Leichtfertigkeit an dem vorbei, was das Festhalten der Anhänger Luthers am Wort Gottes hätte sein können. Das Lutherproblem hängt in erster Linie an dieser Fühllosigkeit des Katholizismus für das, was seit Luther die Vitalität des Protestantismus ausmacht: den unaufhörlichen Kampf darum, in der Kirche den Appell des Evangeliums lebendig zu halten. Genau an diesem Punkt erhebt sich nun die wesentliche Debatte. Die Protestanten erwarten im Endeffekt von Rom die immer wieder hinausgeschobene Antwort auf die evangelische Herausforderung durch Luther, dessen weitere reformatorische Thesen Versuche waren, daraus Folgerungen abzuleiten. Die Haltung Roms bestand immer in globaler Verurteilung; man wollte nichts hören. Aber man muß beginnen *zuzuhören* und — *vom Standpunkt des katholischen Glaubens aus* — anzuerkennen, was Luther dem Christentum brachte, als er zum erstenmal in der Kirche aufstand. Die katholischen Veröffentlichungen zeigen, wie schwierig es ist, Luther „zuzuhören". Man müßte für einen Augenblick alle Kontroversen vergessen können und sich Luthers Botschaft um ihrer selbst willen zuwenden, so wie man sie hätte aufnehmen können, wenn die Kirche nicht gerade wegen Luther gespalten worden wäre.

Beim gegenwärtigen Stand der Diskussion scheint das noch utopisch. Nichtsdestoweniger gehen meine eigenen Arbeiten in diese Richtung. Davon möchte ich gerne ausgehen.

Luther erschien mir als einer der wenigen großen Theologen des Glaubens. Er steht am Anfang der neuzeitlichen Geschichte des Christentums. Er geht vielen Problemen mehr auf den Grund als die katholischen Theologen, die dazu nicht immer die Freiheit haben, und ihm war all das noch gegenwärtig, woran die protestantische Theologie inzwischen die Erinnerung verloren hat. Sein Aufstieg verlief in einer reformbedürftigen Kirche. Luther war das erste Opfer im Zusammenhang dieser Krise. Wenn man auch nicht ohne Diskussion alles akzeptieren kann, was er gesagt hat, braucht man doch nicht voreilig auf Häresie zu schließen, denn in der Konfliktsituation, die sein Denken bestimmte, ließen sich Zusammenstöße mit der Orthodoxie nicht vermeiden. Die zwanghafte Beschäftigung mit seinen wirklichen oder vermeintlichen Irrtümern hat die Katholiken oft dazu geführt, sich im Ghetto des Sektierertums, der Griesgrämigkeit oder des Triumphalismus zu verschanzen.

13

Ich bin zur Lutherforschung unter dem Einfluß dreier Lehrer gekommen, die zu den bedeutendsten der neueren katholischen Lutherinterpretation gehören: P. Yves Congar, Joseph Lortz und Paul Vignaux[14]. Dem ging eine lange Einarbeitung in die Kirchenväter und in die Kirchengeschichte voraus. Ich habe in Luther anfangs einen *christlichen Autor* gesehen: Ich habe seine Werke so gelesen, wie ich es bei denen der Tradition gelernt hatte, indem ich mich für sein Denken interessierte, so wie es sich in den Texten abzeichnet. Wenn man sie unabhängig von den Kämpfen des 16. Jahrhunderts und den konfessionellen Kontroversen betrachtet, ist Luthers Lehre auch nicht von anderer Natur als jene von Mignes *Kirchenvätern*[15], von denen übrigens auch einige „Häretiker" waren. Es handelt sich um Theologie — und in diesem Fall um sehr starke Theologie. Es handelt sich hier nicht genau um „Protestantismus". Der beste Beweis dafür: Es gibt nur wenige Ideen Luthers, über die sich die Protestanten absolut einig sind. Das alles zeigt, daß Luther, indem er sich, wie er es tat, mit solcher Kraft in die fundamentalen Probleme des Glaubens verbiß, sein Handwerk betrieb, ohne an einem spezifisch christlichen Denken (und in erster Linie am Parteienstreit) interessiert zu sein. Er suchte Bahn zu brechen für einen erneuerten Glauben. Es ist nicht so schwierig, die historische Situation in Betracht zu ziehen, in der dies hervorbrach, was dann allenthalben über sie hinaus wirksam wurde.

Ich komme nicht los von dem Eindruck, daß schon „die Dauerhaftigkeit (seines Werkes) als solche es verändert"[16]. Wenn man nicht die Texte hätte, müßte man vielleicht zugeben, daß Luther eine solche Angst einflößende Persönlichkeit war, zu der ihn die Polemik gemacht hat. Aber es sagt doch viel mehr aus über das wahre Drama Luthers, daß diese Texte noch heute, in einem gegenüber der ursprünglichen Situation, die den Bruch herbeiführte, so verschiedenen Zusammenhang, eine solche Bedeutung haben. Tragisch ist nicht seine Verurteilung mittels eines rasch zum Ziel führenden Prozesses, sondern die Tatsache, daß das kirchliche Lehramt nichts aus einer Lehre zu machen wußte, die noch heute den Gläubigen, woher er auch immer komme, tiefgreifend zu berühren vermag. Die Teilnehmer an meinen „ökumenischen" Vorlesungen und Seminaren können sich dem Plädoyer Luthers zugunsten der *Sache des Evangeliums in der Kirche* nicht entziehen. Überraschender als die mehr oder weniger heterodoxen Thesen ist doch dies: Man spürt in den Texten Luthers das durch die Schrift inspirierte Sprechen vom Glauben, das umgekehrt wiederum geeignet ist, den Geist zu öffnen für eine fruchtbare Lektüre der Schrift.

Man weiß heute, daß Luther viele Probleme politisch-sozialer Art falsch eingeschätzt hat, denn die Reformation war auch eine Revolution, schwanger mit allen Konflikten eines beginnenden neuen Zeitalters. Luthers Sprechen vom Glauben entwickelt sich von innen her und ist keineswegs frei von jenen philosophischen, psychologischen und sprachlichen Mehrdeutigkeiten, die man gegenwärtig in den Geisteswissenschaften analysiert. Tatsächlich können wir Luthers Glaubensweg heute der Kritik unterziehen, wie es Luther nicht konnte. Aber diese Grenzen ändern nichts am Wert seines christlichen Sprechens im Einklang mit der Bibel, das oft besser „funktioniert" als das offizielle Sprechen der Kirche. Eine Bilanz der Lutherforschung läuft Gefahr, sich in unzähligen Einzelfragen zu verlieren. So genügt es, die Werke anzugeben, die solche Details bieten. Man braucht sich nicht mehr über die Fakten zu verständigen oder Interpretationen zu wiederholen. Alle diese Materialien müssen in den Dienst der Hauptsache gestellt werden. Damit meine ich die Prüfung von Luthers Sprechen vom Glauben um ihrer selbst willen, und zwar aufgrund von Texten, wobei möglichst wenig von allem anderen geopfert werden soll, ohne Rücksicht auf die laufenden Diskussionen und ohne an die Teilnehmer Anforderungen zu stellen bezüglich ihres katholischen Glaubens.

Gewöhnlich pflege ich den Teilnehmern meiner Veranstaltungen vorzuschlagen, mit ihnen Luthertexte zu lesen. Diese Methode stellt ein gutes Mittel dar, Luthers Sprechen vom Glauben zu erfassen. Dieses Buch erscheint deshalb als eine Auswahl von Texten, die so präsentiert werden, daß man sich nach Möglichkeit selbst ein Urteil bilden kann, und zwar im Licht des gegenwärtigen Forschungsstandes. Luthers Glaube tritt im Zusammenhang der Reformation und des Lebens des Reformators in Erscheinung, im Hinblick auf das, was für Luther wichtig war: Evangelium, Gerechtigkeit Gottes, Christus, Kirche. Dieser ausdrücklich theologische und religiöse Ansatz kann in einer Zeit, in der solche Fragen oft in sehr „materialistischem" oder doch sehr profanem Geist behandelt werden, als Rückschritt erscheinen. Er ist eine Antwort auf die Notwendigkeit, die Debatte *an der Quelle* wiederaufzunehmen. Die großen Streitfragen der internationalen Forschung werden zwar aufgeworfen werden, aber es wird sich vor allem darum handeln, Luther selbst zu Wort kommen zu lassen.

I. Der Glaube aller Zeiten

Martin Luther ist eine der großen historischen Persönlichkeiten, deren Andenken im Gedächtnis der Menschen weiterlebt, weil ihr Denken oder ihr Werk für lange Zeit das Schicksal von Individuen und Völkern bestimmt hat.
Allerdings darf man nicht ohne weiteres aus Luther einen Helden machen. Aber die Bemühung um Objektivität darf auch nicht blind machen für die außergewöhnliche Dimension dieses Mannes und seiner Geschichte. Wie sollte man nicht staunen über den hervorragenden Platz, den ein so weit zurückliegendes Vergangenes noch in unserer unmittelbaren Gegenwart einnimmt?[1]
Die Reformation war ein Wendepunkt in der Geschichte des christlichen Glaubens im Abendland. Das ist bekannt. Was weniger bekannt ist, was man erst allmählich entdeckt, ist dies: daß nämlich dieser Umschwung keineswegs jenes Unheil war, das die Gegner Luthers und des Protestantismus darin sehen wollten. Für uns, die wir die Ereignisse in anderer Perspektive sehen als diejenigen, die damals handelten, scheint die Krise der Reformation einen wirklichen *Fortschritt* gebracht zu haben — schmerzhaft, sicher, wie eine Geburt —, und zwar in der Verkündigung der Botschaft der Apostel. Man versteht seitdem besser, was Glauben heißt: und dies eben dank der Reformation, und in erster Linie dank *Luther*.
Luther scheint daher untrennbar verbunden mit einem grundsätzlichen Anliegen des Christentums: mit der Verkündigung und der Erkenntnis des Glaubens. Das Problem des Glaubens stellt sich in jeder Epoche. Luther hatte den Anspruch, Antworten zu geben auf die Fragen seiner Zeitgenossen. Es ist der Mühe wert, sich anzuschauen, was er ihnen zu sagen wußte und was eine große Zahl von Menschen dazu bestimmte, ihm zu folgen.
Es gibt, wie ich sehr wohl weiß, viel Schatten auf dem Gemälde, das Luthers Eingreifen in die Geschichte des Glaubens zeigt. Man muß auch die Einwände gegen Luther berücksichtigen, ähnlich wie man bei gewissen Medikamenten auf die Kontraindikationen achtet. Aber über die Häresien Luthers ist schon alles gesagt worden[2]; ich werde nur noch dort davon sprechen, wo es darum geht, die grundsätzliche Auseinandersetzung besser zu erfassen.
Die Bedeutung Luthers war zunächst einmal von seiner Rolle am Anfang der Reformation abhängig. Er ist mehr als jeder andere der Mann der Reformation — das soll aber nicht heißen: des Bruches. Man wird tatsächlich sehen, daß man, ohne die wirklichen Ereignisse des 16. Jahrhun-

derts zu verdrehen, ihren Sinn suchen muß, und zwar über das Ende der Entwicklung im Protestantismus einerseits und im tridentinischen Katholizismus andererseits hinaus. Es ging von Anfang an in einem Maße, das noch immer sehr unterschätzt wird, um den allgemeinen Glauben, um den Glauben aller Zeiten, in einer der tiefsten Krisen seiner Geschichte.

1. Die Reformation: Ein Kampf für den Glauben

Das Bild, das man sich gemeinhin von der Reformation macht, bleibt beherrscht von der Erinnerung an bestimmte Ereignisse, welche die volkstümliche Vorstellung geprägt haben: die Auflehnung Luthers, das Massaker der Bartholomäusnacht (24. August 1572)[3], die Religionskriege etc. und die „traurige Scheidung"[4] in Katholiken und Protestanten.

Die Beschäftigung mit der Geschichte bringt uns indes dazu, tiefer einzudringen. Im Hinblick auf die lange Spanne des Christentums konnte die religiöse Krise des 16. Jahrhunderts auch kürzlich noch als „Zeit der Stärke"[5] dargestellt werden. Jedenfalls ist es zu eng gesehen, wenn man die Reformation nur für ein Durcheinander hält, das von einem „abgefallenen Mönch"[6] angerichtet wurde, oder ein allgemeines Nachlassen des religiösen Eifers für die Ursache hält[7].

Diese Krise war eine *Umwandlung der Papstkirche,* die schon lange vor dem Auftreten Luthers unvermeidlich geworden war[8]. Aber diese Umwandlung ist *gescheitert:* Anstatt zur *Erneuerung* der einen Kirche führte sie zu deren Spaltung.

Aber dieses Phänomen, in dem Rom nichts anderes sehen konnte als einen Übergang Luthers und der Seinen zur Häresie, war nichts weniger — um die Dinge ohne die damalige Leidenschaftlichkeit in den Blick zu nehmen — als ein *Auflodern des Glaubens,* getragen vom gemeinsamen Schwung einer ganzen Generation, die damit auf den „Tatbestand der noch ausstehenden Verchristlichung" reagierte: Die Bevölkerung des christlichen Abendlandes „war von der Botschaft Jesu nicht in der Tiefe ergriffen", die Christen, „die sich ihres Glaubens bewußt waren, bildeten nur eine Minderheit, die erst durch die beiden Reformationen, die protestantische und die katholische, zahlenmäßig stärker werden konnte"[9]. Der eigentliche Bruch und die bleibende Trennung entstanden aus einer tiefen Uneinigkeit über die *höheren Interessen des Glaubens*[10]. Die Vielfalt der Entwicklungen, die durch diese Diskussion ausgelöst wurden, hat jedermann in Erstaunen gesetzt. Nachdem man noch weit über das 16. Jahrhundert hinaus mit allen Mitteln versucht hatte, die Einheit wiederherzustellen, Waffengewalt inbegriffen, verschanzte man sich schließlich, des Krieges müde, auf den feindlichen Positionen, die sich im Feuer der Kontroversen verhärtet hatten.

Luther gebührt das Verdienst, diese ungeheuren Kräfte freigesetzt zu haben. „Verdienst" mag übertrieben scheinen. Man wird noch lange darüber streiten, ob die Reformation für die Kirche gut war und ob diese nicht besser daran gewesen wäre, wenn sie von den Diensten eines solchen „Reformators" verschont geblieben wäre. Tatsache ist jedenfalls, daß ein allgemeines (ökumenisches) *Reformkonzil* fünf Jahre lang ohne nennenswerte Ergebnisse getagt hat und daß die Kirche erst, als Luther sechs Monate danach seine Thesen über den Ablaß in Umlauf brachte, durch seinen Ruf erwacht ist. René Esnault[11] sagte einmal zu mir: „Am 31. Oktober 1517 war der Luther der Ablaßthesen die Stimme des katholischen Gewissens selber." Der enttäuschende Ausgang der Bewegung, die er ausgelöst hat, kann doch niemals die tiefgreifende Bedeutsamkeit des Anfangs vergessen lassen.

Luther wurde am 10. November 1483[12] in Eisleben (Thüringen) in christlicher Umgebung[13] geboren. Seine jungen Eltern waren bäuerlicher Herkunft und hatten, durch die Erbfolgeregelung für Grundeigentum auf dem Lande gezwungen, den angestammten Hof verlassen müssen, um im Bergbau ihren Unterhalt zu verdienen. Luther schloß sein erfolgreiches Studium 1505 mit dem „Magister Artium" an der Universität Erfurt ab. Wenig später trat er in das Kloster der Augustiner-Eremiten in Erfurt ein; es folgten Ordensgelübde, Priesterweihe[14] und theologische Studien. 1512 zum Doktor der Theologie promoviert, wurde er zum Lehrer an der Universität Wittenberg (Sachsen) ernannt. 1513—1518 kommentierte er die Hl. Schrift: die Psalmen und die Briefe an die Römer, Galater und Hebräer[15]. Seit dem 31. Oktober 1517 stand er im Blickpunkt der Öffentlichkeit wegen seiner 95 Thesen „über den Wert des Ablasses"[16], die den Prozeß der Reformation auslösten. In den Jahren 1518 bis 1521, in denen er zu vielerlei Problemen Stellung nahm, machte ihm Rom jenen Prozeß[17], der Luthers Exkommunikation und sein Erscheinen vor dem Reichstag zu Worms nach sich zog. Zum Widerruf aufgefordert, erbat er sich 24 Stunden Bedenkzeit — und verweigerte ihn (17./18. April 1521). Das *Wormser Edikt* verhängte über ihn die Reichsacht (Mai), und er fand auf der Wartburg Zuflucht. Im März 1522 kehrte er nach Wittenberg zurück und nahm seine Arbeit wieder auf. Aber nun war er „der Reformator" geworden, und so mußte er alsbald gegen Extremisten ankämpfen, die seine Bewegung zu radikalisieren drohten[18]. Im Jahre 1525 mußte er sich mit dem Problem des Bauernkrieges auseinandersetzen. Durch die Verwünschungen in seinem Pamphlet *Wider die räuberischen und mörderischen Rotten der Bauern* beschwor er die Vernichtung der Aufständischen herauf[19]. Dann heiratete er eine ehemalige Nonne namens Katharina von Bora, mit der er sechs Kinder hatte[20]. Im Dezember ebendieses Jahres veröffentlichte er seinen Traktat *De servo arbitrio* gegen Erasmus[21]. Noch zwei Daten: 1530 — *Confessio Augustana,* das erste offizielle lutherische Glaubensbekenntnis; 1534 — Druck von Luthers deutscher Bibelübersetzung. Luther starb in Eisleben am 18. Februar 1546.

Wie man sieht, ein tätiges, aber nicht eigentlich bewegtes Leben, ohne großen Ortswechsel. Eine Reise nach Rom 1510/11[22], nach Heidelberg im April 1518[23], nach Augsburg im Oktober[24] und der Coup von Worms. Luther häufte kein großes Vermögen an und verweigerte sich jeder führenden politischen Tätigkeit. Seine Herkunft verhieß ihm keine außergewöhnliche Karriere[25]. Sein theologisches Genie hätte ihn nicht vor der Vergessenheit bewahrt, der schließlich sogar ein Cajetan anheimfiel, welcher als „Fürst der Theologen" einer seiner bemerkenswertesten Gegner war. Aber es blieb die Reformation — nach vierunddreißig Jahren eines „katholischen" Lebens, mehr als der Hälfte von Luthers Leben! Und es blieb auch, als Denkmal seiner unglaublichen rednerischen und schriftstellerischen Fruchtbarkeit, die „Weimarer Ausgabe" der Werke Luthers[26].

Den Christen zu Beginn des 16. Jahrhunderts war die Frage nach einer Reform der Kirche genauso vertraut wie uns die Diskussionen über das letzte Konzil. Man erlebte eine Erneuerung der Orden. Der kurze Aufstand des Dominikaners Savonarola, 1498 in Florenz verbrannt, war ein Zeichen[27]. Die Humanisten waren den Mönchen feindlich gesinnt; sie wandten sich gegen den Obskurantismus der Theologen und gegen das Abergläubische der religiösen Gepflogenheiten. Begeistert von der Gelehrsamkeit und der Rückkehr zu den Quellen, führten sie zu Ideen hin, die eine große Zukunft versprachen: Studium der Bibel und der Kirchenväter, Interesse für die Person Christi. Aber alles in allem strebten sie kaum mehr an, als in der Kirche aufzuräumen und sie in guter Gesellschaft zeitgemäß zu machen[28]. Schließlich berief der Papst das fünfte Laterankonzil (1512—1517), aber das gab nur eine schwächliche Antwort auf die Erwartungen der Christenheit[29]. Sechs Monate später fand die Reformation mit dem Ablaßstreit binnen kurzem ihr Gesicht, ihre Ziele, ihren Stil, ihren Geist und ihren Propheten.

Was war geschehen? Imbart de la Tour beschreibt das Neue an Luther mit folgenden Worten: „Das ist nicht mehr die humanistische Kritik, der unbestimmte Aufruf von Mystikern zu einer Verinnerlichung der Religion, nicht die Haltung der Gebildeten, welche die Formen oder Formeln, die sie bewahrten, vergeistigten. Das ist eine positive Theologie, die darauf abzielt, die Seelen zu leiten, zu trösten und aufzurichten."[30] Es zeichnete sich also ein Denken ab, das über die Besorgnisse verschiedener reformatorischer Strömungen hinausging. Luthers „reformatorische" Ausgangsposition stellt sich als universal, volkstümlich und dynamisch dar.

Der Ablaßstreit brachte nur die wirklichen Probleme an den Tag, welche sich im Lauf der Krise dann entwickelten. Wirkliche Mißbräuche boten Luther Anlaß, schrieb F.-X. Kiefl, „einen in seinem Ausgangspunkte berechtigten, religiösen Grundgedanken auf die Spitze zu treiben und durch ungeheure Zähigkeit in dem Ausbau dieses Grundgedankens die Kirche in einen Kampf um ihre tiefsten Lebensgrundlagen zu stürzen"[31].

Tatsächlich besteht Luthers eigene Tat, wodurch er ein neuer Reformator der Kirche war, genau darin: zu zeigen, daß sich die Reform, deren Notwendigkeit alle fühlten, um eine Frage drehte, die über alle bekannten Probleme hinausging und aller Verwaltungs- und Lehrroutine spottete, nämlich die, *wie es die Kirche mit dem Glauben hielt*. Sobald diese Frage — leider unter sehr ungünstigen Bedingungen[32] — aufgeworfen war, wurde es für alle offensichtlich, daß man diesen Weg einschlagen müsse. Rom eröffnete sofort den Prozeß gegen Luther, und alle Blicke richteten sich auf den Mönch von Wittenberg.

Der Gang der Ereignisse ist bekannt. Die Reformation ist ein komplexes Phänomen; man muß viele Faktoren berücksichtigen, besonders den Eigenanteil anderer Reformatoren, die, jeder auf seine Weise, die Ideen und Themen, auf die Luther aufmerksam gemacht hatte, entwickelten. Aber bei alledem dürfen wir den roten Faden nicht aus den Augen verlieren. Das Wesentliche war der Kampf einer ganzen Generation um ihren Glauben, und zwar auf Luthers Aufruf hin. Einzig und allein die Sache des Glaubens hatte die Kraft, den Gang der Ereignisse in diesem Jahrhundert zu verändern.

Die ersten „Protestanten" hatten das Gefühl, durch Luther und seine Nacheiferer die Verkündigung des reinen Gotteswortes wiedergefunden zu haben. In ihren Augen war der Bruch mit Rom kein „Austritt" aus der Kirche, sondern die Folge einer Wiederherstellung der Kirche auf der Grundlage eines am Evangelium orientierten Glaubens. Sie klagten das Papsttum an, die Botschaft durch menschliche Lehrsätze verwässert zu haben und die neuen Jünger des Evangeliums zu verfolgen. Der Erfolg der Reformation erschien ihnen als ein Wunder, als ein Geschenk göttlicher Barmherzigkeit: Man hatte den rechten Glauben wiedergefunden und sich von einem kirchlichen System befreit, in dem man nichts anderes mehr sehen wollte als Aberglauben, Götzendienst und Gewaltherrschaft.

Die Christen abendländischer Tradition — Katholiken und Protestanten — haben nie aufgehört, sich über das seltsame Verhängnis Gedanken zu machen, das ihre Vorfahren während der Jahrzehnte der Reformation dergestalt in die Enge getrieben hat, daß sie nur mehr die Wahl hatten zwischen einer bestimmten Auffassung der Kirche und ihrer neuen Erfahrung des Evangeliums.

Luther steht am Anfang der Polarisierung, die in ein solches Dilemma mündet. Seine Rolle in der Krise der Reformation wurde lange Zeit nur von den rivalisierenden Anschauungen getrennter Kirchen her begriffen. Den Protestanten, die pietätvoll das Andenken des „neuen Paulus" hochhielten, setzten die Katholiken das Bild eines frevelhaften Zerstörers der Kirche und ihrer Einheit entgegen. Man kümmerte sich weniger um die

20

historische Wahrheit als darum, Erfolge über den konfessionellen Gegner zu verbuchen.

Erst zu Beginn des 20. Jahrhunderts begann die Debatte, jene Gestalt anzunehmen, die wir heute kennen. Im Jahre 1904 glaubte ein gelehrter Dominikaner, P. Heinrich Denifle, ein Mittel gefunden zu haben, um der katholischen Lehre zum Sieg zu verhelfen und die Protestanten von Luther zu trennen[33]. Die damals neue Entdeckung von Luthers Vorlesung über den Römerbrief (1515/16)[34] hatte ihm das Material geliefert zu einer Studie über die Entstehung von Luthers „Häresie". Denifle zeigte, daß Luther das Produkt der dekadenten, durch den Nominalismus verdorbenen Theologie und des mönchischen Lebens war. Die vielfach anstößige Lehre Luthers enthüllte für ihn eine erstaunliche Unwissenheit und abgrundtiefe Böswilligkeit. Denifle folgerte: „Luther, in dir ist nichts Göttliches!", „Los von Luther, zurück zur Kirche!"[35]

Der Schuß ging daneben[36]. Seine unerwartete Wirkung war, daß er die Forschung für lange Zeit auf den *unbekannten* Luther fixierte, auf den „katholischen" Luther vor den Ablaßthesen, auf den „jungen"Luther[37]. Eine neue Betrachtung der Dinge brach sich Bahn, die ganz im Gegensatz stand zu dem, was Denifle wollte. Schon 1911/12 hatte P. Grisar S. J. die Überspitzungen seines dominikanischen Mitbruders abgeschwächt[38]. Aber Kiefl eröffnete eine Richtung, die viel weiter führte, als er versicherte, daß der junge Luther nichts anderes getan habe, als einen wesentlichen religiösen Gedanken auf die Spitze zu treiben, *der in seinem Ausgangspunkt berechtigt war*[39].

Dieser Umschwung führte allmählich dazu, daß man Luther die Gerechtigkeit widerfahren ließ, die er in jedem Fall verdient[40]. Wir wollen durchaus nicht von vornherein die „Irrtümer" herunterspielen, die immer noch die Kirchen trennen; wir wollen auch Luthers aktive Mitwirkung an der ungünstigen Entwicklung des reformatorischen Konflikts nicht vom Tisch wischen. Aber wir haben Grund, den historisch-theologischen Zusammenhang zu berücksichtigen, in dem Luther lebte[41] und in dem sein evangelischer Anspruch den schlimmsten Mißverständnissen ausgesetzt war[42]. Die Fragen, die er aufwarf, waren ja noch lange nicht so deutlich, wie sie es heute sind[43]. Es war ein wirkliches Verdienst, sie überhaupt zu stellen und eine Lösung zu versuchen. Man kann übrigens nicht mehr bezweifeln, daß Luther, als er seine Ideen veröffentlichte, welche die Krise auslösten, ernstlich nur im Sinn hatte, den Glauben des Volkes durch eine schriftinspirierte Predigt neu zu beleben.

Lortz hat *urbi et orbi* einsichtig gemacht, daß Luther ein tief religiöser Mensch gewesen ist. „Dies endlich müßten alle begreifen:", schrieb er, „wenn in Luther eine Fehldeutung der Offenbarung vorliegt, dann nicht aus Laxheit und Mangel an Tiefe, sondern (...) durchaus aus einer Übersteigerung des Ernstes, des Eifers, der Schwere. (...) Schlechte Deuter der

Geschichte sind das, die glauben, daß für den ungeheuren Schlag, der die Kirche zerreißt, ein oberflächlicher Geist ohne religiöse Tiefe genügt hätte."[44]

Ein Schwerpunkt der Lutherforschung liegt, außer auf der Entdeckung Luthers durch die Katholiken und dem Interesse für den jungen Luther, auf der Analyse von *Texten*, die uns den Wortlaut der Debatten der Reformationszeit überliefert haben. Diese Entwicklung wurde, was Luther angeht, ermöglicht durch die Weimarer Ausgabe seiner Werke, die seit 1883 erschien.

Natürlich begann man bereits zu Luthers Lebzeiten eine vollständige Ausgabe seiner Werke[45]. Aber die Katholiken suchten darin lange Zeit lediglich Argumente gegen die Protestanten[46], welche ihrerseits die Texte entsprechend den Dogmen ihrer jeweiligen Kirchen interpretierten. Diese protestantischen „Orthodoxien" hatten sich nach Luthers Tod ausgeprägt und verselbständigt. Sie bezogen sich nur auf ihn, um ihn zu vereinnahmen. So kam es, daß Luther erst im Lauf des 20. Jahrhunderts ohne konfessionelle Parteinahme gelesen werden konnte. Dazu war es notwendig, daß man die vollständigen Texte in einer zugänglichen und wirklich „kritischen" Ausgabe zur Verfügung hatte (trotz einiger Unvollkommenheiten, die zu verbessern man sich bemüht). Aber ebenso notwendig war es, daß der Protestantismus entdeckte, daß das Evangelium nicht mit Luther angefangen hat und daß dieser in der Kontinuität des mittelalterlichen kirchlichen Lebens gesehen werden muß. Die Katholiken ihrerseits konnten aus der Lektüre Luthers nur Nutzen ziehen, wenn sie bereit waren, ihr Interesse weiter auszudehnen als bis zum Konzil von Trient. Zur Zeit von Denifle waren diese Bedingungen noch lange nicht gegeben.

Luthers Arbeit verdiente Besseres als die parteiliche Ausschlachtung, wie sie in der Vergangenheit betrieben wurde[47]. Denn sie gibt Antwort auf Fragen, die in der gegenwärtigen Erfahrung der Kirche wieder aufgelebt sind. Sie öffnet das Verständnis dafür, wie der traditionelle Glaube wieder neu durchdacht werden konnte mittels einiger einfacher biblischer Gedanken: oberste Autorität des Gotteswortes, Rechtfertigung durch den Glauben, Theologie des Kreuzes, allgemeines Priestertum der Getauften. Luthers Nachdenken zeigt die Mechanismen auf, von denen die Weitergabe des Glaubens in einer Zeit des Umbruchs abhängt. Es zeigt, daß die heutige Diskussion oft durchgehende Probleme des Christentums aufnimmt, nicht vorübergehende Schwierigkeiten.

Ebenfalls wird deutlich, daß weder Protestantismus noch Katholizismus eine Antwort haben auf das Problem einer *gemeinsamen* Reform der Kirche durch die Verkündigung des Wortes Gottes. Luther hat einen viel umfassenderen Blick für dieses Problem als die getrennten Kirchen nach ihm[48]. Die Einzigartigkeit seines Werkes besteht darin, daß es den Stand der Dinge am Anfang der Diskussion um die Reformation widerspiegelt, wie sie in der *ungeteilten* Kirche im Namen des Evangeliums aufbrach.

Das ist es, was die ökumenische Bewegung heute mehr oder weniger wiederzufinden versucht. Auch die Erforschung des jungen Luther ist ein Schritt in diese Richtung.

Die Revision des überlieferten Lutherbildes kann sich also nicht auf seine Person und auf seine Geschichte beschränken. Man muß darüber hinaus seinen bleibenden Beitrag zu unserem Glaubensverständnis untersuchen. Auch wir müssen das anerkennen, was Luther in den Augen seiner Zeitgenossen zu „Luther" gemacht hat: die Urheberschaft eines Sprechens vom Glauben, das für die Kirche bestimmt war und als Echo von den anderen Reformatoren wiedergegeben wurde. Dieses Sprechen ist nur zufällig „protestantisch". Es könnte die Kirchen wieder lehren, vom Glauben in den Worten zu reden, die einst der Predigt der Apostel solche Durchschlagskraft verliehen haben. Dank der Weimarer Ausgabe können wir uns erst eine Vorstellung davon machen, welche Bedeutung dieses Sprechen vom Glauben in der Reformation des 16. Jahrhunderts hatte. Sie beweist uns, daß es bis heute nichts von seiner Faszination verloren hat. Nur, daß man sie kaum kennt!

Ich habe im Vorwort die Gründe angedeutet, warum man meiner Meinung nach die Lutherforschung heute auf dieses Sprechen vom Glauben als den Kernpunkt konzentrieren sollte — so wie ich es hier auch tun will. Das dispensiert uns selbstverständlich nicht davon, auch von dem zu sprechen, was übrigbleibt. Die Fülle des Materials und die Notwendigkeit, Luthers Texten den Vorrang zu geben, zwingen mich gleichwohl, in einem ersten Einschub die historischen Gegebenheiten zusammenzufassen, die ich anders nicht entwickeln kann. Diese wenigen Seiten vervollständigen das Vorangehende. Sie können im folgenden auch dazu dienen, die Ereignisse, die ich nur kurz andeuten kann, einzuordnen[49].

Zeitliche Anhaltspunkte

Der Glaube Luthers stellt sich dar vor dem Hintergrund der Kirchengeschichte seit der Gefangenschaft der Päpste in Avignon, der dreißigjährigen Krise der Reformation und der jahrhundertelangen Konfessionskämpfe bis in unsere Tage. Diese historische Skizze zeigt die nicht zeitgebundene Bedeutung der Problematik des Evangeliums in der Kirche. Die Verurteilung Luthers hat die meisten Fragen, die sein Auftreten und sein erfolgreiches Wirken an die abendländische Kirche stellten, kaum berührt. Dabei bleibt der Aufruf an die Kirche, sich zum Evangelium zu bekehren, Herzstück der dynamischen ökumenischen Bewegung. Denn Pauls VI. Besuch in Genf steht in der Kontinuität von Luthers Auftreten in Worms.

1305—1378	Päpste in Avignon, Entwicklung des römischen Systems der Pfründen, Abgaben, Ablässe usw.
1349	Tod Wilhelms von Occam, des englischen Franziskaners, der die „nominalistische" Theologie begründete. Diese „via moderna" genannte Richtung gab den „nomina" den Vorzug vor den „res". Sie tritt in der Theologie neben die „via antiqua" (Thomas von Aquin, Bonaventura). Occam war ein Gegner der päpstlichen Macht.
14. Jh.	Blütezeit der Deutschen Mystik (Eckhart, Tauler, Seuse).
1350—1450	Hundertjähriger Krieg. Große Pest. In England kritisiert John Wyclif den Ablaß und predigt die Rückkehr zur Bibel.
1378—1417	Großes Schisma. Zwei, ja drei Päpste *gleichzeitig*.
1414—1417	Konzil von Konstanz. Ende des Schismas durch die Wahl Martins V. zum Papst.
1415	Johann Hus verbrannt, ein tschechischer Priester, Gegner des Ablasses, Streiter für die Rückkehr zur Schrift und für die Kommunion unter beiderlei Gestalt (Einfluß von Wyclif).
1419—1434	Hussitenkriege. Böhmisches Schisma.
1434—1448	Konzil von Basel (Gegenpapst und neues Schisma).
1450—1455	Anfänge der Buchdruckerkunst, erste gedruckte Bibel. Für diese Zeit ist zu merken: geistliche Strömung der „devotio moderna", *De imitatione Christi* (Thomas a Kempis), *Theologia deutsch*.

Luther. Katholische Periode (1483—1517)

1483	Geburt Luthers.
1492—1503	Papst Alexander VI. (Borgia). Entdeckung Amerikas.
1497	Tod Gabriel Biels. Er war Nominalist, der „letzte Scholastiker". Einer der Autoren, die für Luther am wichtigsten waren (Erklärung der Messe).

1498	Hinrichtung des Dominikaners und Bußpredigers Savonarola in Florenz.
1501—1505	Luther an der Universität Erfurt.
1503—1513	Papst Julius II.
1505	Luther bei den Augustinern in Erfurt. Erasmus: *Lob der Torheit. Enchiridion militis christiani.*
1507	Ablaß für den Neubau von St. Peter in Rom.
1510—1511	Reise Luthers nach Rom. — Zur selben Zeit: Schismatisches Konzil von Pisa, von Frankreich unterstützt.
1512—1517	5. „ökumenisches" Laterankonzil. — Papst Leo X. (1513—1521).
1512—1518	Luther Doktor der Theologie. Professor der Heiligen Schrift in Wittenberg.
1516	Erasmus: Edition des griechischen Neuen Testamentes.
April 1517	97 Thesen Luthers *gegen die scholastische Theologie.*

Die Anfänge der Reformation (1517—1521)

31. Oktober 1517	95 Thesen Luthers *über den Wert des Ablasses.*
April 1518	Heidelberger Kapitel und Disputation.
Juni 1518	Eröffnung des römischen Prozesses gegen Luther.
August 1518	Melanchthon wird Professor an der Universität Wittenberg.
Oktober 1518	Luther erscheint in Augsburg vor dem päpstlichen Gesandten Cajetan. Er weigert sich zu widerrufen und appelliert an den Papst, schließlich an ein künftiges Konzil.
26. Juni 1519	Karl V. Kaiser des Heiligen Römischen Reiches deutscher Nation.
Juli 1519	Leipziger Disputation mit Johannes Eck. Luther nimmt Stellung gegen die Unfehlbarkeit von Papst und Konzilien und gegen den Primat des Papstes kraft göttlichen Rechts.
15. Juni 1520	Bulle *Exsurge Domine* „gegen die Irrlehre des Martin Luther und derer, die ihm folgen".
Juni 1520	Luthers Schrift *Über das Papsttum zu Rom.*
August — November 1520	Luthers reformatorische Schriften: *An den*

	christlichen Adel deutscher Nation. Von der babylonischen Gefangenschaft der Kirche. Von der Freiheit eines Christenmenschen.
Oktober 1520	König Heinrich VIII. von England: *Verteidigung der sieben Sakramente,* gegen Luther.
10. Dezember 1520	Luther verbrennt öffentlich die päpstliche Bannandrohungsbulle.
3. Januar 1521	Luthers Exkommunikation.
17./18. April 1521	Luther auf dem Reichstag zu Worms vor Kaiser Karl V. Erneute Weigerung zu widerrufen.
4. Mai 1521 — 1. März 1522	Luther auf der Wartburg.
26. Mai 1521	Wormser Edikt, Reichsacht gegen Luther, Verfolgung seiner Anhänger und Verbot seiner Bücher.

Der Protestantismus

1521—1522	Luther schreibt auf der Wartburg: *Auslegung des Magnifikat, Die Mönchsgelübde,* Übersetzung des Neuen Testaments, Antwort an Heinrich VIII. usw.
Winter 1521/22	Tumulte in Wittenberg, mit Karlstadt. — Thomas Müntzer. — Zürich: Zwinglis Reformation (seit 1519). — Frankreich: evangelischer Kreis von Meaux.
Dezember 1521	Melanchthon: *Loci communes* (Versuch einer Systematik von Luthers Lehre).
1522	Luther bekommt durch seine Predigt Wittenberg wieder in seine Hand.
1522—1523	Ritterkrieg in Deutschland (Franz von Sikkingen).
1523	Reformation des Gustav Wasa in Schweden. — Wiedertäufer.
1524—1525	Bauernkrieg — vom Elsaß bis nach Sachsen.
1525	Der Hochmeister des Deutschritterordens wird lutherisch und säkularisiert den Ordensstaat Preußen.
13. Juni 1525	Heirat Luthers.
Dezember 1525	Abhandlung *Vom unfreien Willen* (gegen Erasmus). Reformation in Basel.
1526	Speyerer Reichstag: Die Reichsstände verweisen alle Religionsfragen an ein künftiges

	Konzil und beschließen, jeder Stand möge sich so verhalten, wie er es verantworten könne. Damit fördern sie die Reformation.
1527	Marburg wird als erste evangelische Universität gegründet.
1529	Marburger Religionsgespräch. Luther uneins mit den anderen Reformatoren (vor allem Zwingli) über die Realpräsenz. *Großer Katechismus. Kleiner Katechismus.* 2. Speyerer Reichstag: Aufkommen der Bezeichnung „protestantisch" nach der an den Kaiser gerichteten Protestation deutscher Fürsten und Städte (darunter auch Straßburg).
1530	Augsburger Reichstag und *Confessio Augustana.*
1531	„Schmalkaldischer Bund" der deutschen lutherischen Reichsstände. Tod Zwinglis bei Kappel im Krieg gegen die katholischen Kantone und Österreich. Luther: *Kommentar zum Galaterbrief.*
1534	Erscheinen der deutschen Bibelübersetzung. — König Heinrich VIII. trennt die englische Kirche von Rom.
1526/1539	Reformation in Dänemark. Von dort aus auch Reformierung Norwegens und Islands.
1536	Calvin (geboren 1509): *Institutio religionis christianae* erscheint in Basel. Vernichtung der Wiedertäufer in Münster.
1537	*Schmalkaldische Artikel.*
1539—1541	Religionsgespräch von Hagenau, Worms und Regensburg zur Wiederherstellung der religiösen Einheit.
1540	„Societas Jesu" des Ignatius von Loyola von Paul III. als Orden approbiert.
1543	Calvin in Genf.
1545	Luther: *Wider das Papsttum zu Rom vom Teufel gestiftet.*
13. Dezember 1545	Eröffnung des Konzils von Trient. Beginn der Gegenreformation.
18. Februar 1546	Tod Luthers.

Nach Luther

1546/47	Glaubenskrieg in Deutschland. Schmalkaldischer Krieg. Sieg des Kaisers, aber eine Anzahl protestantischer Fürsten verbündet sich mit Heinrich II. von Frankreich.
1545—1563	Konzil von Trient. Papst Pius V.
1555	Augsburger Religionsfrieden: Reichsrechtliche Anerkennung des Luthertums. Grundsatz *cuius regio, eius religio* (jeder muß die Religion seines Landesherrn annehmen). Ausbildung des Staatskirchentums in protestantischen Territorien.
1558—1603	England unter Königin Elisabeth I.: Einrichtung der anglikanischen Staatskirche.
1560—1598	Religionskriege in Frankreich. Massaker der Bartholomäusnacht (1572). Jean Bodin tritt für Toleranz ein. Konversion des protestantischen Königs Heinrich IV. zum Katholizismus.
1598	Edikt von Nantes: Anerkennung der rechtmäßigen Existenz des Protestantismus in Frankreich.
1596	Vertreibung der Protestanten aus der Steiermark, Kärnten und Krain.
1566—1609/48	Krieg der Niederlande gegen die spanische Hegemonialmacht.
1618—1648	Dreißigjähriger Krieg.
1648	Westfälischer Friede: endgültiger Sieg des Protestantismus in Deutschland. — Ankunft der englischen Puritaner (*Pilgerväter*) in der Neuen Welt.
1685	Edikt von Fontainebleau: Aufhebung des Edikts von Nantes durch König Ludwig XIV. Auswanderung der Hugenotten aus Frankreich.
1689	John Locke: *Epistula de tolerantia*.
18. Jahrhundert	Zeitalter der Aufklärung. — Pietismus. — Freimaurerei. — Vertreibung der Protestanten aus Salzburg (1732). — Ausprägung des Staatskirchentums auch in katholischen Staaten. — Aufhebung des Jesuitenordens durch Papst Clemens XIV. (1773). — Einfluß des Protestanten J.-J. Rousseau. — Einführung

	der konfessionellen Toleranz durch Kaiser Joseph II. in den habsburgischen Ländern (1781). — Toleranzedikt zugunsten der Protestanten in Frankreich (1787).
19. Jahrhundert	Napoleon Bonaparte: Freiheit der Religionsausübung. Protestantische Erweckungsbewegung in Europa. — Kant. Hegel. Marx. Schleiermacher. Liberaler Protestantismus.
20. Jahrhundert	Ökumenische Bewegung. — Bultmann. Barth. Tillich. Bonhoeffer. — Ökumenischer Kirchenrat in Genf. — Protestanten auf dem 2. Vatikanischen Konzil (1962—1965). — Paul VI. in Genf (1969).

2. Luthers Glaube

Der Zwang, Luther der falschen Lehre überführen zu müssen, hat die Katholiken daran gehindert, eine Tatsache wahrzunehmen, die für die römische Sache wahrscheinlich am verhängnisvollsten war — daß nämlich Luther für nichts anderes als für seinen Glauben gelebt hat. Sein Leben hatte keinen anderen Inhalt.

Seine Vorlesungen und seine Bücher sind nur ein fortgesetzter Unterricht im Glauben, und zwar weniger durch Polemik entstellt, als man behauptet hat. Selbst wenn Luther gegen den Papst wettert, wobei er gelegentlich die anstößigen Beispiele der Propheten nachahmt (und sie zuweilen gar übertrifft!), kann man die Sorge, die ihn umtreibt, nicht übersehen[50]. Jedenfalls hat er niemals kirchliche Pfründen angestrebt oder weltliche Macht! Er hat aus seinem Erfolg weder Gewinn noch Ehre gezogen. Er wollte der Mann des Evangeliums sein. Es steht jedem frei, den ersten Stein auf diesen Christen zu werfen, den die Kirche zu anderen Zeiten ohne Zögern als leuchtendes Beispiel hingestellt hätte.

Einige Tatsachen aus Luthers Leben illustrieren beispielhaft diese eindeutige Haltung. Die erste zeigt uns, was für eine Art Christ Luther war. Ich meine seinen plötzlichen Entschluß mit zweiundzwanzig Jahren, sein Studium der Rechte abzubrechen, um als Mönch dem strengsten, dem observanten Teil des Augustinerordens beizutreten. Dieses religiöse Engagement, dessen Motive noch nicht ausdiskutiert sind[51], sollte zwar eine unerwartete Wendung nehmen, aber es war unwiderruflich. Als Augustinermönch ist Luther zum Reformator der Kirche geworden.

Er wußte um die entscheidende Stunde seines Lebens im letzten Akt seines Prozesses in Worms. Seine Glaubenshingabe offenbart sich in der standhaften Verweigerung jeglichen Widerrufs: „Es sei denn, daß ich mit

Zeugnissen der heiligen Schrift oder mit öffentlichen, klaren und hellen Gründen und Ursachen überwunden und überwiesen werde — denn ich glaube weder dem Papst noch den Concilien alleine nicht, weil es am Tage und offenbar ist, daß sie oft geirrt haben und sich selbst widerwärtig gewesen sind — und ich also mit den Sprüchen, die von mir angezogen und eingeführt sind, überzeugt, und mein Gewissen in Gottes Wort gefangen sei, so kann und will ich nichts widerrufen, weil weder sicher noch geraten ist, etwas wider das Gewissen zu tun. *Hier stehe ich, ich kann nicht anders. Gott helfe mir.*"[52]

Als Luther ein Jahrzehnt später auf sein Werk zurückblickte, schrieb er: „Meinet halben möcht ich wol leiden, das sie (meine Bücher) alle unter giengen, als der ich damit nichts gesucht habe, denn das die heilige schrifft und Göttliche warheit an den tag keme, Welche nun, Gott lob, so helle und gewaltig allenthalben scheinet, das man meiner und meines gleichen (Viel mehr aber meiner ungleichen) bücher wol geraten kündte, wo uns der kützel, newe und viel bücher zu schreiben, nicht so fast steche, Es were denn der nutz dran, das man die Historien und Geschicht draus lernen und fassen wolte, wie es mir, ja dem lieben wort Gottes gangen sey, was es hat müssen leiden von so vielen und grossen feinden jnn diesen funffzehen vergangen jaren, ehe es zu krefften ist komen, Und wie es zu genomen, und auch ich darin teglich und jerlich weiter und höher drinnen bin komen, wie das wol zeugen die ersten bücher (darin ich dem Bapstum viel und fast alles nach lies und ehrete) gegen die letzten, welche Christum allein und rein handeln …"[53] Und es fehlt in diesem Bild auch nicht das letzte Zeugnis des sterbenden Christen, der überzeugt ist, daß er bald vor Gott erscheinen werde. Die Berichte von Luthers letzter Stunde überliefern, daß diejenigen, die bei dem Sterbenden wachten, von ihm eine letzte Aussage über seinen Glauben hören wollten: „Doctor Martine, reverende pater, wollt ir auch auf Christum und die lehre, so ir in seinem namen gethan, sterben?" Ein schwaches „Ja!" war die Antwort. Und dieses war Luthers letztes Wort. Zwanzig Minuten später starb er. Das geschah in Eisleben in den frühen Morgenstunden des 18. Februar 1546[54].

Fünfundzwanzig Jahre vorher hat Papst Leo X. den Mönch von Wittenberg wegen Häresie exkommuniziert. Luther hatte sich nie unterworfen. Der Glaube, in dem er starb, war nicht der Glaube der Kirche, die ihn am 11. November 1483, am Tag nach seiner Geburt, in dem kleinen Ort Eisleben getauft hatte.

War nun dieser Glaube noch der allgemeine Glaube, der Glaube der Apostel? Luthers Leben endete mit dieser Frage, die auch jahrhundertelange Kämpfe in ganz Europa nicht lösen sollten.

Wie wir gesehen haben, erkennt die katholische Kirche heute an, daß

Luther ein tief religiöser Mensch gewesen ist. Aber der Vorwurf, den man dem Reformator seit dem 16. Jahrhundert gemacht hat, bleibt bestehen: Gemessen an der katholischen Wahrheit hat Luther den rechten Glauben verloren, ist er in die Häresie abgeglitten[55]. Auch seine Wahrhaftigkeit und seine Frömmigkeit können seine Lehre nicht rechtfertigen, wenn sie im Widerspruch zur kirchlichen Doktrin steht. Man kann das Rad der Geschichte nicht zurückdrehen, und die Texte sind nun einmal da. Aber die Frage nach Luthers Häresien erschöpft die Debatte bei weitem noch nicht. Was, verglichen mit der offiziellen Linie der Kirche, als Abweichung erscheint, war ja nicht schlicht und einfach ein Irrtum. Um dies zu beweisen, braucht man noch nicht einmal die Verzerrungen zu diskutieren, die sich Luthers Lehre durch die katholische Literatur gefallen lassen mußte.[56]

Die Thesen, die man Luther zum Vorwurf machte, waren die Konsequenz seiner Orientierung, von der zwar Rom nichts wissen wollte, *die aber nicht häretisch war*. Die Konsequenz war also, daß die größtenteils durch die Feindseligkeit Roms geschaffene Situation einen so leidenschaftlichen Mann wie Luther zum Äußersten trieb. Was er seit den Ablaßthesen verfolgte, war, den Katholizismus von seinen dem Evangelium wenig gemäßen Äußerlichkeiten zu reinigen, um ihn zum Glauben aller Zeiten zurückzuführen: „Der wahre Schatz der Kirche aber ist das heilige Evangelium der Herrlichkeit und der Gnade Gottes. — Und ist doch solcher Ablaß wahrlich die allergeringste Gnade, wenn man ihn mit der Gnade Gottes und der Gottseligkeit des Kreuzes vergleicht."[57] Es war wirklich nicht unberechtigt, ein solches Problem aufzuwerfen. Das Seltsame ist vielmehr, daß das Papsttum jener Zeit sich über jede Anfrage erhaben dünkte.

Als Theologe von Beruf tat Luther nichts als seine Pflicht, als er darauf hinwies, an welchen Punkten eine Reform der Kirche dringend nötig war. Seine Weigerung aus Gewissensgründen in Worms hätte nachdenklich machen müssen. Sein Glaube, in dem er sterben wollte, war, daß der Mensch sich immer mehr Christus zuwenden müsse, wie es sein Lieblingsautor Paulus einst getan hatte. Luther verdankte dem Apostel die Überzeugung, daß das Leben des Christen ein fortgesetztes Wachstum sei „aus Glauben in Glauben" (Röm. 1, 17)[58], aus dem verirrten Glauben eines wenig strahlenden Augenblicks der Kirche in den reinen Glauben aller Zeiten.

Daß ein solcher Kampf gerechtfertigt war, wurde sehr wohl erkannt: von den Geistlichen, die durch Skandale und Mißstände zermürbt waren, von den Humanisten, die die Klarheit der biblischen Texte entdeckten, von den Theologen, die sich ihrer unzureichenden Ausbildung bewußt wurden, vom Volk, das eine gute Predigt entbehrte. Dieser Kampf hätte eigentlich das Anliegen der Lenker der Kirche sein müssen. Aber diese hatten andere Dinge im Kopf, als das Wort Gottes zu verkündigen. Sie waren unfähig vorauszusehen, daß viele Christen die Freiheit des Evangeliums einer Unterwerfung vorziehen würden, die zudem meist völlig unangemessen war, insofern der Klerus seiner Aufgabe nicht gewachsen war. Heute entdecken die Katholiken, welchen Preis diese Weigerung sie gekostet hat. Lortz wurde zum Apostel für eine Erneuerung der Kirche durch die Hereinnahme der religiösen Schätze, die Rom den reformierten Kirchen überlassen hatte[59]. Man findet im tridentinischen Katholizismus keine Entsprechung zu diesem evangelischen Aufbruch, der eine ganze Epoche erschütterte und der auch heute noch im Protestantismus fruchtbar ist. Seit Trient hat kein einziger Heiliger Luthers Charisma des Sprechens vom Glauben gehabt, das *auf die ganze Kirche* auszustrahlen vermocht hätte.

Es ist kein Mittel, der Kirche zurückzugewinnen, was in Trient erstickt wurde, wenn man zu zeigen versucht, daß Luther weniger häretisch gewesen sei, als man bisher behauptet hat. Und es ist auch unwesentlich, daß gewissen Leuten seine Exkommunikation heute gerechtfertigter erscheint denn je[60]. Wir haben ja seine Schriften; wir brauchen sie ja nur zu lesen. Luthers Œuvre legt Zeugnis ab von seiner ungeheuerlichen Anstrengung, das ganze Christentum neu zu durchdenken. Wir werden im folgenden sehen, wie man in verschiedenen Texten Luthers sein Sprechen über den Glauben wiederfinden kann, wie es Luthers Zeitgenossen in Bann schlug und wie es auch heute noch die Macht hat, jeden Christen zu überzeugen — aus Glauben in Glauben[61].

3. Luthers Sprechen vom Glauben wieder aufleben lassen

In der Kirche ist Luther seit langem das Wort verboten. Die erste offizielle Antwort auf seine Botschaft war: „Willst du widerrufen, ja oder nein?" Nach seinem Tod blieben seine Schriften für die Katholiken verboten, und auch die Protestanten meinten häufig, ohne ihn auskommen zu können...

Heute kennt man von seinem Denken im allgemeinen nur das, was ihn seine Interpreten sagen lassen. Die Lutherforschung zeitigt einen Überfluß an gelehrten Diskussionen, in denen man Luther unter reichlicher Zuhilfenahme von Zitaten zu Wort kommen läßt. Aber indem man nur die „interessanten" Stellen abdruckt, opfert man das Sprechen, das lebendige Denken, das etwas anderes ist als ein Mosaik einzelner Thesen. Luther hat sich nämlich nicht in erster Linie mittels seiner Ideen durchgesetzt, von denen die meisten ja gar nicht unbedingt neu waren. Diejenigen, die ihm nachfolgten, waren oft ganz unfähig, die theologischen Feinheiten zu begreifen. Was sie anzog, war seine besondere Weise, den Glauben auszudrücken. Luther wollte eine neue Form der Predigt ins Leben rufen, und er selber gab dafür das Beispiel.

Die *Library of Congress* besitzt eine große Anzahl von *Anthologien* mit Texten Luthers in allen Sprachen. Sehr verbreitet sind die Bemühungen, Luther für jedermann verständlich zu machen, ganz unabhängig von den wissenschaftlichen Editionen. Aber es braucht schon Übung, diese alten, oft schwer verständlichen Texte — auch wenn sie übersetzt sind — flüssig zu lesen. Textsammlungen sind jedenfalls nicht die Lösung des Problems, wie Luthers Sprechen vom Glauben der Gegenwart wieder nahegebracht werden kann.

Meine Lehrtätigkeit hat mich dazu geführt, mit meinen Studenten *große, aufschlußreiche Texte von Luther ungekürzt* unter einer bestimmten Fragestellung zu lesen. Bei dieser Methode kann man erfahren, wie Luther dachte, sprach und schrieb. Man entdeckt dann, was Bücher, die nach anderen Methoden verfaßt sind, kaum ahnen lassen: warum er so und nicht anders Stellung bezog, wie er seine Beweisführung aufbaute, welche die wahren Beweggründe seiner Kritik waren. Und dann können wir unmöglich übersehen, welch hervorragenden Platz die Heilige Schrift in seinem Denken einnimmt, wie es gespeist ist von Bibelzitaten, die man leider oft unterschlägt. Man hätte Luther viele unhaltbare Thesen niemals unterstellen können, wenn man seine Sätze im biblischen Zusammenhang stehengelassen hätte. Denn gerade der ist entscheidend für den Sinn. Die Verfasser der Bulle *Exsurge Domine* hatten einundvierzig Behauptungen Luthers herausgeschnitten und als „häretisch, Anstoß erregend, falsch, unschicklich, die einfachen Leute verführend und der katholischen Wahrheit zuwider" bezeichnet. Warum hat man nicht, wenn man schon die Probleme mit der Schere bearbeiten mußte, ein paar von den Sätzen herausgesucht, von denen dieses Buch eine Menge Beispiele bringen wird!

Wir wollen den Glauben Luthers an einigen Texten untersuchen, werden diese Texte *ungekürzt* vorstellen. Das ist nicht ganz einfach. Luther ist ein weitschweifiger Schreiber, seine Texte haben Längen: Sein Stil ist oft abschreckend, er springt von einer Idee zur andern. Als Hilfe für das Verständnis einer ungewohnten Theologie werden einige Überschriften und ganz wenige Fußnoten genügen[62]. Viele Schriften Luthers bieten uns Material für ein solches Unternehmen: der Kommentar zum Vaterunser (1519), der Traktat *Von der Freiheit eines Christenmenschen* (1520), der Kommentar zum Magnifikat (1521), die Katechismen (1529). Aber es ist wünschenswert, daß man das Wesentliche aus *vollständigen* Einheiten erfährt (wobei ich nicht ausschließen will, daß ich mich gelegentlich auch auf Auszüge berufe), das will sagen aus Texten von annehmbarer Länge für ein solches Buch, das die Luthereditionen ja nicht ersetzen kann.

Darum nun habe ich die drei folgenden Werke ausgewählt: 1. *Ein klein Unterricht, was man in den Evangeliis suchen und gewarten soll* (1522); 2. die Einleitung zum Römerbrief (1522); 3. Luthers Glaubensbekenntnis (1528).

Die ausgewählten Texte zeigen Luthers Denken über sehr viele Probleme so klar, daß ich nichts hinzuzufügen brauche. Wir werden also unmittelbar von ihm selbst erfahren, was es mit ihnen auf sich hat.

Bibliographische Hinweise

Die Lutherforschung hat sich zu einer komplexen Disziplin entwickelt. *Ein Buch kann nicht auf alle Fragen eingehen und auch nicht alles angeben, was man lesen müßte.* Diese Auswahl erlaubt einen Zugang zu den Problemen und nennt die Bibliographien, die man ergänzend hinzuziehen kann. Eine reichhaltige Bibliographie der französischsprachigen Literatur findet sich in den im Vorwort zitierten Werken von *G. Ph. Wolf* und *R. Stauffer.*[63]

Grundlegende Werke und Bibliographien

E. G. Léonard: Histoire générale du protestantisme, Bd. I 1961 (Namen, Fakten, Daten, Luthers Schriften, Lehrmeinungen, Debatten und eine substantielle Bibliographie). — *L. Febvre:* Un destin. Martin Luther (1928), 4. Auflage 1968. Deutsche Ausgabe: Martin Luther: Religion als Schicksal, Frankfurt, Berlin, Wien 1976 (das Buch, das man gelesen haben muß). —*J. Lortz:* Die Reformation in Deutschland, Freiburg i. Br. 1939/ 40, 4. Auflage 1962 (die katholische Lutherinterpretation). — *J. Delumeau:* Naissance et affirmation de la Réforme, 3. Auflage 1973 (die großen Fragen). — *H. Strohl:* Luther jusqu'en 1520, Paris 2. Auflage 1962 (ein Klassiker). — *P. Chaunu:* Le temps des Réformes, 1975 (ein neuer Ansatz; S. 369—470: Luther).

Diese Werke nennen die großen Bibliographien der verschiedenen Sprachen, die „monumentalen" Werke, die Quelleneditionen, die Werke, die Autorität genießen, die Enzyklopädien und Fachzeitschriften. Unter den Fachzeitschriften sind die Veröffentlichungen des französischen Protestantismus nennenswert: *Bulletin de la Société d'histoire du protestantisme français, Etudes théologiques et religieuses* (Montpellier), *Positions luthériennes, Révue d'histoire et de philosophie religieuses.* Wichtig sind auch: *Archiv für Reformationsgeschichte, Lutherjahrbuch, Revue d'histoire ecclésiastique, Revue des sciences philosophiques et théologiques* usw. Die Forschungsberichte in vielen dieser Zeitschriften ziehen Bilanz zu einem Zeitabschnitt oder einer Gruppe von Fragen.

Die beiden Luther-Artikel (*H. Bornkamm* über das Leben, *G. Ebeling* über die Lehre) in der Enzyklopädie „Die Religion in Geschichte und Gegenwart", 3. Auflage 1957—65, sind Muster dieser Gattung.

K. Aland: Hilfsbuch zum Lutherstudium, 3. Auflage 1970 (alphabetisches Verzeichnis der Schriften Luthers in chronologischer Ordnung, die verschiedenen Ausgaben, meistens mit bibliographischen Angaben versehen). *B. Lohse:* Martin Luther. Eine Einführung in sein Leben und sein Werk, 1981.

34

Kirchengeschichte, Reformationsgeschichte

K. Heussi: Kompendium der Kirchengeschichte, 14. Auflage 1976. — *J. Lortz:* Geschichte der Kirche in ideengeschichtlicher Betrachtung, 21. Auflage, Bd. I 1962, Bd. II 1964. — *R. Kottje/B. Moeller* (Hg.): Ökumenische Kirchengeschichte, Bd. II: Mittelalter und Reformation, 1973 (von katholischen und protestantischen Autoren). — *K. Müller:* Kirchengeschichte, Bd. II, 1 und II, 2 1908—23. — *H. Hermelink/W. Maurer:* Reformation und Gegenreformation (Handbuch der Kirchengeschichte für Studierende, 3. Teil), 2. Auflage 1931. — *H. Jedin* (Hg.): Handbuch der Kirchengeschichte, Bd. IV — VII, Freiburg 1967—79. — *K. L. Schmidt/E. Wolf/B. Moeller* (Hg.): Die Kirche in ihrer Geschichte. Göttingen 1961—1975 (4 Bände in Lieferungen, noch nicht alles erschienen). — *H. Tüchle:* Geschichte der Kirche, Bd. III: Reformation und Gegenreformation, Einsiedeln 1965.

Außer Bd. XVI von *Fliche/Martin:* Histoire de l'Eglise (*E. de Moreau/ P. Jourda/P. Janelle:* La crise religieuse du XVIᵉ siècle, Paris 1950) vgl. auch Nouvelle Histoire de l'Eglise, Bd. III: *H. Tüchle/C. A. Bouman/J. le Brun:* Réforme et Contre-Réforme, Paris 1968. — *Daniel-Rops:* L'Eglise de la Renaissance et de la Réforme, 1957. — Deux mille ans de christianisme (Sammelwerk), Bd. V Paris 1976 (Luther au cœur de la Réforme, Connaissance du protestantisme, Calvin et l'Europe protestante, Le foisonnement des sectes, Les guerres de religion). — *R.-J. Lovy:* Les origines de la Réforme française, Meaux 1518—1546, Paris 1959 (Anfänge des Luthertums in Frankreich, Bibliographie). — *M. Pacaut:* Histoire de la papauté, de l'origine au concile de Trente, 1976.

J. Lortz/E. Iserloh: Kleine Reformationsgeschichte, Freiburg i. Br. 1969 (katholische Synthese). — *H. Junghans:* Die Reformation in Augenzeugenberichten, 2. Auflage 1967.

L. W. Spitz: The Reformation. Basic Interpretations, Chicago 1972 (gekürzte Texte der großen modernen Reformationsforscher). — *L. W. Spitz:* The Renaissance and Reformation Movements, 1971. — *A. G. Dickens:* The German Nation and Martin Luther, London 1974.

Luthers Leben

Obige Werke geben die alten Biographien an. Was folgt, kann nur eine Auswahl sein.

G. Casalis: Luther et l'Eglise confessante, Paris 1970. — *Funck-Brentano:* Luther, 18. Auflage 1935 (ein Verkaufserfolg; der Autor glaubt aber nicht an Luthers *religiöse* Bedeutung). — *A. Greiner:* Luther. Essai biographique, 2. Auflage 1970. — *R.-J. Lovy:* Luther, 1964. — In deutscher Sprache, außer den Büchern von *Boehmer, Grisar* und *Meissinger: H. Fausel:* D. Martin Luther, Leben und Werk, 2 Bde. 1966 (Luthers Leben

35

in Quellen). — *R. Friedenthal:* Luther, sein Leben und seine Zeit, 1967.
— *J. Köstlin/G. Kawerau:* Martin Luther. Sein Leben und seine Schriften,
2 Bände, 5. Auflage 1903 (in seiner Art ein unerreichter Klassiker, aber
veraltet). — *F. Lau:* Luther, 2. Auflage 1966. — *O. Scheel:* Martin Lu-
ther. Vom Katholizismus zur Reformation, 2 Bände, Neuausgabe
1921—30 (erschöpfend, aber Scheel konnte über Luthers dreißigstes
Lebensjahr nicht hinauskommen). — *O. Scheel:* Dokumente zu Luthers
Entwicklung, 2. Auflage 1929. — In englischer Sprache: *R. Bainton:* Here
I Stand. A Life of Martin Luther, 1950 (deutsch: Hier stehe ich. Das
Leben Martin Luthers, 2. Auflage 1958). — *G. Rupp:* Luther's Progress
to the Diet of Worms, 1951. — *E. G. Schwiebert:* Luther and His Times.
The Reformation from a new Perspective, 1950. — *J.-M. Todd:* Martin
Luther. A Biographical Study, 1964. — *R. Marius:* Luther, Philadelphia
1974 (Luther als Vorläufer Hitlers!).

P. Garcia-Villoslada: Martin Lutero, 2 Bände, Madrid 1973 (setzt die
Tradition der großen katholischen Lutherbiographien fort — die Tradition Grisars?).

Luther-Werkausgaben

D. Martin Luthers Werke. Kritische Gesamtausgabe, Weimar 1883 ff.
Vier Abteilungen: *Werke* (W oder WA), 58 Bände (die Bände LV und
LVIII — Register — sind noch nicht fertig). *Tischreden* (Tr), 6 Bände,
1912—21. *Bibel* (B), 12 Bände, 1906—61. *Briefe* (Br), 14 Bände,
1930—70. — Luthers Werke in Auswahl, Hg. *O. Clemen,* 8 Bände,
1912—33; mehrere Neuauflagen (*Bonner Ausgabe*). — Luthers Werke,
Hg. *G. Buchwald et al.,* 3. Auflage 1905ff., 8 Bände und 2 Ergänzungsbände. — Martin Luther. Ausgewählte Werke, Hg. *H. H. Borcherdt/G.
Merz,* 7 Bände und 7 Ergänzungsbände, 3. Auflage, München, Chr. Kaiser Verlag 1948ff. (im folgenden: *Münchener Ausgabe*). — Luther
deutsch. Die Werke Luthers in neuer Auswahl für die Gegenwart, Hg. *K.
Aland,* Neuauflage 1961ff. — Calwer Lutherausgabe, Neuauflage
Gütersloh 1964ff. — Martin Luther Studienausgabe, Hg. *H.-U. Delius,*
erscheint seit 1979 in der DDR (Berlin), auf 6 Bände geplant.

Französisch: Martin Luther. Œuvres, Genf: Labor et fides, Bd. I—X
1957—67, Bd. XV 1969, Bd. XVI 1972, Bd. XVII 1977.

Englisch: Luther's Works, Saint Louis und Philadelphia, seit 1955
56 Bände (fast vollendet). — Vgl. *H. J. Grimm:* The Reformation Era
1500—1650, New York und London 1965, S. 630f. (Angaben über engli-
sche Lutherübersetzungen).

Italienisch: Vgl. den Artikel von *V. Vinay* in „Lutherforschung heute",
Berlin 1958, S. 129—136.

Spanisch: Eine spanische Ausgabe wurde in Buenos Aires begonnen.
Näheres siehe *Lutherjahrbuch* 1977.

Luthers Lehre und verschiedene Debatten

P. Althaus: Die Theologie Martin Luthers, 2. Aufl. 1963. — *J. Boisset:* Erasme et Luther. Libre ou serf arbitre, 1962. — *L. Bouyer:* Du protestantisme à l'Eglise, 3. Auflage 1959. — *Ch. Boyer:* Luther. Sa doctrine, Rom 1970 (kritische Diskussion). — *A. Brandenburg:* Martin Luther gegenwärtig, 1969 (Luther im Katholizismus seit dem Konzil). — *F. Bravo:* El sacerdocio comun de los creyentes en la teologia de Lutero, 1964 (das allgemeine Priestertum der Gläubigen). — *L. Chestov:* Sola fide. Luther et l'Eglise, 1957. — *L. Cristiani:* Luther et saint Augustin, in: Augustinus Magister, Bd. II, Paris 1954, S. 1029—1038. — *D. Demmer:* Lutherus Interpres. Der theologische Neuansatz in seiner Römerbriefvorlesung unter besonderer Berücksichtigung Augustins, 1968 (origineller methodischer Ansatz). — *G. Ebeling:* Luther. Einführung in sein Denken, 2. Auflage 1974. — *M. U. Edwards:* Luther and the False Brethren, Stanford 1975 (Luther im Kampf gegen seine Anhänger). — *F. Ferrier/P. Clair:* Clefs pour la théologie, 1974. — *L. Grane:* Modus loquendi theologicus. Luthers Kampf um die Erneuerung der Theologie (1515—1518), Leiden 1975. — *M. Gravier:* Luther et l'opinion publique, 1942 (Flugschriften der Reformationszeit). — *A. Greiner:* Martin Luther ou l'hymne à la grâce, 1966; deutsch: Martin Luther — Erfahrung der Gnade, 1967. — *W. Joest:* Ontologie der Person bei Luther, 1967. — *H. C. Koch:* Luthers Reformation in kommunistischer Sicht, 1967. — *W. Köhler:* Katholizismus und Reformation, Gießen 1905 (Stand der katholischen Lutherforschung am Beginn des 20. Jahrhunderts). — *M. Lienhard:* Luther, témoin de Jésus Christ, 1973; deutsch: Luthers christologisches Zeugnis, Göttingen 1980. — *W. von Loewenich:* Luthers theologia crucis, 5. Auflage 1967. — *Th. McDonough:* The Law and the Gospel in Luther, 1963. — *H. McSorley:* Luthers Lehre vom unfreien Willen, 1966. — *R. Mehl:* La théologie protestante, 1965 (in der Reihe „Que sais-je?"). — *H. B. Meyer:* Luther und die Messe, 1965. — *K. H. zur Mühlen:* Nos extra nos. Luthers Theologie zwischen Mystik und Scholastik, 1972. — Nouveau livre de la foi, 1976 (Katholiken und Protestanten stellen gemeinsam den Glauben dar). — *H. A. Oberman:* Werden und Wertung der Reformation, 1977. — *O. H. Pesch:* Theologie der Rechtfertigung bei M. Luther und Th. von Aquin, 1967 (1200 Seiten). — *S. Pfürtner:* Angoisse et certitude du salut. Luther et saint Thomas au-delà des oppositions traditionnelles, 1967. — The Social History of the Reformation (Sammelwerk, Hg. *L. P. Buck/J. W. Zophy*), Columbus 1972 (gesellschaftliche Aspekte der Reformation). — *R. Stauffer:* La Réforme („Que sais-je?"). — *W. Stein:* Das kirchliche Amt bei Luther, 1975. — *H. Strohl:* Luther, sa vie et sa pensée, 1953. — *Th. Süss:* Luther (Reihe „Philosophes"), 1969 (Luthers Philosophie). — *Ph. S. Watson:* Let God be God. An Interpretation of the Theology of Martin Luther, Neuausgabe 1970. — *R. Weier:* Das Theologieverständnis Martin Luthers, 1976. — *J. Wicks:* Man Yearning for Grace, 1968 (die Spiritualität des jungen Luther). — *R. Will:* La liberté chrétienne. Etude sur le principe de la piété chez Luther, 1922.

II. Das Evangelium (1522)

Luther hat kein eigentlich „systematisches" Werk hinterlassen[1]. Nichtsdestoweniger bemerkt man beim Lesen seiner Texte eine starke gedankliche Einheit. Sie entspricht ganz dem, was die Geschichte uns über die Kontinuität seines Forschens und Handelns lehrt. Er ist kaum je von seiner Linie abgewichen, abgesehen von einigen Punkten, die nichts an der Beurteilung des Ganzen ändern. Seine Schriften haben sich immer wieder, sein ganzes Leben lang, von derselben Grundüberzeugung aus entwickelt.

Es kommt darauf an, diesen Mittelpunkt deutlich zu machen, der allem übrigen Form und Sinn gibt. Man könnte das eine oder andere von Luthers großen Themen als Leitfaden nehmen wollen: Rechtfertigung aus dem Glauben, Gesetz und Evangelium, Wort Gottes, Theologie des Kreuzes, Glaube an Christus. Aber an den ersten lutherischen Theologen, angefangen mit Melanchthon, sieht man, daß jedes dieser Prinzipien, für sich allein genommen, zu Theorien führte, die Luther selbst ablehnte, sobald sie nur erschienen, und nicht als seine Lehre anerkannte[2].

Um eine solche Sackgasse zu vermeiden, möchte ich bestimmte gedankliche Komplexe anhand von bedeutsamen Texten untersuchen. Diese originalen Ausführungen Luthers zeigen zwar nicht seine ganze Lehre, aber sie vermitteln uns eine *richtige Vorstellung* davon. Aufgrund dieser Lektüre entwickelt sich eine Perspektive, von der wir spüren, daß sie mit Sicherheit diejenige Luthers ist und daß wir ihn von Text zu Text besser kennenlernen.

Es drängt sich auf, damit zu beginnen, daß wir unser Interesse vor allem darauf richten, auf welche Weise Luther vom *Evangelium* spricht, besonders in der Zeit, welche auf die Konfrontation von Worms folgte.

1. Was Luther in Worms nicht widerrufen wollte

Am 18. April 1521, allein inmitten des Reichstags und in der persönlichen Gegenwart des Kaisers — es war der junge Karl V. — erklärt Luther, daß er die Ideen, die man ihm zum Vorwurf macht, nicht widerrufen kann noch will und daß er bereit ist, die Folgen zu tragen.

Kurz vorher hat Papst Leo X. die Bannandrohungsbulle unterzeichnet; damit ist Luther, jedenfalls im Prinzip, dem Scheiterhaufen geweiht. Bald darauf wird er in die Reichsacht getan. Auf seine Hartnäckigkeit steht die Todesstrafe, und er ist sich dessen bewußt.

Die verschlungenen Spiele der Politik gönnen ihm jedoch eine Atempause. Der Kurfürst von Sachsen läßt ihn auf die Wartburg in Sicherheit bringen. In dieser Zurückgezogenheit hat er die Muße, neue Werke zu schreiben. Er beschäftigt sich besonders damit, die Predigtbücher (oder „Postillen") zu erneuern, aus denen die Priester Anregungen für ihre Predigt über die Episteln und Evangelien der Sonn- und Feiertage nahmen. Zu diesem Zweck verfaßt er eine vollständige Sammlung von Predigten für die Zeit vom 1. Adventssonntag bis zum Sonntag nach Epiphanias. Diese Arbeit wurde im Frühjahr 1522 in Wittenberg gedruckt — versehen mit dem Vorwort, das wir lesen werden[3]. Thema dieses Textes ist das *Evangelium*. Was Luther hier darüber sagt, hat eine ganz besondere Färbung. Denn um seine Auffassung vom Evangelium zu bezeugen, hat er sich von Kirche und Gesellschaft ausschließen lassen. Von der Notwendigkeit befreit, sich zu verteidigen oder anzugreifen — er ist ja schon verurteilt und für den Augenblick außer Gefecht[4] — erklärt er nur einfach, was ihm am Herzen liegt. Trotz einiger dunkler Stellen ist der Text von wirklicher Klarheit. Er vermeidet überflüssige Ausführungen, die einem sonst oft Schwierigkeiten machen, wenn man sich geradewegs seiner Schriften bedienen will, um sein Denken vorzustellen. Der Text zeigt, daß für Luther *die ganze Bibel* „Evangelium" ist, und handelt von der schon durch die Propheten verkündeten Verheißung Christi ...

Diese Abhandlung über das Evangelium ist eine der besten Aussagen darüber, was Luther wollte. Er hat alles auf diesen Entwurf gesetzt, und viele sind ihm genau deswegen nachgefolgt[5].

2. Ein klein Unterricht, was man in den Evangeliis suchen und gewarten soll[6]

Es ist eine starke Gewohnheit, daß man die Evangelien zählet und nennet nach den Büchern und spricht, es sind vier Evangelien. Daher ists gekommen, daß man nicht weiß, was S. Paulus und Petrus in ihren Episteln sagen, und wird ihre Lehre gleichgeachtet als Zusätze zur Lehre der Evangelien, wie auch ein Prologus Hieronymi sich hören lässet[7]. Danach ist noch eine ärgere Gewohnheit, daß man die Evangelien und Episteln achtet gleich wie Gesetzbücher, darinnen man lernen soll, was wir tun sollen, und die Werk Christi nicht anders denn als Exempel uns vorgebildet werden[8]. Wo nun diese zwei irrigen Meinungen im Herzen bleiben, da mag weder Evangelium noch Epistel nützlich und christlich gelesen werden, bleiben eitel Heiden wie vorhin.

Darum soll man wissen, daß nur ein Evangelium ist, aber durch viele Apostel beschrieben. Eine jegliche Epistel Pauli und Petri, dazu die Apostelgeschichte des Lukas ist ein Evangelium, ob sie wohl nicht alle Werk und Wort Christi erzählen, sondern eins kürzer und weniger denn das andre begreift. Ist doch auch der großen vier Evangelien keines, das alle Wort und Werk Christi begreift, ist auch nicht not.

Das Evangelium als Rede oder Historie von Christus, wie man sie in der ganzen Bibel vorfindet

Evangelium ist und soll nichts anders sein denn eine Rede oder Historia von Christo, gleichwie unter den Menschen geschieht, daß man ein Buch schreibt von einem Könige oder Fürsten, was er getan und geredet und erlitten hat in seinen Tagen, welchs man auf mancherlei Weis mag beschreiben, einer in die Länge, der andere in der Kürze. Also soll und ist das Evangelium nichts anderes denn eine Chronika, Historia, Legenda von Christo, wer der sei, was er getan, geredet und erlitten habe, welchs einer kurz, der andre lang, einer sonst, der andre so beschrieben hat. Denn aufs kürzlichst ist das Evangelium eine Rede von Christo, daß er Gottes Sohn sei und für uns Mensch geworden, gestorben und auferstanden, ein Herr, über alle Ding gesetzt. Soviel nimmt S. Paulus sich vor in seinen Episteln und streicht das aus, läßt anstehen alle die Wunder und den Wandel, die in den vier Evangelien geschrieben sind, und begreift doch gnugsam und reichlich das ganze volle Evangelium, wie das im Gruß an die Römer klärlich und fein zu sehen ist, da er sagt, was das Evangelium sei, und spricht: „Paulus, ein Knecht Jesu Christi, berufener Apostel und verordnet zum Evangelium Gottes, welchs er zuvor hat versprochen durch seine Propheten in der heiligen Schrift von seinem Sohn, der ihm geboren ist aus dem Samen Davids, nach dem Fleisch, der da verkläret ist ein Sohn Gottes in der Kraft nach dem Geist der Heiligung aus der Auferstehung von den Toten, der da ist Jesus Christus, unser Herr" etc.

Da siehest du, daß das Evangelium eine Historia ist von Christo, Gottes und Davids Sohn, gestorben und auferstanden und zum Herrn gesetzt, welchs da ist summa summarum das Evangelium. Wie nun nicht mehr denn ein Christus ist, so ist und mag nicht mehr denn ein Evangelium sein. Weil auch Paulus und Petrus nichts andres denn Christum lehren auf vorgesagte Weise, so mögen ihre Episteln nichts andres denn das Evangelium sein. Ja, auch die Propheten, dieweil sie das Evangelium verkündigt und von Christo gesagt haben, wie hie S. Paulus meldet und jedermann wohl weiß, so ist ihre Lehre an demselben Ort, da sie von Christo reden, nichts andres denn das wahre, lautere, rechte Evangelium, als hätts Lukas oder Matthäus beschrieben. Als da Jesaja sagt 53, 4 ff., wie er für uns sterben und unsre Sünd tragen sollt, hat er das lautere Evangelium geschrieben. Und ich sage fürwahr, so nicht jemand diesen Wahn vom Evangelium fasset, der wird nimmer mögen in der Schrift erleuchtet werden noch den rechten Grund überkommen[9].

Zum andern, daß du nicht aus Christo einen Mose machest, als tue er nicht mehr denn lehren und gebe Exempel, wie die andern Heiligen tun, als sei das Evangelium ein Lehr- oder Gesetzbuch. Darum sollst du Christum, sein Wort, Werk und Leiden in zweierlei Weise fassen. Einmal als ein Exempel, dir vorgetragen, dem du folgen sollst und auch also tun, wie S. Petrus sagt 1. Petr. 4, 1: „Christus hat für uns gelitten, darin uns ein Exempel gelassen." Also wie du siehest, daß er betet, fastet, den Leuten hilft und Liebe erzeiget, so sollst du auch tun dir und deinem Nächsten. Aber das ist das Geringste vom Evangelium, davon es auch noch nicht Evangelium heißen mag; denn damit ist Christus dir nichts mehr nutz denn ein andrer Heiliger. Sein Leben bleibt bei ihm und hilft dir noch nichts, und kürzlich: diese Weise macht keinen Christen, es macht nur Gleißner, es muß noch gar viel höher mit dir kommen[10]. Wiewohl jetzt lange Zeit dies die allerbeste Weise, wenn auch selten, gewesen ist zu predigen. Das Hauptstück und der Grund des Evangeliums ist, daß du Christum zuvor, ehe du ihn zum Exempel fassest, aufnehmest und erkennest als eine Gabe und Geschenk, das dir von Gott gegeben und dein eigen sei, also daß, wenn du ihm zusiehest oder hörest, daß er etwas tut oder leidet, daß du nicht zweifelst, er selbst, Christus, mit solchem Tun und Leiden sei dein. Darauf du dich nicht weniger mögest verlassen, denn als hättest du es getan, ja als wärest du derselbige Christus[11]. Siehe, das heißt das Evangelium recht erkennet, das ist die überschwengliche Güte Gottes, die kein Prophet, kein Apostel, kein Engel hat je können ausreden, kein Herz je gnugsam bewundern und begreifen, das ist das große Feuer der Liebe Gottes zu uns; davon wird das Herz und Gewissen froh und zufrieden, das heißt den christlichen Glauben gepredigt. Davon heißt solch Predigt Evangelium, das lautet auf deutsch soviel als eine fröhliche, gute, tröstliche Botschaft, von welcher Botschaft die Apostel genennet werden die Zwölfboten[12].

Davon sagt Jesaja 9, 6: „Ein Kind ist uns geboren, ein Sohn ist uns gegeben." Ist er uns gegeben, so muß er unser sein; so müssen wir uns auch sein annehmen als des unseren. Und Röm. 8, 32: „Wie hat er uns nicht alle Ding sollen geben mit seinem Sohn?" Siehe, wenn du also Christum fassest als eine Gabe, dir zu eigen gegeben, und zweifelst nicht dran, so bist du ein Christ, der Glaube erlöset dich von Sünden, Tod und Hölle, macht, daß du alle Ding überwindest. Ach, davon kann niemand gnug reden. Das ist die Klage, daß solch Predigt in der Welt verschwiegen ist und doch alle Tage das Evangelium gerühmet ist. Wenn du nun Christum also hast zum Grund und Hauptgut deiner Seligkeit, dann folget das andre Stück, daß du ihn auch zum Exempel fassest, ergibst dich auch also, deinem Nächsten zu dienen, wie du siehest, daß er sich dir ergeben hat. Siehe, da gehet denn Glaub und Lieb im Schwang, ist Gottes Gebot erfüllet, der Mensch fröhlich und unerschrocken, zu tun und zu leiden alle Ding. Darum siehe eben drauf, Christus als eine Gabe nähret deinen Glauben und macht dich zum Christen. Aber Christus als ein Exempel übet deine Werk; die machen dich nicht zum Christen, sondern sie gehen von dir, so du zuvor zum Christen gemacht bist. So sehr nun Gabe und Exempel sich unterscheiden, so sehr sind auch Glaube und Werk voneinander entfernt. Der Glaub hat nichts eigen, sondern nur Christi Werk und Leben. Die Werk haben etwas eigen von dir, aber auch nicht dein Eigen, sondern des Nächsten sein[13].

Darum siehest du, Evangelium ist eigentlich nicht ein Buch der Gesetze und Gebote, das von uns fordere unser Tun, sondern ein Buch der göttlichen Verheißungen, darin er uns verheißet, anbeut und gibt alle seine Güter und Wohltaten in Christo. Daß aber Christus und die Apostel viele gute Lehre geben und das Gesetz auslegen, ist zu rechnen unter die Wohltat wie ein ander Werk Christi, denn rechte Lehre ist nicht die geringste Wohltat. Darum sehen wir auch, daß er nicht greulich dringt und treibt, wie Mose tut in seinem Buch und des Gebots Art ist, sondern lieblich und freundlich lehret, sagt nur, was zu tun und lassen sei, was den Übeltätern und Wohltätern begegnen werde, treibt und zwingt niemand, ja, auch so sanfte lehret, daß er mehr reizet denn gebeut, hebet an und sagt: „Selig sind die Armen, selig sind die Sanftmütigen" etc. Und die Apostel brauchen auch gemeiniglich das Wort: Ich vermahne, ich bitte, ich flehe etc. Aber Mose, der spricht: Ich gebiete, ich verbiete, dräuet und schreckt daneben mit greulicher Strafe und Pein. Aus diesem Unterrichten kannst du nützlich die Evangelien lesen und hören.

Das Evangelium und der Christ

Wenn du nun das Evangelienbuch auftust, liesest oder hörest, wie Christus hie oder dahin kommet oder jemand zu ihm gebracht wird, sollst du dadurch vernehmen die Predigt oder das Evangelium, durch welchs er zu dir kommet oder du zu ihm gebracht werdest. Denn Evangelium predigen ist nichts anders, denn daß Christus zu uns komme oder uns zu sich bringe. Wenn du aber siehest, wie er wirkt und hilft jedermann, zu dem er kommet und die zu ihm gebracht werden, sollst du wissen, daß solchs der Glaube in dir wirke und er deiner Seelen eben dieselbige Hilf und Güte anbeut durchs Evangelium. Hältst du hie still und lässest dir gut tun, das ist, so du es glaubest, daß er dir wohltue und helfe, so hast du es gewiß; so ist Christus dein und dir zur Gabe geschenkt. Danach ists not, daß du ein Exempel draus machest und deinem Nächsten auch also helfest und tust, seiest auch ihm zur Gabe und Exempel gegeben, davon sagt Jesaja 40, 1 ff.: „Seid getrost, seid getrost, mein liebes Volk, spricht euer Herr Gott. Sagt in das Herz Jerusalem und ruft ihr, ihr ist vergeben ihre Sünd. Ein Ende hat ihre Missetat, sie hat zwiefach gut empfangen von der Hand

43

Gottes für alle ihre Sünde etc." Diese zwiefachen Güter sind die zwei Stück in Christo: Gabe und Exempel, welche auch sind bedeutet durch die zwei Stück des Erbteils, die das Gesetz Mose zueignet dem ersten Sohn, und durch viel andere Figuren.

Die Würde des Evangeliums

Wiewohl es Sünd und Schand ist, daß es mit uns Christen dahin gekommen ist und wir so unfleißig im Evangelium gewesen sind, daß wirs nicht allein nicht verstehen, sondern auch allererst bedürfen, daß man uns mit andern Büchern und Auslegungen zeige, was drinnen zu suchen und zu gewarten sei. Sintemal die Evangelien und Episteln der Apostel darum geschrieben sind, daß sie selbst solche Zeiger sein wollen und uns weisen in die Schrift der Propheten und Mose des Alten Testamentes, daß wir allda selbst lesen und sehen sollen, wie Christus in die Windeltücher gewickelt und in die Krippen gelegt sei, das ist, wie er in der Schrift der Propheten verfasset sei. Da sollt unser Studieren und Lesen sich üben und sehen, was Christus sei, wozu er gegeben sei, wie er versprochen sei, und wie sich alle Schrift auf ihn ziehe, wie er selbst sagt Joh. 5, 46: „Wenn ihr Mose glaubet, so glaubet ihr auch mir, denn von mir hat er geschrieben." Item: „Forschet und suchet in der Schrift, denn dieselbige ists, die von mir Zeugnis gibt." Das meinet Sankt Paulus Röm. 1, 2, da er vornan im Gruß spricht, das Evangelium sei von Gott versprochen durch die Propheten in der heiligen Schrift. Daher geschiehts, daß die Evangelisten und Apostel immerdar uns in die Schrift weisen und sprechen: „Also ists geschrieben." Item: „Das ist geschehen, daß die Schrift der Propheten erfüllet würde" etc. Und Apg. 17, 11, da die Thessalonicher das Evangelium mit aller Lust hörten, spricht Lukas, daß sie haben in der Schrift studiert und geforschet Tag und Nacht, obs also wahr wäre. Also da S. Petrus seine Epistel schreibt, mitten im Anfang spricht er: „Nach diesem eurem Heil haben die Propheten geforschet, die da von dieser Gnad in euch geweissagt haben und ersucht, auf welche oder welcherlei Zeit ihn zeigete der Geist Christi, der in ihnen war, und verkündigte durch sie die Leiden, so da sind in Christo, und die nachfolgende Klarheit, welchen es auch ist offenbart; denn nicht ihnen selbst, sondern uns haben sie solche Dinge dargetan, welche jetzt sind gepredigt unter euch durch den heiligen Geist, der vom Himmel gesandt ist, welche Dinge auch die Engel begehren zu schauen" (1. Petr. 1, 10–12). Was will hiemit S. Petrus, denn uns in die Schrift führen? Als wollt er sagen: Wir predigen und öffnen euch die Schrift durch den heiligen Geist, daß ihr selbst mögt lesen und sehen, was drinnen ist und von welcher Zeit die Propheten geschrieben haben, wie er auch sagt Apg. 3, 24: „Von diesen Tagen haben alle Propheten geredet, von Samuel an, die da je geweissagt haben." Darum spricht auch Lukas 24, 45, daß Christus hab den Aposteln den Verstand aufgetan, daß sie die

Schrift verstünden. Und Christus Joh. 10, 2 f. sagt: Er sei die Tür, durch ihn muß man eingehn, und wer durch ihn eingeht, dem tut auf der Türwärter (der heilig Geist), daß er finde Weide und Seligkeit. Also daß endlich wahr ist, wie das Evangelium selbst Zeiger und Unterrichter ist in die Schrift, gleichwie ich mit dieser Vorrede gerne das Evangelium zeigen und Unterricht geben wollt.

Aber siehe zu, wie fein, zart, fromme Kinder wir sind! Auf daß wir nicht bedürften in der Schrift zu studieren und Christum allda zu lernen, halten wir das ganze Alte Testament für nichts, als sei es nun aus und gelte nichts mehr, so es doch allein den Namen hat, daß es heilige Schrift heißt, und Evangelium eigentlich nicht Schrift, sondern mündlich Wort sein sollt, das die Schrift hervortrage, wie Christus und die Apostel getan haben. Darum auch Christus selbst nichts geschrieben, sondern nur geredet hat und seine Lehre nicht Schrift, sondern Evangelium, das ist eine gute Botschaft oder Verkündigung, genennet hat, das nicht mit der Feder, sondern mit dem Mund soll getrieben werden. Also fahren wir zu und machen aus dem Evangelium ein Gesetzbuch, eine Gebotlehre, aus Christo einen Mose, aus dem Helfer nur einen Lehrer. Was sollt nicht Gott verhängen über solch dumm, verkehrt Volk? Es ist billig, daß er uns in des Papsts Lehre und der Menschen Lügen hat fahren lassen, da wir seine Schrift ließen fahren und anstatt heiliger Schrift eines lügenhaftigen Narren und bösen Schalks Dekretales lernen mußten[14]. O wollt Gott, daß bei den Christen doch das lautere Evangelium bekannt wäre und diese meine Arbeit nur aufs schierest kein Nutz noch Not würde, so wäre gewiß Hoffnung, daß auch die heilige Schrift wieder hervorkäme in ihre Würdigkeit. Das sei gnug zur Vorrede und Unterricht aufs kürzest gesagt; in der Auslegung wollen wir mehr davon sagen. Amen.

3. Die Gabe des Wortes

Es gibt viele Texte dieser Art in Luthers Werken. Sogar wenn er daran geht, eine seiner Thesen zu beweisen oder einen Gegner zu widerlegen, läßt er sich ergreifen — und seinen Leser mit ihm! — von diesem außerordentlichen Gespür für das Geheimnis Christi und von einem offensichtlichen Bedürfnis, sich darüber mitzuteilen, es unablässig von allen Seiten zu beleuchten, seine Lehren daraus zu entwickeln.

Der Kern seines Denkens ist dieser: Das Evangelium ist *frohe Botschaft und Verkündigung*. Unser Text beleuchtet zunächst die frohe Botschaft, daß Christus uns geschenkt ist. Damit wendet er sich gegen die falschen und unzulänglichen Vorstellungen vom Evangelium, die zu seiner Zeit im Schwange sind. Aber eine frohe Botschaft ist wirkungslos, wenn sie nicht *verkündet* wird. Luthers Abhandlung geht weit über eine „Erklärung" hinaus. Sie ist selber „Evangelium"; der Leser, der im Glauben die Verheißung empfängt, die Luther aus der Schrift entwickelt, *steht in Gemeinschaft mit Christus*. In Luthers Auffassung vom Evangelium gibt es keinen Unterschied zwischen der Botschaft selber und dem Sprechen, das sie hervorbringt. Die Verkündigung des Evangeliums geht hervor aus dem Sprechen von Christus, das sich durch die ganze Schrift zieht und für das Paulus am Anfang des Römerbriefs die Formel geprägt hat. Christus kommt zu den Menschen *durch die Verkündigung des Wortes*. Luther erklärt hierzu in seiner „Wartburgpostille":

Christus „ist nicht durch öffentliche Predigt zu jedermann kommen, denn allererst nach seiner Auferstehung von den Toten, von welcher Zukunft die Schrift am meisten redet, um welcher willen er auch leiblich ist kommen in die menschliche Natur, denn es wäre sein Menschwerden niemand nutz, wo nicht ein Evangelium draus wäre worden, dadurch erkenne ihn alle Welt und kund wurde, warum er Mensch sei worden, daß die versprochen Benedeiung austeilet wurde allen, die durchs Evangelium in Christum glaubten, das wohl S. Paulus Röm. 1, 2 sagt: das Evangelium sei versprochen von Gott, als sollt er sagen: Gott hat mehr aufs Evangelium und diese öffentliche Zukunft durchs Wort, denn auf die leibliche Geburt oder Zukunft in die Menschheit acht gehabt. Es ist ihm um das Evangelium und unsern Glauben zu tun gewesen, darum hat er seinen Sohn dazu lassen Mensch werden, daß das Evangelium mocht von ihm predigt werden, und also sein Heil durchs öffentlich Wort zu aller Welt nahen und kommen"[15].

Als erster Prediger des Evangeliums, dessen Inhalt er selbst ist, hat Christus der Kirche einen unerschöpflichen Schatz gegeben. Er hat den Sinn der Schrift aufgedeckt; das Evangelium zeigt, daß nur von ihm die Rede ist. Er hat das Muster der Predigt selbst gegeben. Er hat sich durch das Wort, das bis an das Ende der Zeiten gepredigt werden wird, allen Menschen mitteilbar gemacht.

Diese Auffassung hat Luther als Antwort auf die damaligen Zustände in der Kirche entwickelt. Es wurde nämlich kaum gepredigt und schon gar nicht das Evangelium — oder nur ganz selten. Statt dessen dröhnte die Kirche von menschlichen Lehren. In den Evangelien suchte man hübsche Geschichten, Wunder, erbauliche Beispiele, moralische Rezepte. Man hatte keinen Sinn mehr für die Einzigartigkeit der Schrift, dieses Buches, das anders ist als alle übrigen Bücher. Der Bilderreichtum des Alten Testamentes verdeckte das, was darin trotzdem „Schrift" im eigentlichen Sinne bleibt. Niemand wußte mehr im Evangelium dieses Sprechen zu entdecken, das die inspirierten Texte zum Leben erweckt. Mangels eines solchen Sprechens waren den Erfindungen theologischer Spekulation und volkstümlicher Frömmigkeit keine Grenzen gesetzt.

Luther erkennt, was der heutige Historiker hervorhebt, schon Jahrhunderte vorher: Die Christianisierung ist im Mittelalter noch nicht durchgedrungen. Und wo sich die Christenheit von der Botschaft des Evangeliums entfernte, konnte sie nicht einmal mehr den Schein wahren, und das Volk fiel ins Heidentum zurück.

So ist das Vorwort der „Wartburgpostille" der Versuch, eben diese Tendenz umzukehren und bei seinen Zeitgenossen den eigentlichen *evangelischen* Eifer wieder freizusetzen. Er wählt zu diesem Zweck ein jahrhundertealtes Mittel — das Lied der Propheten: „Ein Kind ist uns geboren, ein Sohn ist uns gegeben" (Jes. 9, 6). Wenn er uns aber gegeben ist, gehört er uns dann nicht ganz und gar – und müssen wir noch einen anderen Zugang zur Fülle des Heiles suchen? Im Wort haben wir den Schlüssel zur ganzen Offenbarung, haben wir das Mittel, das Kommen des Auferstandenen weiterzutragen.

Der wohlwollende Gott, dessen grenzenlose Güte im Evangelium aufscheint, war eine große Neuheit für diese Zeit, die im Gesetz und seiner Härte den Prüfstein für religiöse Glaubwürdigkeit sah. Es war eine umwälzende Entdeckung, sich mit Gott verbunden zu wissen aufgrund seiner *Verheißung*; zu begreifen, daß die Schrift einzig und allein ein Buch der Verheißungen ist. Für den Christen ist Moses nicht Gottes letztes Wort, und die Kirche Christi hat Besseres zu bieten als das Beobachten von Gesetzen, das Nachahmen von Mustern der Heiligkeit und die Verehrung von Reliquien ... Es ist Jesus selber, uns als Geschenk gegeben, der den Glaubenden erschafft. Mit ihm gewährt uns Gott alles übrige (Röm. 8, 32), „für alle Sünden ein doppeltes Maß an Gütern" (Jes. 40, 1 ff.).

Das Evangelium appelliert an den Glauben, den die Predigten täglich ernähren und ausbilden sollten, indem sie die Verheißungen der Schrift enthüllten. So beginnt mit Luther in der Kirchengeschichte die Zeit der *wiedergefundenen* Bibel. Der Gläubige kann aus der Bibel alles schöpfen, was sein Glaube braucht. Auf der Wartburg unternimmt Luther seine deutsche Bibelübersetzung, die seinem Volk eine Sprache geben sollte – nicht weniger als einen ganz neuen Entwurf christlicher Existenz. Die Reformation wird Schulen eröffnen, wo alle *lesen* lernen können. Der Klerus wird dann nicht mehr seine Gesetze oder seine Vorstellungen völlig unwissenden Gläubigen auferlegen können.

Wir haben hier gewissermaßen die vollständige (wenn auch nicht in allen Punkten ausgeführte) Definition des evangelischen Christentums, das wir „Protestantismus" nennen. Bei aller Vielfalt seiner Erscheinungsformen bleibt sein Zentrum die Bemühung um evangelische Verkündigung, wie Luther sie sich auf der Wartburg vorgestellt hatte. Das heißt: Christus durch das Wort den Menschen nahebringen und sie zu ihm führen, damit sie an ihn glauben und ihm nachfolgend zum Geschenk für andere werden.

Über dieses Grundthema hinaus schneidet *Ein klein Unterricht* Themen an, deren Deutung in anderen Zusammenhängen noch viel klarer hervortreten wird. Wir konnten schon feststellen, daß sich Luther mit seiner Auffassung ganz allein wußte — so z. B. als er sagte, daß die Verkündigung des Ersten Artikels des Evangeliums selten geworden sei. Auch ist es wichtig, schon hier zu zeigen, daß seine Lehre zwar sehr persönlich geprägt, aber außerordentlich fundiert ist.

III. Das Problem des Heils
Wie Luther zu Luther geworden ist

Luther hat seine Auffassung vom Evangelium nie in Frage gestellt. Er hatte sie teuer erkauft durch die lange psychische, intellektuelle und religiöse Krise seiner Jugend, von der in allen Büchern die Rede ist. Und aus diesem Schmelztiegel entstand das „Luthertum".

Diese Krise war eine Glaubenskrise. Der Unglaube war niemals Luthers Problem. Aber sein Glaube hat sich „gewandelt", mindestens in dem Sinn, daß der Katholizismus seine Wahrheit darin nicht mehr wiedererkannt hat. Wir haben soeben eine Illustration davon gesehen. Der Luther von 1521/22 lehrt in der Tat, daß Christus in einer quasi-*sakramentalen* Weise empfangen wird durch den, der Gottes Wort im Glauben annimmt. Diese „Kommunion" entspricht dem Empfang der geweihten Hostie beim Katholiken. Luther war selber Priester und hat nie an der Realpräsenz Christi in der Eucharistie gezweifelt[1]. Indessen richtet sich das, was man „eucharistische" Frömmigkeit nennen kann, auf das Wort und nicht auf das Sakrament. Die Macht des Wortes in jedem menschlichen Leben ist etwas Wirkliches: Drückt Luther in diesem besonderen Fall nun etwas anderes aus als den Glauben der Kirche — nur auf eine ungewohnte Weise?

Um diese „Verschiebung" zu verstehen, müssen wir zurückgehen zu der Zeit, als Luther, ein junger Katholik, entdeckte, daß die Religion, die man ihn gelehrt hatte, in eine Sackgasse führte. Seine persönlichen Probleme spielten dabei eine Rolle. Aber es trug auch alles dazu bei, aus dem jungen Klostertheologen den Mann zu bilden, durch den der Katholizismus seiner Zeit jener entscheidenden Prüfung unterzogen wurde, die seine Schwächen an den Tag brachte. Indem Luther Probleme anging, die nicht nur ihn allein berührten und die er nicht erfunden hatte, hat er, ein Zeitgenosse von Christoph Columbus, eine neue Welt des Geistes entdeckt.

Sein Denken schlug den Weg über das Problem des Heils ein. Wir wissen schon, wie er es stellte: Es ist der Glaube, der den Menschen von Sünde, Tod und Hölle befreit. Er allein macht uns zu wirklichen Christen, denn in Christus ist uns das Heil gegeben.

Diese Lehre hat die Reformation hervorgebracht. In der Kirche von heute begreift man kaum mehr, wie jemand durch eine Diskussion über das *persönliche ewige Heil* die öffentliche Meinung derart in Erschütterung versetzen konnte. Uns Heutigen geht es um das kollektive Heil, um die Befreiung *in dieser Welt,* nicht in einer anderen. Die Frage nach dem persönlichen Heil ist vom Niedergang der „bürgerlichen" Kultur mitgerissen worden, welche die Religion zu einer Privatsache verbildet hat, in der jeder sein eigenes Interesse sucht.

Luther war aber nicht der erste, der den Problemen von Sünde, Tod und Hölle ausschließliche Bedeutung zuerkannte. Sind diese Fragen denn etwas anderes als der Ausdruck unserer *individuellen* Einsamkeit? Die Verkündigung des persönlichen Heils ist so alt wie das Christentum selber. Sie spricht aus den Worten, die Christus im Evangelium an einen namenlosen Glaubenden richtet: „Geh hin, dein Glaube hat dir geholfen." Sein Gespür für das Heil hat Luther zu einem Zeugen für das Evangelium gemacht. Das Erstaunliche aber ist, daß das Forschen nach den Bedingungen seines persönlichen Heils, das diesen jungen Christen umtrieb, eine solche Umwälzung der Kirche, ja der ganzen abendländischen Welt auslösen konnte. Wir wollen versuchen, die Ursachen dafür zu verstehen.

Man kann diesen Gegenstand nicht behandeln, ohne die Frage nach Luthers psychischen Schwierigkeiten aufzuwerfen, die, einigen Interpreten zufolge, ans Pathologische streifen. War dieser um sein Heil besorgte, auf sich selbst bezogene und (nach einigen Quellen) von krankhafter Höllen- und Teufelsangst besessene Mönch wirklich „im Gleichgewicht"? Mit Sicherheit war Luther ein unruhiger Mensch. Das, was er über die religiösen Ängste seiner jungen Jahre berichtet, hat etwas Verdächtiges. Seine Oberen, in erster Linie Staupitz, mußten ihn beruhigen. Aber Staupitz hatte auch erkannt, daß Luther eben deshalb eine Rolle in der Kirche spielen würde[2].

Die Quellen und die Geschichte erlauben aber kaum, das Leben Luthers zurückzuführen auf solche „Fälle", wie sie die psychiatrischen Lehrbücher berichten. Die Fragmente, auf denen die pessimistischen „Diagnosen" hinsichtlich seiner „Angst" und seines geistigen und seelischen Gleichgewichts fußen, nehmen nur wenig Raum ein auf den 70000 Seiten der Weimarer Ausgabe. Alles, was man psychologisch über ihn sagt, erklärt nur unvollkommen, wie diese Unruhe den jungen Katholiken zu seiner „reformatorischen" Gewißheit geführt hat. Wir müssen also damit beginnen zu zeigen, *was die Fakten tatsächlich hergeben*, ohne das psychologische Problem dabei auszuklammern, aber auch ohne ihm eine unverhältnismäßige Bedeutung zuzuerkennen. Ich werde mich aber erst im nächsten Kapitel damit befassen, nachdem ich Luther noch ausführlich habe zu Wort kommen lassen.

1. Die Sackgasse der Werkgerechtigkeit

Luther ist zu Luther durch seine religiöse Erziehung geworden. Daran kann kein Zweifel bestehen. Es lag nur an der Kirche, aus dem jungen

Martin Luther einen Christen zu machen, wie es noch nie einen gegeben hatte. Sie hätte ihn 1518—1521 nicht so schnell verurteilen sollen, denn was er lehrte, war die Konsequenz dessen, was sie zu der Zeit selber war. Soweit man das beurteilen kann[3], hat Luther dieselbe christliche Erziehung genossen wie alle jungen Leute seiner Zeit. Alles deutet darauf hin, daß er ein gelehriger Schüler war. Seine kirchlichen Lehrer haben aus ihm einen Christen fürs Leben gemacht. Der junge Luther hat einen tiefen Glauben an Gott. Er fürchtet, ihn durch böses Tun zu beleidigen. Er hat Angst vor seinem Gericht und der drohenden Hölle. Diese Überzeugungen werden seine ganze Existenz bestimmen.

Er kennt die Bibel schlecht. Christus schüchtert ihn ein; er sieht in ihm den Richter des *Dies irae*. Sein Name beschwört das Jüngste Gericht: Diese Szene, die noch heute den Touristen in alten Kirchen gefangennimmt, war die Antwort auf eine tragische Furcht vor dem Ende der menschlichen Geschichte[4]. Luther erkannte lange Zeit die trostvolle Seite des Glaubens an Christus nicht. Vor allem, was man ihn gelehrt hat, gewinnt bei ihm die Sorge um sein persönliches Heil die Oberhand. Dieser junge Mensch will nicht in die Hölle kommen.

Mit einigen Jahrhunderten Abstand erscheint mir die Höllenangst Luthers derjenigen ähnlich zu sein, die ich von der Vorbereitung auf die Erstkommunion in Erinnerung behalten habe[5]. Aber der junge Luther hat die Höllenangst viel dramatischer erlebt als die katholischen Kinder in der ersten Hälfte des 20. Jahrhunderts. Zu Luthers Zeiten starb man schnell. Tödliche Epidemien dezimierten die Bevölkerung, und die Überlebenden waren in ständiger Furcht vor den Söldnerhaufen, die mordeten und plünderten, wo sie hinkamen. Das Bewußtsein, daß der Tod jeden Augenblick anklopfen konnte, verlieh der Sorge um das Heil eine große Dringlichkeit: alles — nur ja nicht plötzlich in einer Todsünde sterben!

Anfangs verließ sich Luther auf die *Kirche,* daß sie ihn zum Heil führen sollte. Er wurde *Mönch*[6]. Die mönchische Lebensweise schränkt die Gelegenheiten zur Sünde ein und begünstigt die frommen Werke. Ein unerfahrener und sittenstrenger Mensch konnte darin leicht den idealen Rahmen sehen, um sich seines Heils zu *versichern.*

Nichts bereitete den jungen Postulanten der Erfurter Augustiner wirklich auf das Leben vor, dem er sich am 17. Juli 1505 verschrieb. Sein Vater hielt die Mönche für Taugenichtse. Luther selber liebte das Leben, wie man so sagt. Und die besonderen Werte eines „geheiligten" Lebenswandels scheinen ihn nicht angezogen zu haben. Eines Tages wird er erklären, daß ein hinreichend guter Christ sein kann, wer Gott im alltäglichen Leben dient.

Dagegen bezeugen viele Texte seine Angst vor der Hölle. Er hat zuweilen ihre Qualen beschrieben, „als ob er schon darin gewesen wäre" — Anzeichen eines Denkens, in das er sich hineinsteigerte bis zur Verzweiflung des Verdammten, der nicht mehr imstande ist, sich herauszuwinden. Das Wort *Hölle* gehörte zu seinem Wortschatz ebenso wie *Gesetz, Sünde, Tod, Teufel, Zorn Gottes*. Wir können Luthers Berufung erklären mit seinem Sinn für Gott und seiner Frömmigkeit. Aber der Glaube an Gott und die Überzeugung, daß niemand seinem Gericht entgeht, sind gleichwohl die Ursachen seiner Höllenangst.

Luther war ein guter Mönch. Um das zu sein, war er in den Orden eingetreten. Er hatte dort im wesentlichen gefunden, was er suchte: die größtmögliche Garantie für das Heil seiner Seele, die ein Individuum nach menschlichem Ermessen erlangen kann.

Dennoch hat er den Frieden nicht gefunden[7]. Seine Erfahrung als Mönch war die, daß Reinheit unmöglich sei[8], alle Anstrengung, den Quell des Bösen in der Seele auszutrocknen, nutzlos sei und daß der Schrecken des beleidigten, drohenden Gottes bestehenblieb. Er hätte spüren wollen, daß Gott seinen Eifer und seine Werke günstig aufnahm. Aber statt dessen fühlte er sich ständig schuldig, nicht so sehr wegen äußerer Verfehlungen, sondern auf der Ebene seiner tiefsitzenden Neigungen.

Der Eindruck vom Scheitern seines mönchischen Lebens ist natürlich vor allem subjektiv. Manche Texte weisen auf regelrechte Angstausbrüche hin[9]. Die einzige Beruhigung für Luther wäre gewesen, wenn er sich hätte überzeugen können, daß die göttliche Züchtigung keine Gewalt über ihn hatte. Eine Zeitlang versuchte er, sich an das Gebet, die Abtötung des Fleisches, die Lossprechung zu klammern. Aber es scheint, daß er auf diesem Wege nur von einer Enttäuschung in die andere fiel.

Sein Studium gab ihm die Mittel an die Hand, seine Probleme klar herauszuarbeiten. Aber indem es ihm ausgebreitete theologische Kenntnisse verschaffte, aus denen er sein ganzes Leben lang schöpfen sollte, nährte es auch zugleich seine Unruhe. Alles, was er über die Barmherzigkeit Gottes in Erfahrung brachte, war nicht imstande, ihn zu beruhigen. Er gehörte zu den Menschen, deren Sorgen niemand zerstreuen kann, solange sie ihnen irgendwo begründet scheinen.

Die Frage nach dem Heil hatte in Wirklichkeit ihre Lösung immer schon gefunden. Nämlich: Christus ist für *alle* Menschen gestorben. Aber man hatte noch keine Einigung erzielt über die Bedingungen, unter denen die Erlösung *jedem einzelnen* zugute kommt. Um gerettet zu werden, muß einer getauft sein und „im Stande der Gnade" leben (oder mindestens sterben . . .). Eine einzige schwere Sünde stellt das Heil in Frage. Sündigen heißt, die Gebote Gottes und der Kirche übertreten. Und schon die bösen Wünsche, die schlechten Gedanken sind sündig. Die Moralisten unterschieden zwischen schweren oder „Tod"-Sünden und läßlichen Sünden — den „leichten" Fehlern. Der junge Luther hatte sich nichts vorzuwerfen[10]. Aber er erkannte, daß die äußerliche Reinheit des Mönches die sündigen Neigungen des Herzens nicht unterdrücken kann. Er hielt sich weiter für einen „Sünder", und in seinen Augen war jede Sünde „schwer"[11].

Heilmittel für die Sünde sind Beichte und Absolution unter bestimmten Bedingungen. Der Priester ist Richter über die Aufrichtigkeit des Beichtkindes. Er kann es auch auf die Probe stellen, indem er die Absolution auf später aufschiebt. Aber wer im Namen Christi und der Kirche losgesprochen ist, darf der Vergebung Gottes sicher sein.

Seit den ersten Zeiten der Kirche funktionierte diese Lehre gut. Luther hatte sich ihr lange Zeit ohne Zögern unterworfen. Das Studium der Bibel und des heiligen Augustinus bestärkte ihn jedoch darin, daß auch der beste Christ ein Sünder bleibt, er mag tun, was er will. Augustinus beispielsweise stellt in seiner Schrift gegen den Bretonen Pelagius die Frage, wie aufrichtig unsere Handlungen im Grunde sind[12]. Tun wir das Gute nicht oft nur deshalb, *weil es bequem ist?* Und hat uns nicht nur die Furcht vor der Polizei bisher daran gehindert, Straftaten zu begehen? Aber erfüllen wir dann das Gesetz recht von Herzen, aus reiner Liebe zum Guten? Vielleicht hassen wir in Wirklichkeit das Gute, das zu tun wir gezwungen sind. Der Christ und sogar der Mönch entgeht solcher Doppelzüngigkeit nur schwer, die bei genauem Hinsehen einen uneingestandenen Haß gegen den Willen Gottes verbirgt.

Die verborgenen oder eingestandenen Fehler können, so versichert man, durch verdienstliche Werke getilgt werden. Wenn man das Böse nicht aus dem Herzen und den Handlungen, die immer doppeldeutig sind, tilgen kann — so kann man doch wenigstens die unvermeidlichen Fehler eines tugendhaften Lebens durch eine Fülle guter Werke aufwiegen. Aber der junge Mönch fand, daß kein Verdienst etwas an der Schwierigkeit ändert, vor den Augen Gottes gerecht zu sein, weil der Wert eines Aktes von der Redlichkeit seines Urhebers abhängt[13]. Diese Redlichkeit war ihm fragwürdig, wie wir gesehen haben, weil ja das Böse im Kern des verdienstvollen Werkes liegt und seinen Wert untergräbt. Und wenn die guten Werke von der Sünde infiziert sind, wozu soll es dann gut sein, sie zu vermehren? Die Menschen können sich zwar darüber etwas vormachen, aber wie wollen sie dem entkommen, „der Herzen und Nieren prüft" (Ps. 7, 10)?

Sein Vorhaben, die geheimen Beweggründe des menschlichen Herzens zu analysieren, führte Luther in die Ausweglosigkeit. Wenn die Gerechtigkeit das vollständige Verschwinden jedes Verdachts auf Sünde im Menschen ist, dann ist sie nicht von dieser Welt. Eigentlich hatte der Katholizismus die augustinische Strenge schon lange abgemildert, indem er die Moral auf konkrete Akte anwendete und nicht auf die Beurteilung der subjektiven Gesinnung[14]. Aber durch seine Erziehung war der junge Luther auf den schmalen Weg einer übermenschlichen, unerreichbaren Vollkommenheit gedrängt worden.

Da er von vornherein eine Lösung von seiten der menschlichen Natur für aussichtslos hielt, gelangte er unvermeidlich dahin, einen Durchbruch zur Seite *Gottes* hin zu suchen. Das entsprach der Tiefe seines religiösen

Empfindens. Er war umgetrieben durch die offensichtliche Wirklichkeit Gottes und konnte sich unmöglich mit seiner eigenen Unvollkommenheit abfinden und sich in der Hoffnung wiegen, er könne doch nach und nach „Fortschritte" machen[15]. Die Theologie, die man Luther beigebracht hatte, machte aus Gott ein Wesen von unumschränkter Willkür. Nicht allein, daß nichts ihn verpflichten konnte — vor allem nicht die so unsicheren menschlichen Verdienste — nein, seine Entscheidungen sind sogar ganz unvorhersehbar. Gott gibt seine Gnade, wem er will, wie er will, aus geheimen Gründen, die er allein kennt. Dieser Lehre liegt eine sehr hohe Vorstellung von der Freiheit Gottes zugrunde[16]. Sie konnte einen schon zur Verzweiflung treiben. *Absolut gesehen* kann niemand „sicher" sein vor Gottes Richterspruch. Es war im Gegenteil offensichtlich, daß es der falsche Kurs war, Gott beeindrucken zu wollen durch „Verdienste", denn nichts zwingt ihn, sie in Betracht zu ziehen.

Die nominalistischen Theologen nahmen an, daß Gott sich selbst auferlegt habe, unsere Verdienste anzunehmen[17]. Aber die Schrift spricht nicht von einer solchen Lehre. Ihre Konsequenzen liefen der augustinischen Auffassung zuwider, daß man das Heil nicht kaufen kann und daß das Böse im Menschen unausrottbar ist. Das Stück Wahrheit bestand darin, daß ein „voluntaristischer" Gott nur von sich selber abhängt. Luther war so durchdrungen von diesem Gedanken, der sich durch eine ganze Strömung der Scholastik hindurchzieht, daß seine Lösung, wie wir sehen werden, nur eine Anwendung davon sein wird: Der Ausweg aus seiner Krise war nämlich die „Entdeckung", daß Gott uns *befiehlt*, an Jesus Christus zu glauben, damit wir gerettet werden[18].

Diese schematische Beschreibung der Sackgasse, in der sich das spätere Schicksal Luthers abgespielt hat, läßt uns verstehen, warum man so viel Wert darauf gelegt hat, daß sein Drama nur an ihm, an seiner Psychologie, seiner fehlerhaften Theologie, wenn nicht gar an seinem schlechten Glauben lag, keinesfalls aber an der Kirche.

Die Entwicklung zeigt jedoch, daß das Problem, an dem Luther sich stieß, eines der echten Probleme des Katholizismus seiner Zeit war. Die Verfasser, die zu schnell über den Zustand hinweggehen, in dem sich die Kirche, in der Luther großgeworden ist, damals befand, kommen zu dem Schluß, der junge Mönch hätte sich doch nur der Güte Gottes anzuvertrauen brauchen, „der nicht den Tod des Sünders will". R. Dalbiez ist seinerseits der Ansicht, daß Luther das Opfer einer „schwarzen" Theologie war, die alle Regungen von Begehrlichkeit (Konkupiszenz) als *notwendig* sündhaft ansah[19]. Das würde erklären, warum Luther überall Sünde sah. Aber die Prüfung Luthers war letzten Endes nicht abhängig von seinem Bestehen auf der Sünde. Denn die Bibel geht in dieser Hinsicht genausoweit wie er und die anderen von Dalbiez zitierten Autoren. Die Sünde des Menschen ist der rote Faden auch in der biblischen Lehre. Luther sagt darüber alles in allem kaum mehr als die alte augustinische Tradition, vornehmlich Bernhard. Die Auffassung der Sünde ist hier nur der Hintergrund einer Diskussion, die mit anderen Begriffen geführt wurde. Sie gesellte sich alsbald zu einer *strengen Auffassung von Gerechtigkeit*, die durch die Texte und all das, was man im allgemeinen von Luther weiß, belegt ist.

In dieser Hinsicht war dieser ein Sohn seines Volkes, dieser mächtigen deutschen „Nation", mit der alle Völker der abendländischen Christenheit verschwägert waren. Seit dem Einfall der Germanen, die mit dem römischen Reich aufgeräumt hatten, war die „römische" Kirche *germanisiert* worden. Sie hatte die Betrachtungsweise und Lebensart der neuen Völker, die zu ihr kamen, in sich aufgenommen, und diese stellten ihre Denker und Führer. Das Sozialsystem der germanischen Stämme hatte das besondere Anliegen, daß alle strafbaren Handlungen *gesühnt* wurden, und zwar durch einen ganzen Kanon von Strafmaßnahmen, mit dem Ziel, das Gleichgewicht der gestörten Beziehungen innerhalb der Gruppe wiederherzustellen. Dieser Sinn für die folgerichtige und unvermeidliche *Strafe* hatte sich im christlichen Zusammenhang erhalten, und er beherrschte die Frage nach den Beziehungen zum Himmel. Die abendländische Kirche hatte schließlich ein regelrechtes System von Bußen entwickelt. Es enthielt zu Luthers Zeit die Verpflichtung, mindestens einmal im Jahr zu beichten, die Unterscheidung zwischen Todsünden und läßlichen Sünden und die Härten der Exkommunikation nicht weniger als die Erleichterungen des „Ablasses". An der Spitze des Gebäudes stand Gott als Rächer des Bösen, der gefürchtete Herr über Hölle und Fegefeuer[20], der Urheber des *Gesetzes* — eine Vorstellung, mit der sich Luther sein Leben lang abmühen wird[21]. Kein Mensch, der außerhalb dieses religiösen Rahmens gestanden hätte, der für viele zur Zwangsjacke wurde! Man gab sich nicht einmal Rechenschaft darüber, daß dadurch (in zunehmendem Maße isoliert!) eine im Absterben begriffene Kultur fortgesetzt wurde, denn die Neuzeit hatte schon begonnen. Aufgrund seiner besonderen intellektuellen und religiösen Entwicklung stand Luther *genau im Schnittpunkt* der beiden Epochen. Frommer Deutscher, der er war, konnte er nichts anderes erwarten, als einfach in der Bibel das bestehende religiöse System bestätigt zu finden.

Aber der Buchstabe der Schrift verschärfte in seinen Augen die *Forderungen* des Systems bis zum Absurden, jedoch im Widerspruch zu den erleichternden Anpassungen der Kirchenmänner, der Kanonisten und der Theologen. Auf der anderen Seite aber fand er in der Schrift Perspektiven, die in der kirchlichen Lehre und Praxis vollkommen verschwunden waren. Alles spielte sich so ab, als wenn die Germanisierung der Kirche, so gerechtfertigt sie in der Vergangenheit und grundsätzlich gewesen sein mochte, nun an die Grenzen ihrer Möglichkeiten gelangt wäre und von nun an der neuen Notwendigkeit der Verkündigung im Wege gestanden hätte. Am Ausgangspunkt der neuen Epoche, die mit Luther begann, war es das eigentliche Phänomen, daß dieser Wittenberger Mönch sich zunächst in die logische Forderung verbeißen mußte, *jede Sünde* müsse aufgespürt werden, um ganz gewiß getilgt und gesühnt werden zu können.

Das spektakulärste Zeichen dafür, daß die Kirche in der Werkgerechtigkeit steckenblieb, war der Aufschwung des Ablaßhandels. Das Ablaßwesen illustriert die Schwäche der Heilslehre, die Luther in seiner verzweifelten Suche aufspürte: nämlich die vereinfachende volkstümliche Vorstellung von einer kleinlichen Gerechtigkeit Gottes und den Mißbrauch der Erleichterungsmöglichkeiten, die nur die Dummen täuschen konnten. An ebendieser Einrichtung sollte sich der Konflikt einer ganzen Gesellschaft entzünden, obwohl der Ablaß für sich genommen für den Luther der 95 Thesen zweifellos nur eine untergeordnete Bedeutung hatte. Nichts in seiner Psychologie oder seinen Vorstellungen konnte ihn veranlassen, wegen einer so geringfügigen Sache eine so folgenschwere Tat ins Auge zu fassen. Er verlor übrigens bald das Interesse daran. Es stimmt jedoch, daß Luther, als er sich an einen Gegenstand heranwagte, der allen vertraut war, neues Bewußtsein weckte, das seinem eigenen entsprach.

Man muß dieser Prägung Luthers durch die deutsche Mentalität und den Katholizismus seiner Zeit unbedingt Rechnung tragen. Wären es nur seine persönlichen Probleme gewesen, wie könnte man dann erklären, daß er so ungeheuer viele Anhänger fand? Denifle hat sich die Mühe gemacht, diejenigen Texte der Tradition herauszusuchen, die lange vor Luther die dem Evangelium gemäße Anschauung der Gerechtigkeit Gottes lehrten. Aber diese akademische Beweisführung tut nichts zur Sache. Wir müssen vielmehr die Logik bedenken, daß sich ein ernsthafter und aufgeweckter Mensch eingeengt fühlen konnte, wenn sich das Tagesgeschehen der Kirche um die Drohungen des Jenseits einerseits und um ein Übermaß an Trugbildern und Ausflüchten andererseits drehte. Die Theologen lehrten, daß der Mensch theoretisch Gott über alles aus eigener Kraft lieben könne. Aber der Papst nutzte die Erfahrung, daß dies dem Menschen nicht möglich war, aus, um den Gläubigen durch die Ablässe das nötige Geld für den Neubau des Petersdomes aus der Tasche zu ziehen!

Die frommen Leute sahen das Übel vor allem in den *Auswüchsen* des Systems, und man versuchte bereits, sie entsprechend einzudämmen — wie es das Konzil von Trient dann teilweise tun wird. Aber Luther war fähig zu beweisen, daß sich die Heilsangst und die Heilsunsicherheit aus einem wirklichen Abweg ergaben. Seinen Erfolg verdankt er in hohem

Maße der Tatsache, daß seine Lehre die Überzeugung von der Ohnmacht des Menschen dem Bösen gegenüber, von den Anforderungen der Heiligkeit Gottes und dem Gefühl für das Wunder der *Vergebung*, die uns in Jesus Christus geschenkt ist, konsequent durchführte. Ich glaube nicht, daß irgendein Theologe seit Augustinus *alle diese Stellungen gleichzeitig* hätte halten können, wie es Luther und die anderen Reformatoren nach ihm taten.

Zu der Zeit, als er noch unbekannt war, hat Luther diese Probleme für sich selbst entdeckt. Andere, die in dieselbe Form gepreßt und demselben System unterworfen waren wie er, kannten das Entsetzen vor der Unmöglichkeit der Gerechtigkeit nicht. Einige dachten zweifellos nicht einmal an die Hölle. Die Masse gab sich zufrieden mit der offiziellen Religiosität. Luther unterschied sich von ihr durch den Eifer eines jungen Mönches und durch sein Gespür für Gott[22]. Manche Autoren können nicht verstehen, daß Luther für die beruhigenden Reden seiner Umgebung nicht zugänglich war[23]. Manche Mitbrüder zeigten ihm mitunter die Lösung, die eines Tages seine eigene sein sollte, wie er später anerkennen wird. Aber sie versuchten in Wirklichkeit nur, die Härten des Systems zu mildern, gegen das Luther sich sträubte, ohne dessen Prinzipien in Frage zu stellen. Denn von daher drängten sich die Schlüsse auf, die Luther ziehen mußte. Sie redeten nur um die eigentliche Frage herum: Wo — in Gott oder im Menschen — sind unbestreitbare Gründe zu finden für die Annahme, daß Gott dem Sünder trotz der Unvollkommenheit des menschlichen Lebens Gnade erweist? Diese Schwierigkeit nahm in vielen Einzelproblemen Gestalt an. Das Einzigartige des Ereignisses „Luther" ist dies: Er war der erste katholische Theologe, der nicht anders konnte, als alle seine Kräfte einzusetzen und sie klar herauszuarbeiten.

Sein Eigensinn, eine Gewißheit zu verfolgen, die jedem Zugriff entschlüpfte, war eine Ausprägung des Strebens der Renaissance, mit dem, was wir das „Mittelalter" nennen, Schluß zu machen. Bis dahin hatte man sich widerspruchslos dem Priester unterworfen, in der Sicherheit, daß man gerettet wäre, wenn man seinen Vorschriften folgte. Dieses Sich-Verlassen auf die kirchliche Führung war lange Zeit die allgemeine Haltung. Aber der Mensch des 16. Jahrhunderts hatte offenbar dies ungebrochene Vertrauen in den Klerus verloren. Der Institution Kirche brachte er höchstens noch eine zurückhaltende Billigung entgegen — oft sogar nicht einmal das. Viele waren für ihr geistliches Leben auf der Suche nach einem festen Halt *in sich selbst* — ganz unabhängig von den Repräsentanten der etablierten Religion. Luther sollte mehr und mehr diese Tendenz seiner Generation verkörpern. Er sollte sie auf die Spitze treiben — zunächst für sich selber; dadurch sollte er die christliche Haltung bestimmen, nach der die Menschen auf verschiedene Weise suchten und in der eine große Zahl von ihnen sich wiedererkennen konnte.

Die Forderung nach einer *persönlichen* Gewißheit verband ihn im voraus mit Descartes. Wie der französische Philosoph hätte Luther nicht aufgegeben, ehe er nicht Klarheit in sein Gedankengebäude gebracht hatte; dabei entstand die Theologie des Heils. Er hatte indessen niemals den Gedanken des „methodischen" Zweifels, der so zu Werke geht, daß er mit allen Überzeugungen aufräumt, um von vorne anzufangen. Luthers Zweifel ist instinktiv, er geht aus einem gelebten, existentiellen Problem hervor. Sein Ruf: *„Ich glaube,* darum bin ich." Aber der Zweifel läßt Elemente der Gewißheit weiterbestehen, die Luther mit Hilfe der Schrift auszubauen sucht. Dabei läßt er sich von einem wachsenden Gottesvertrauen leiten, einer Bereitschaft, *einzig auf der Seite Gottes* die Lösung des Heilsproblems zu suchen. Worauf es ihm letzten Endes ankam, war das Heil *vor Gott.*

So führte ihn die Ungewißheit, die ihm eingeimpft worden war, zur Entdeckung seines wahren Problems, zum Problem seines Lebens und seines Jahrhunderts: Wie kann das Individuum die Gewißheit erlangen, vor Gott Gnade zu finden?

Solcherlei Analysen finden sich bei vielen Autoren, z. B. bei Febvre, Lortz, Chaunu u. a. Wesentlich zurückhaltender sind sie hinsichtlich des *zeitlichen Ablaufs* von Luthers stufenweiser Entwicklung. In diesem Punkt sind wir oft auf Vermutungen angewiesen. Strohl hat uns jedoch eine überzeugende und gut belegte Darstellung der religiösen und theologischen Entwicklung Luthers bis 1520 gegeben. Ich werde mich mit einigen Beobachtungen begnügen, die ich den Schriften des jungen Luther entnehme.

Die genaue *Dauer* der Krise ist uns nicht bekannt. Wir können nur ihr *Ende* feststellen. Es zeigt sich in der vollen Entfaltung von Luthers öffentlicher Wirksamkeit seit 1517/18[24]. Zu der Zeit zeigt sich Luther selbstsicher. Nichts kann ihn mehr aufhalten. Auf die Krise des Mönchs folgt die offene Krise der Kirche.

Was die vorausgehende Periode betrifft — das können wir uns nur schwer vorstellen, daß Luther bei seiner intensiven geistigen und seelsorgerischen Tätigkeit, bei seinen Aufgaben im Augustinerorden und bei dem günstigen Eindruck, den er auf seine Umgebung machte, mehrere Jahre lang ununterbrochen in depressivem Zustand gewesen sein soll. Die Texte verraten nichts davon, höchstens einige Tischreden des alten Luther, die man aber interpretieren muß[25]. Sein Leben war nicht das eines Menschen, der sich den ganzen Tag mit Sorgen herumquält. Woher hätte ein Kranker auch diese Energie genommen? Man hat sich über den Anteil der Spannungsmomente an seinem täglichen Leben ein falsches Bild gemacht. Die lange Dauer der Krise bestand in seinem Denken, nicht in seinem Gefühlsleben. Auch in seinem übrigen Leben — sogar nach der Entdeckung des Evangeliums[26] — hatte Luther weiterhin depressive Anwandlungen, aber in anderen Augenblicken war er von tröstlicher Gewißheit gehalten. Seine Texte lassen erkennen, daß eine positive Auffassung mehr und mehr überwiegt. So versöhnt er sich mit dem Gedanken an die Hölle; er entdeckt die *resignatio ad infernum*, das „Sich-Abfinden mit der Hölle", das aus der mittelalterlichen Spiritualität folgte: Anstatt sich vor der Hölle zu fürchten, überantwortet sich der Christ dem Willen Gottes. *Selbst als Verdammter* wäre es noch seine höchste Freude, das zu tun, was Gott will ... Das Evangelium von der Barmherzigkeit nimmt auf vielerlei Weise Umrisse an unter der Feder des jungen Professors der Heiligen Schrift. Wir dürfen also vermuten, daß es lange Zeiten gab, in denen er die Schärfe des Kampfes, in dem er mit sich selber lag, nur abgemildert spürte. Aber es ist wahr, daß ihn zu gewissen Zeiten die Angst überwältigte[27].

Seine Jugendwerke offenbaren eine Kraft und Fülle der theologischen Forschung, die von den Plattheiten so vieler seiner Zeitgenossen deutlich absticht. Luther zog großen Nutzen aus dem Kampf eines Erasmus oder Lefebvre d'Étaples (Faber Stapulensis) für die Rückkehr zur Bibel. Er jedenfalls hat begriffen. Die Bibel ist die einzige Quelle seiner Lehre. Und, das ist das große Novum, *er versteht sie zu lesen*.

Seine Forschungen erschöpfen sich nicht in einer leeren „Methodik". Luther folgt Schritt für Schritt seinem ganz eigenen Weg — von Gewißheit zu Gewißheit[27]. Der Abschnitt aus der Vorlesung über den Römerbrief, den wir zitiert haben[28] — „von Glauben in Glauben" — zeigt, daß er seit 1515/16 den Glauben als eine fortwährende Vertiefung versteht. Seine Entwicklung vollzieht sich ganz ohne Bruch: keine Bekehrung, kein Abfall. Man kann vielmehr sehen, wie sich das Zentrum seiner Spiritualität und Lehre zunehmend verschiebt.

Seine Unruhe, die er „Anfechtung" nennt[29], wird selber zum Gegenstand seiner theologischen Durcharbeitung. Das trennt ihn von anderen, die sich verleiten ließen, die Probleme zu bagatellisieren. Und am Ende findet er einen Sinn darin, wider alle Hoffnung zu hoffen. Er lernt, die innere Niedergeschlagenheit und Verzweiflung zu durchschauen, in die Gott gerade diejenigen stürzt, die er am meisten liebt. Gott ist für ihn in solchen Zeiten der „verborgene" Gott[30], der die Menschen rettet *a contrario*, indem er nämlich das Gegenteil von dem tut, was der Mensch erwartet. Er erspart seinen Dienern nichts: „vor dir ist kein Lebendiger gerecht" (Ps. 143,2). Aber das „fremde" Werk Gottes (*opus alienum*) ist nur die Kehrseite seines eigentlichen Werkes: des Heils des Menschen. So wird das Schlimmste zur sichersten Gewißheit, weil Gott, je mehr er den

Menschen auf die Probe stellt, desto deutlicher zeigt, daß er sich mit ihm befaßt. Gott ist der Handelnde, er selber wirkt das Heil. Der Mensch wird „gehandelt"[31].

Diese kühne Interpretation wird allerhöchsten Ansprüchen gerecht. Ist sie nun schon Luthers „reformatorische" Lehre oder nur erst einfach eine „vorreformatorische" Auffassung? Die Wahrheit ist zweifellos, daß in der Situation, in der sich der junge Luther befand, das Verständnis des Wesentlichen blockiert war durch eine Vielzahl ungelöster Probleme. Wir können hier schon andeutungsweise erkennen, was später als die gesuchte Lösung erscheinen wird, aber es stellt sich noch keine Verbindung zu Luthers Hauptanliegen her; man kann noch nicht sehen, daß hier die Lösung ist. Solange sich noch nicht alle Ideen an ihrem Platz befinden, ist noch nichts gewonnen. Es ist sehr schwer, Luthers Entwicklungsgeschichte anhand seiner ersten Schriften nachzuvollziehen, denn der heutige Interpret stellt zwar fest, daß in diesem oder jenem frühen Text die lutherische Lösung des Heilsproblems bereits formuliert ist. Er weiß aber nicht, ob Luther selbst sich über die Tragweite dessen im klaren war, was wir heute besser verstehen als er. Seine *Rückblicke* bezeugen, daß sich ihm die Formel, die er suchte, wiederholt anbot. Aber er sagt auch, daß es bis zur entscheidenden Wende in seinem Denken, das durch seine Ausbildung geformt war, einen Widerstand gab, der ihn veranlaßte, die Gewißheiten, die sein Forschen für ihn freilegte, anfänglich nur *unter Vorbehalt* anzunehmen. Er konnte nicht überblicken, wie der Inhalt seiner Vorlesungen schon dies vollkommen Ganze bildet, das wir darin nachträglich erkennen können.

Man muß jedenfalls den Zusammenhang seines Vorgehens beachten — schon zu dieser Zeit. Und die Betonung des Glaubens an Gott! Und das alles aus der Bibel geschöpft, auch wenn der junge Luther uns lange Zeit noch abhängig erscheint von den geistlichen Klischees seiner Umgebung![32]

In einem späteren Stadium zögert er nicht mehr, der Wirklichkeit der Sünde ins Auge zu sehen, und verwirft die einfachen Lösungen. Anstatt die Sünde zu fürchten, so versichert er, muß man ihr ihren Platz zugestehen. Der Kommentar zum Römerbrief (1515/16) beginnt mit diesem Thema: Der Zweck des Briefes, erklärt Luther, ist es, die Sünde emporzuheben (*magnificare*), um richtig zu verstehen, an welchem Punkt Christus *notwendig* wird[33]. Im folgenden (Kapitel 4 des Römerbriefkommentars) wirft er den Scholastikern vor, daß sie das Problem der Sünde zu sehr vereinfacht, ja entschärft hätten[34]. Er selber kehrt dieser Theologie den Rücken, wozu ihn die Lehre des Augustinus ermutigt und zu seiner großen Verwunderung auch einige Werke vom Ende des Mittelalters: Tauler und *Theologia deutsch*. Er ist erstaunt, auf deutsch (und nicht auf lateinisch, in der Sprache der Theologie) eine Lehre zu entdecken, die seinen Ansichten über den Menschen, Adam, die Sünde, Christus und die Gnade so sehr entsprach[35]. Damals fängt er an, die Lehre von den Werken, vom freien Willen und das *facienti quod in se est* offen anzugreifen[36].

Das Aufkommen seiner neuen Gewißheit ermißt sich an der zunehmenden Heftigkeit seiner Kritik an der herrschenden Theologie. In dieser Hinsicht ist Luther seiner Sache bereits sicher. Er nimmt 1517 die Reform des Theologiestudiums an der Universität Wittenberg in Angriff und bringt zunächst einmal seine Studenten vom Studium des Aristoteles ab[37]. All dies im engen Rahmen einer jungen Universität, die sich noch ganz am Rande der großen Kulturzentren befand. Damit Luther zu der Stufe kam, die seine Schriften nach Worms kennzeichnen, bedurfte es einer wirklichen Entdeckung und Erleuchtung. Sie konnte in vielerlei Hinsicht nur ein Anfangspunkt sein. Daraus ist die Reformation hervorgegangen. Es handelt sich um einen Durchbruch auf dem Gebiet der Lehre. Luther wird den Rest seines Lebens damit zubringen, alles aus ihm zu entwickeln, was er enthielt.

2. Die Entdeckung der Barmherzigkeit

Die Frage nach Luthers reformatorischer Entdeckung hat in besonderem Maße die Lutherforschung beschäftigt. Die nicht endenden Diskussionen über diesen Punkt bleiben immer in der Schwebe. Aber man kommt doch jedesmal ein Stück weiter. Das reine *Faktum* einer „Erleuchtung" des jungen Luther am Beginn der Reformation wird seit jeher zugegeben, und zwar aufgrund der ausführlichen Quellen. Dennoch konnte Denifle, ohne Widerspruch befürchten zu müssen, schreiben, daß selbst die Protestanten nicht in der Lage seien, das Datum und den Inhalt von Luthers Entdeckung anzugeben[38]. Daraus entstand eine Fülle neuer Untersuchungen, die bis heute aufeinander folgen — ohne endgültiges Ergebnis[39]. Heute kennen wir zwar die Entdeckung Luthers wesentlich besser, als man sie zur Zeit Denifles kannte, aber es muß sich doch jeder darauf beschränken, entweder zwischen den verschiedenen publizierten Ansichten zu wählen oder sich eine eigene Hypothese zu bilden.

Ich gewann dabei die Überzeugung, daß die beste Annäherung an das Problem Luthers *Vorwort* zum ersten Band seiner vollständigen Ausgabe seiner lateinischen Schriften (1545) ist[40]. Es ist der *einzige* Text, in dem Luther einen eingehenden Bericht über seine Entdeckung für ein breites Publikum gibt. Ehrlich gesagt, er scheint mehr Probleme aufzuwerfen, als er Lösungen bietet. Aber seine Hinweise sind mehr wert als all diese seit vielen Jahren angehäuften Theorien, von denen sich keine durchsetzen konnte.

Auf diesen Seiten, die er ein Jahr vor seinem Tod verfaßte, führt Luther in seine gesammelten Schriften der Jahre 1517—1519 ein[41] durch eine *Darstellung der Ereignisse,* die den Beginn der reformatorischen Krise bezeichnen — vom Ablaßstreit an. Diese Version über die Anfänge der Reformation durch den Hauptbeteiligten enthält einmal eine schnelle Aufeinanderfolge der Ereignisse bis 1519 entsprechend dem Inhalt des Bandes. Zum zweiten enthält er die *genaue Beschreibung* eines einzelnen Ereignisses, das nicht genau datiert ist und gewissermaßen „außerhalb des Textes" liegt. Sie betrifft Luther ganz persönlich und gibt sozusagen die letzte Erklärung, den *Schlüssel* zu dieser ganzen Geschichte — nämlich zur Entdeckung des „Evangeliums".

Die Forschung hat die Tatsache nicht genügend in Betracht gezogen, daß der Luther von 1545 die Entdeckung des Evangeliums unter die grundlegenden Ereignisse der Reformation einreiht. Sie ist hier wesentlicher Bestandteil der authentischen Geschichte der Anfänge der lutherischen Bewegung. Für den Luther von 1545 kann man diese Geschichte nicht verstehen ohne seine Entdeckung. Nichts kann also die aufmerksame Untersuchung dessen ersetzen, was er selber über diesen entscheidenden Umstand seiner Laufbahn zu sagen hat, indem er sie in einen ebenfalls ausgeführten Zusammenhang einordnet. Der Abschnitt lautet folgendermaßen:

Inzwischen war ich in diesem Jahre (1519) zum Psalter zurückgekehrt, um ihn von neuem auszulegen, darauf vertrauend, daß ich geübter sei, nachdem ich St. Pauli Epistel an die Römer und Galater und die an die Hebräer in Vorlesungen behandelt hatte. Es war gewiß wunderbar, wie ich von einem hitzigen Eifer ergriffen gewesen war, Paulus im Briefe an die Römer kennenzulernen; aber im Wege war mir bis dahin nicht die Kälte meines Herzens gestanden, sondern ein allereinziges Wort im ersten Kapitel: „Die Gerechtigkeit Gottes wird im Evangelium offenbar." Ich haßte dies Wort „Gerechtigkeit Gottes"; denn durch den Brauch und die Übung aller Doktoren war ich gelehrt worden, es philosophisch zu verstehen, von der sogenannten „formalen" oder „aktiven" Gerechtigkeit, durch die Gott gerecht ist und die Sünder und Ungerechten straft[42].

Ich aber konnte den gerechten, den Sünder strafenden Gott nicht lieben, haßte ihn vielmehr; denn obwohl ich als untadeliger Mönch lebte, fühlte ich mich vor Gott als Sünder und gar unruhig in meinem Gewissen und getraute mich nicht zu hoffen, daß ich durch meine Genugtuung versöhnt sei. Ich war voll Unmuts gegen Gott, wenn nicht in heimlicher Lästerung, so doch mit mächtigem Murren, und sprach: Soll es denn nicht genug sein, daß die elenden, durch die Erbsünde ewiglich verdammten Sünder mit allerlei Unheil bedrückt sind durch das Gesetz des Dekalogs? Muß denn Gott noch durch das Evangelium Leid an Leid fügen und uns auch durch das Evangelium mit seiner Gerechtigkeit und seinem Grimm bedrohen? So raste ich vor Wut in meinem verwirrten Gewissen, pochte aber dennoch ungestüm an dieser Stelle bei Paulus an, voll glühenden Durstes zu erfahren, was St. Paulus wolle.

Da erbarmte sich Gott meiner. Unablässig sann ich Tag und Nacht, bis ich auf den Zusammenhang der Worte merkte, nämlich: „Die Gerechtigkeit Gottes wird im Evangelium offenbar, wie geschrieben steht: Der Gerechte lebt seines Glaubens." Da fing ich an, die Gerechtigkeit Gottes als eine solche Gerechtigkeit zu begreifen, durch die „der Gerechte als durch Gottes Geschenk lebt", d. h. also „aus Glauben", und merkte, daß dies so zu verstehen sei: „durch das Evangelium wird die Gerechtigkeit Gottes offenbar", nämlich die sogenannte „passive", d. h. die, durch die uns Gott aus Gnaden und Barmherzigkeit rechtfertigt durch den Glauben, wie geschrieben steht: „Der Gerechte lebt seines Glaubens." Nun fühlte ich mich ganz und gar neugeboren: die Tore hatten sich mir aufgetan; ich war in das Paradies selber eingegangen. Da zeigte mir sogleich auch die ganze Heilige Schrift ein anderes Gesicht. Von daher durchlief ich die Schriften, wie ich sie im Gedächtnis hatte, und fand auch an anderen Stellen den gleichen Sinn, z. B. „Werk Gottes" bedeutet: das Werk, das Gott wirkt, „Kraft Gottes": die Kraft, damit er uns kräftig macht, „Weisheit Gottes": die Weisheit, durch die er uns weise macht. Ebenso ist es mit: „Stärke Gottes", „Heil Gottes", „Herrlichkeit Gottes".

Wie ich zuvor das Wort „Gerechtigkeit Gottes" mit allem Haß haßte, so erhob ich nun mit heißer Liebe das gleiche Wort als süß und lieblich über andere. So wurde mir diese Stelle bei Paulus eine rechte Pforte zum Paradies. Nachher las ich Augustins Schrift „Über den Geist und den Buchstaben", wo ich wider Erwarten fand, daß auch er „Gerechtigkeit Gottes" ähnlich auslegt, nämlich als die Gerechtigkeit „mit der uns Gott bekleidet, indem er uns rechtfertigt". Das ist wohl noch unvollkommen gesagt und entwickelt nicht alles klärlich, was von der Zurechnung zu sagen ist, aber es gefiel mir doch, daß hier von der Gerechtigkeit Gottes gelehrt wird, daß wir durch sie gerechtfertigt werden.

Durch solche Einsichten besser gerüstet begann ich zum zweitenmal den Psalter auszulegen, und aus der Arbeit wäre ein großer Kommentar geworden, wenn ich nicht von neuem das angefangene Werk hätte liegen lassen müssen, da mich ein Jahr darauf der Reichstag Kaiser Karls V. nach Worms rief[43].

Wie wir sehen, kreist dieser Bericht um eine *exegetische Schwierigkeit:* um den Sinn der ersten Hälfte von Röm. 1, 17: „In ihm (dem Evangelium) wird die Gerechtigkeit Gottes geoffenbart". Das Problem war, daß „Gerechtigkeit Gottes" zunächst besagt, daß Gott gerecht ist — von einer unerbittlichen Gerechtigkeit, die nicht mit dem Bösen paktiert. Luther behauptet nicht, daß dies der Sinn von Röm. 1, 17 sei, nicht einmal, daß man ihn gelehrt hätte, den Vers in diesem Sinne zu lesen. Er sagt nur, daß diese Formulierung des Paulus ihn eine Zeitlang glauben machte, daß das Evangelium, selbst wenn es Verkündigung der Barmherzigkeit ist, doch nicht weniger die Forderungen von Gottes strafender Gerechtigkeit in

Erinnerung ruft. Die Verkündigung der Barmherzigkeit könne das Gewissen nicht beschwichtigen, das sich quält, weil es vor Gottes Gerechtigkeit Rechenschaft ablegen muß. Luthers Beschwörung seiner mönchischen Erfahrung zeigt, wie der Gedanke wirkte, daß die Worte des Paulus die Fortdauer von Gottes drohender Gerechtigkeit in Verbindung mit den tröstlichen Aspekten des Evangeliums verpflichtend machen.

So verstanden verbot ihm die Formel in 1, 17 des Römerbriefes, der für Luther die Autorität des Evangeliums selber hatte[44], sich auf die Barmherzigkeit Gottes zu verlassen. Die Fortsetzung des *Vorworts* erklärt, wie er dahin gelangte zu begreifen, daß die „Gerechtigkeit Gottes" in Röm. 1, 17 diejenige des Gerechten ist, der aus dem Glauben lebt. Sie ist „von Gott", weil sie von Gott kommt, aber der Text zielt nicht auf das Attribut „göttlich" bei der Gerechtigkeit. Es kommen in der Bibel noch andere Ausdrücke mit dem Genitiv „Gottes" vor, bei denen die hebräische Grammatik ebenfalls erlaubt, den Sinn so wie Luther anzugeben.

Dieser hat überdies die Unterstützung einer kirchlich anerkannten Autorität gesucht. Er kannte *De spiritu et littera* von Augustinus hinreichend, um zu wissen, daß diese Abhandlung über den Geist und den Buchstaben eine zusammenhängende Auslegung des Römerbriefs enthält. Er hatte den Röm. 1, 17 betreffenden Abschnitt viele Male lesen müssen, ohne daß es ihm eingefallen war nachzuschauen, ob Augustinus Paulus an dieser Stelle auf eine bedeutsame Weise auslegt. Diesmal untersucht er ihn Wort für Wort und stellt voller Freude fest, daß Augustinus die Worte „iustitia Dei" genau erklärt als „Gerechtigkeit, mit der Gott uns bekleidet, wenn er den Sünder rechtfertigt"[45], und das *ohne Anspielung auf die „andere" Gerechtigkeit Gottes,* von welcher Paulus übrigens in dem fraglichen Vers auch nicht spricht.

Die exegetische Schwierigkeit des Anfangs ist so aufgehoben durch die Gewißheit, daß die Worte „Gerechtigkeit Gottes" in Röm. 1, 17 im folgenden erklärt werden müssen im Sinne von „der Gerechte, der aus dem Glauben lebt", ohne eine scholastische Lehre zu bemühen. Es gibt also wirklich eine Ebene, auf der alles nur Barmherzigkeit ist — und diese Ebene ist die des *Glaubens.*

Hierauf also führt Luther 1545 die entscheidende Entdeckung der Reformation zurück. Man erkennt den hohen Rang der Auffassung vom Evangelium in dieser Ausführung und die Bedeutung der *Schrift,* die das aufgeworfene Problem zunächst stellte und aus der es sich dann auch lösen ließ.

Es gibt allerdings auch andere Interpretationen des *Vorworts* von 1545. Ich muß ein Wort darüber sagen, um eine Vorstellung von dieser Diskussion über die reformatorische Entdeckung Luthers zu vermitteln, weil ich diese Diskussion nicht wirklich „zusammenfassen" kann.

Der Hauptgegenstand für die Meinungsverschiedenheiten zwischen den Autoren besteht darin, daß viele bei der Analyse des Textes von 1545 von ihrer eigenen Vorstellung über die Entdeckung ausgehen. Es ist tatsächlich möglich, mit anderen Texten anzufangen. Aber da man an diesem *Vorwort*, das in seiner Art einzigartig ist, nicht vorbeikommt, geschieht es leicht, daß man ein Schema darauf anwendet, das von anderen Aussagen Luthers beeinflußt ist. Man behauptet beispielsweise, daß der Text, den wir eben gelesen haben, Luthers Entdeckung der Lehre vom *rechtfertigenden Glauben* berichtet — ein Gedanke, der bereits in der Vorlesung über den Römerbrief vorkommt. Oder aber man meint, daß der Luther von 1545 von der Unterscheidung der beiden „Gerechtigkeiten Gottes" redet: von der, durch die Gott in sich selbst gerecht ist (*aktive* Gerechtigkeit) und der anderen, die wir umsonst von ihm empfangen (*passive* Gerechtigkeit). In dem Fall wäre die 1545 beschriebene Entdeckung die der *Barmherzigkeit*. Aber der Text kann auch den Gedanken nahelegen, daß Luther *seine Entdeckung des Sinnes von Röm. 1, 17* berichtet, und dann sucht man in seinen früheren Schriften den Augenblick, in dem die Exegese erscheint, die im *Vorwort* gegeben ist.

Die Erklärungen dieser Art lassen oft die wichtigste Frage außer acht, nämlich die, was der Text des *Vorwortes als solcher* sagt. Für sich genommen scheint er mir schwerlich einen anderen Sinn herzugeben als den, den ich aufgezeigt habe. Er treibt ein genau und klar definiertes Problem auf die Spitze, das an sich nirgendwo im Römerbrief selbst begründet ist, nämlich, daß Luther sich erstmals davon überzeugt hatte, daß Paulus seiner Auffassung von der „aktiven" Gerechtigkeit Gottes im Evangelium eine große Bedeutung beimißt.

Eine solche Auffassung schließt ein, daß Luther wußte — wie jeder Christ — daß das Evangelium nichts als Barmherzigkeit ist. Er brauchte das Evangelium nicht zu „entdecken", da er von ihm im Römerbrief eine klare Vorstellung fand, von der Liturgie und der theologischen Tradition, wie sie Denifle sah, nicht zu reden. Aber die Bedeutung, die der strafenden Gerechtigkeit in seinem *römisch-germanischen* Katholizismus beigelegt wurde, hinderte ihn daran zu glauben, daß die Schrift dazu einlädt, das Evangelium in seinem *absoluten* Sinn zu verstehen, da man doch aus der Feder von Paulus selber liest, daß „im *Evangelium* die Gerechtigkeit Gottes geoffenbart ist". Es galt, den Sinn einer solchen Erklärung zu überprüfen. Wollte Paulus das Evangelium außerhalb des zwingenden Rahmens von Gerechtigkeit und Gesetz stellen oder nicht? Das war genau die Frage des jungen Luther — *nach dem Vorwort von 1545*.

Denifle behauptet, daß Luther zu diesem Zeitpunkt die Wahrheit infolge seiner „lutherischen" Entwicklung sowie in Abhängigkeit von seinem Publikum entstellt hat. Man kann sich tatsächlich vorstellen, daß das *Vorwort den Lutheranern* den Ursprung der Lehre von der Rechtfertigung allein durch den Glauben, ohne die Werke, verständlich machen will. Denn darin unterschieden sie sich von den romtreuen Katholiken[46]. Der Vorwurf gegen Augustinus, er habe die „imputatio" nicht gut erklärt, d. h. daß Gott *nichts* von uns verlangt, als zu glauben, ist ein deutlicher Hinweis in dieser Richtung.

Aber wenn der Reformator die Dinge am Ende seines Lebens so sieht, wie wissen wir, was die Entdeckung wirklich bedeuten konnte für den jungen *katholischen* Luther, der sie sich zunutze machte und der lange Zeit nicht imstande war, die Diskussion in der Terminologie seiner Darstellung im *Vorwort* zu führen? Keiner der Texte des jungen Luther weist auf eine Entdeckung hin vor einem *Brief an Staupitz vom 31. Mai 1518*, der die nach Rom zu sendenden Erklärungen zu den Ablaßthesen begleitete.

Die Schwierigkeit ist, zu sagen, *zu welchem Zeitpunkt* man das 1545 beschriebene Ereignis suchen muß. Das *Vorwort* gibt kein genaues Datum[47]. Man ist buchstäblich mit seinem Latein am Ende, wenn man die Plusquamperfekte unter die Lupe nimmt (*redieram, captus fueram*), mit denen Luther die Schritte kennzeichnet, die ihn zu seiner Lösung geführt haben. Andere beschränken sich auf den Hinweis, daß die Entdeckung während des zweiten Psalmenkommentars stattfand, also *1518*. Aber H. Bornkamm (und in seiner Nachfolge die meisten heutigen Wissenschaftler) macht geltend, daß die Situation, die Luther im *Vorwort* beschwört, die der Anfänge seiner Vorlesung über den Römerbrief ist (1515/16). Die ältere Forschung ging hinter den ersten Psalmenkommentar zurück (1513—1515). Sie meinte, daß der Luther des *Vorworts* seine beiden Werke über die Psalmen verwechselt hat.

Der Kontext des Berichtes (die Geschichte der Anfänge der Reformation von 1517—1519) legt trotz allem nahe, daß Luther sehr wohl von seinem zweiten Psalmenkommentar spricht. Was angesichts des Textes weniger sicher ist, das ist, ob Luther überhaupt daran gelegen war, *seine Entdeckung zu datieren*. War das Datum für ihn wichtig? Gab es überhaupt für ihn ein Datum?

Die anderen Texte zu diesem Thema sind in dieser Hinsicht nicht klarer. Es handelt sich um Erklärungen, in denen Luther von 1518/19 an seine neue Deutung der Gerechtigkeit Gottes verteidigt oder sogar darauf hinweist, daß er sie während einer langen persönlichen Heimsuchung entdeckt hat[48]. Hinzu kommen verschiedene Texte der Periode von 1513—1518, in denen man die „reformatorischen" Gedanken schon ausmachen zu können glaubt. Eine Untersuchung dieser Texte, von denen uns die Datierung meist bekannt ist, könnte vielleicht ermöglichen, diesen Umschwung in seinem Denken — von einem Tag auf den anderen —, von dem das *Vorwort* spricht, auszumachen.

Mehrere Gründe sprechen meiner Ansicht nach für das Datum von 1518 unter all denen, die der Text von 1545 nahelegt[49]. Der Hauptgrund ist, daß der Bericht ausdrücklich im Zusammenhang der Jahre 1517—1519 steht. Dieses Ergebnis kann in Verbindung gebracht werden mit dem Hinweis in den letzten Zeilen des *Vorworts*[50], daß nämlich Luther die Wahrheit nicht in einem einzigen Anlauf gefunden hat, sondern nach und nach. Danach ist zu denken an einen fortlaufenden Prozeß, dessen Endstadium das *Vorwort* beschreiben würde in Gestalt einer dem Publikum von 1545 angepaßten exegetischen Auseinandersetzung. Wie auch immer die Wirklichkeit dreißig Jahre früher gewesen sein mag, es kann sich schwerlich um eine plötzliche Offenbarung einer *gänzlich* unerwarteten Wahrheit gehandelt haben. Vielmehr um eine *letzte Eingebung*. Rückblickend sieht Luther in diesem Ereignis den Augenblick, *in dem seine letzten Zweifel verschwanden*. Erst als er die Antwort fand auf den Einwand, der ihm aus Röm. 1, 17 entstand, wurde seine Auffassung vom Evangelium wirksam. Und daraus ging die Reformation hervor, nicht weniger als aus den äußeren Ereignissen der Jahre 1517—1519[51].

Luthers Memorandum an Cajetan (Augsburg, *Oktober 1518*) zählt eine lange Reihe von Schriftbeweisen auf für die Lehre vom rechtfertigenden Glauben — allen voran Röm. 1, 17[52]. Dieser Schritt verrät Luthers neues und vertieftes Nachdenken über diesen Punkt. Hatte er in diesem Augenblick ergründen können, wie sehr er mit Röm. 1, 17 seine Lehre fundieren konnte?[53] Tatsächlich scheint er von 1518 an vollkommen *befreit*. Spätestens zu diesem Zeitpunkt hatte ein Wandel stattgefunden — im Sinne eines Übergangs vom allgemeinen Glauben der Kirche zum Glauben *Luthers*.

Das Forschen nach dem Datum der reformatorischen Entdeckung hängt auch von der Frage nach ihrem *Inhalt* ab. Es ist einfacher, diese beiden Fragen gleichzeitig als sie gesondert zu behandeln. Für den Inhalt müßte man wissen, wie die Dinge sich ereignet haben, und folglich auch, wann genau. Der alte Luther sagt, daß er lange geängstigt war durch das Gefühl von Gottes Gerechtigkeit — in einem solchen Maß, daß er Psalmen wie den Ps. 30, 2: „Errette mich durch deine Gerechtigkeit" nicht mehr beten konnte. Er erklärt deutlich, daß Röm. 1, 17 ihn aus dieser Not befreit hat. Aber diese entscheidende Umkehr wird in den einzelnen Schriften *auf unterschiedliche Weise* wiedergegeben. Die Gegenüberstellung „aktive/passive Gerechtigkeit" findet sich ausdrücklich nur in wenigen Texten. Das *Vorwort* folgt zeitlich auf die Tischreden, die bestätigen, daß Luther am Ende seines Lebens diese Episode auf eine Überspanntheit zurückführte, in die ihn das Grübeln über den Sinn von „Gerechtigkeit Gottes" in Röm. 1, 17 getrieben hatte. Aber der Brief vom 31. Mai 1518 zeigt, daß Luther auf die richtige Spur gekommen war, als er verstand, daß die wahre Buße, die *metanoia*, nicht am Ende, sondern am *Anfang* unserer Werke steht.

Müssen wir daraus schließen, daß es zuallererst für Luther selber unwesentlich war, die genauen Tatsachen anzugeben über die Versicherung hinaus, daß die Grundwahrheit der Rechtfertigung aus dem Glauben ihm — nach langem Fragen — mit einem Schlage *völlig* eingeleuchtet hatte?[54] In jedem Fall hat die „Entdeckung", was immer sie gewesen sein mag[55], ihren Grund in der Eingebung eines Prinzips von äußerster Einfachheit: Die Grundlage des Christseins ist, daß der sündige Mensch vom *barmherzigen* Willen Gottes abhängt; Gott will von einem jeden nichts anderes, als daß er Christus im Glauben aufnimmt — und daraus lebt.

Damit war die Angst des jungen Luther endgültig überwunden[56]. Er kannte nun den entscheidenden Grund, warum er den Zorn Gottes nicht mehr zu fürchten brauchte. Er hörte auf, weitere Anstrengungen auf der Linie seiner bisherigen Erziehung zu machen. Seitdem hatte er *seine* Lehre, die damals, ob es Denifle paßt oder nicht, als etwas unerhört Neues im Leben der Kirche zu jener Zeit erscheinen mußte. Luthers Krise im Kloster war eine Krise, welche mitten im geistlichen Suchen seiner Zeit lag. Er mußte sich nicht einmal Gedanken darüber machen, ob seine eigene Lösung zugleich auch für andere gelten konnte. Kaum hatte er nämlich begonnen, öffentlich in der Kirche im Namen des Evangeliums zu reden, als die öffentliche Meinung in Gegner und Anhänger auseinandertrat. Alle aber erlagen gleichermaßen der Faszination seiner Predigt.

3. Der Bruch mit der Kirche

Der Luther, der sich 1518/19 erneut, „besser bewaffnet durch sein Nachdenken", an die Deutung der Psalmen begibt, ist erfüllt von einer Botschaft, deren Tragweite noch nicht offenbar ist. Hätte es nur an ihm gelegen, wäre er es vielleicht zufrieden gewesen, mit Hilfe der Schrift seine neue Eingebung zu vertiefen und sie seinen Studenten weiterzugeben. Aber seit dem 31. Oktober 1517 verschmilzt seine Lebensgeschichte mit jener der beginnenden Reformation. Er erklärt selber im Jahre 1545, daß seine Vorladung nach Worms durch Karl V. dem ein Ende machte, was uns als die glücklichste Hypothese erscheint: daß nämlich Luther seine Kirche auf friedliche Weise hätte erkennen lassen, daß sie selbst durch das Evangelium hervorgebracht wurde.

„Luthers Theologie ist kein Denken, das notwendigerweise zum Bruch mit der Kirche führen mußte, um so weniger, als nicht die Kirche, sondern das Heil für ihn im Mittelpunkt steht. Der Konflikt entzündete sich am Ablaß, also an einem Problem praktischer Seelsorge, welches das Heil in Verbindung mit einer dem Reich eigenen Spannung betraf."[57] Pierre Chaunu, dem ich diese Zeilen entnehme, analysiert — besser, als ich es hier könnte — die Umstände, die aus Luthers persönlicher Entdeckung der Barmherzigkeit den schnell reifenden Keim einer neuen Strömung des

Christentums hervorgebracht haben. Die Ablaßthesen zeigen nur ungenügend, wofür Luther stand, als er die Frage nach einer grundlegenden Umbildung der Kirche aufwarf[58]. Sie wurde beantwortet mit einer Entfesselung des antirömischen Affekts — als ob Deutschland nur auf die Gelegenheit gewartet hätte. Das Papsttum ging in die Defensive und wußte, um die Sache wieder in den Griff zu bekommen, nichts Besseres, als Luther vor seine Schranken zu ziehen. Man zweifelte in Rom nicht daran, daß die Wahl zwischen dem Papst und dem Mönch schnell getroffen sein würde. Nicht vorherzusehen war, daß die öffentliche Meinung die Partei des Mönchs ergreifen würde, bei dem sie entdeckte, was sie vom Bischof von Rom nicht mehr erhoffte: das Wort Gottes.

Ein klein Unterricht von 1522 erlaubt uns, jenes Sprechen zu verstehen, das — mehr als alle aufsehenerregenden Taten — Luthers Sympathisanten beeindruckt hat. Die Notwendigkeit einer kirchlichen und religiösen — aber auch sozialen und kulturellen — Erneuerung war zunächst nicht der Aufruf zur Reformation, so wie sie dann stattgefunden hat. Diese hat erst nach und nach Gestalt angenommen — durch viele zufällige Ereignisse beeinflußt. Aber sie hat erst Festigkeit gewonnen durch die Prinzipien, die durch Luther erhellt wurden. Und das waren die Schrift, das Wort Gottes, das Evangelium, Christus, der Glaube. Luthers Erscheinung hatte für sich den Reiz der verblüffenden Neuheit in einer in ihren Gewohnheiten erstarrten Kirche. Luther, schreibt Söderblom, schuf „ein neues Lebensideal, eine neue Sicherheit und eine neue Freiheit, aufgrund einer inneren Erfahrung und des Evangeliums. Vom Standpunkt der Religionsgeschichte aus betrachtet ist er nach dem Apostel Paulus das größte Wunderkind, ein Schöpfer des Christentums."[59] „Luthers große Entdeckung ist die allumfassende, schöpferische Dimension des Glaubens (...) Hier ist das schöpferische Zentrum jeder christlichen Existenz, Gottes Gerechtigkeit in Christus, aus der wir vor Gott von Anfang bis Ende leben, ein Leben, das in jedem Augenblick vom Heiligen Geist erneuert wird."[60]

Für diese Urteile gibt es Entsprechungen bei Zeitgenossen des Ablaßstreits. Neben denen, die Luther ablehnten und bekämpften, gab es eine große Zahl ernstzunehmender Leute — von denen viele Rom treu blieben —, die erfaßten, daß der Mönch von Wittenberg in beispielloser Weise Träger eines Potentials zur Erneuerung der alten Kirche war. Der Bischof von Würzburg, der Luther auf der Durchreise nach Heidelberg eines Abends im April 1518 empfing, schrieb an seinen Landesherrn, den Kurfürsten von Sachsen, um Luther seinem Schutz zu empfehlen. Man durfte nicht einen solchen Mann Gottes in die Hände derer fallen lassen, die — schon damals — nach seinem Leben trachteten[61]. Erasmus selber setzte seine Autorität ein und versuchte, den gerichtlichen Verfahren gegen Luther Einhalt zu gebieten (1519/20)[62].

Die Christen zu jener Zeit, daran muß immer erinnert werden, hatten nicht unsere Vorstellung von Katholizismus, die sich erst in der Folge des Konzils von Trient entwickelt hat. Es brauchte in Trient beinahe zwanzig Jahre, bis man mit dem fertig wurde, was Lortz die „theologische Unklarheit" nannte. Das Papsttum war nicht mehr unbestritten seit Avignon und dem großen Schisma, und die Aufeinanderfolge von Alexander VI., Julius II. und Leo X. wurde selbst in Rom als eine auslaufende Serie angesehen. Man erwartete etwas Neues; man fühlte, daß diese Situation nicht andauern konnte. Luther erfüllte viele Wünsche: Er zeigte Christus wieder in seiner Rolle als alleiniger Erlöser, eine unfehlbare Lehrautorität — die Schrift, eine Religion des Glaubens anstelle einer heruntergekommenen „Werke"-Praxis (die bis zum Berühren von Reliquien vor dem Empfang der Eucharistie ging ...). Und er vernachlässigte auch die Rückkehr zur augustinischen Quelle des abendländischen Denkens nicht, die durch den Aristotelismus ausgetrocknet war. Diese Umkehr kraft des augustinischen Einflusses sollte auf der anderen Seite den Katholizismus später dem Jansenismus ausliefern, der sich schon seit der Zeit Pius' V. in Löwen ankündigte. Luther verkündete auch das Ende der Angst und die Freiheit des Gewissens, das sich von der Willkür des Priesters freigemacht hatte. Man entdeckte bei ihm eine Art, das Christentum zu leben, die man nicht mehr für möglich gehalten hatte. Es besteht gar kein Zweifel, daß Luther vielen Katholiken — trotz aller Tatsachen, die dem entgegenstanden — als der Apostel einer Erneuerung der Kirche erschienen sein muß.

Aber es stimmt, daß der Glaube Luthers sich von Anfang an im Gegensatz zur Kirche befand. Die antipäpstlichen Thesen, die Luther auf der Leipziger Disputation öffentlich verteidigte (Juli 1519), vergrößerten die Spannung mit Rom. Der Papst, so behauptete Luther, kann sich irren, weil er sich schon geirrt hat. Er ist eine menschliche Macht und regiert die Kirche in keiner Weise kraft „göttlichen Rechts". Der Kern von Luthers Denken, das durch den überkommenen deutschen Zusammenhang der antipäpstlichen Polemik der vorhergehenden Jahrhunderte geprägt ist, war schon damals: Der Papst ist der Antichrist, d. h. er ist derjenige, der sich oder den man für Christus hält, dessen Handeln jedoch dem Evangelium zuwiderläuft. Im Namen solcher Grundsätze versank Luther immer mehr im Sumpf der Kämpfe gegen den „Papismus", indem er wahllos die Wallfahrten und die geistlichen Orden, den Heiligen- und Reliquienkult, den Rosenkranz und die Lehre von den sieben Sakramenten abschaffte.

Die Analyse sollte selbstverständlich nicht über diese Schwierigkeiten hinweggehen. Aber wenn man ausschließlich auf die Irrtümer Luthers fixiert ist, dann verfehlt man von katholischer Sicht aus ständig, sich die tiefen Ursachen des Dramas bewußt zu machen. Man hat die Fehler Luthers bis zur Lächerlichkeit ausgebeutet. Aber es gibt eine ganz andere Sicht der Dinge, ein leidenschaftliches Engagement *für die Kirche als solche,* das sich an diesem Aufbruch des Glaubens entzündete, der ein so unerbittliches Licht auf das Leben und die Theologie der Kirche warf.

Nach seinem langen Triumph *intra muros* über die protestantische „Häresie" ist Rom immer noch nicht in der Lage zu behaupten, daß die Reformation nicht sein Damaskus war: „Ich bin der, den du verfolgst." Luther war nämlich wirklich kein Ketzer wie andere. Er war einer von denen, die sich ins Unrecht setzen, ohne ihren Richtern auch nur die geringste Chance zu lassen, gänzlich recht zu haben. Das, worauf es ankam und vor allem immer noch ankommt, ist, das richtig einzuschätzen, was er brachte: Er machte den paulinischen Anspruch geltend auf die Rechte Christi in der Kirche, die sich von Christus herleitet.

IV. Rechtfertigung durch den Glauben Die Lehre des Römerbriefes

In der Geschichte Luthers und seiner Schriften nimmt der Brief des Paulus an die Römer einen hervorragenden Platz ein. Die Wittenberger Vorlesung über diesen Brief (1515/16) ist der Beweis dafür, daß Luther ihn mit außergewöhnlichem Eifer studierte (*miro ardore*), wie er 1545 versicherte. Die Bände LVI und LVII der Weimarer Ausgabe (die den Vorlesungen des jungen Luther über Paulus gewidmet sind) gehören zu den besten Quellen, die man zum Verständnis von Luthers Forschung hat[1].

Es existiert übrigens auch eine lange *Einleitung* Luthers zum Römerbrief, die gleichzeitig mit *Ein klein Unterricht* über das Evangelium entstand und mit der deutschen Übersetzung des Neuen Testaments 1522 publiziert wurde. Sie stellt mit ganzer Kraft Luthers Auffassung des Glaubens und der „Gerechtigkeit" heraus. Luther bedient sich des Römerbriefs, um einen vollständigen Rahmen abzustecken, in welchem sich dann seine Intuition entfaltet. Hier liefert er unter anderem solides Material für eine Antwort auf die Theorien, die man über seine Psychologie aufgestellt hat, und die dazu tendieren, seine theologische Originalität letztlich in seiner Subjektivität zu begründen.

Der Glaube, sagt er beispielsweise, ist „ein lebendiges Vertrauen in die Gnade Gottes, ein völliges Sich-ihm-Überlassen, eine Sicherheit, die tausend Toden widerstehen kann". Für den Katholiken Roland Dalbiez bedeutete dieser Ausdruck Luthers für den Glauben eine vorstellungsmäßige Bewältigung der Versuchung zum Selbstmord. Diese These stützt sich auf eine engmaschige Argumentation, der man nicht anders entkommen kann als dadurch, daß man zuerst das zur Kenntnis nimmt, was Luther selbst über seinen „Fall" zu sagen hat. Auf diese Weise also beabsichtige ich in diesem Kapitel das schon erwähnte Problem der „Angst" Luthers anzugehen.

Die *Einleitung*, deren vollständigen Text wir lesen werden[2], enthält eine Studie über die Terminologie des Paulus und eine Analyse des Briefes. Sie ist nicht eigentlich Exegese im modernen Sinn, aber sie ist zumindest insofern ganz christlich, als man sie selbst direkt anwenden kann. Wie wir gesehen haben, bemüht sich Luther darum, die Kenntnis der Heiligen Schrift zu demokratisieren. Die Bibel ist kein Buch für Geistliche oder für Spezialisten. Wenn es auf Luther angekommen wäre, würden die Katholiken die Bibel besser kennen, als es in den letzten vierhundert Jahren der Fall war. Der Römerbrief ist für viele Gläubige und Priester noch immer ein Text unter anderen. Abgesehen von einigen Abschnitten, welche durch die Liturgie und durch Vorlesungen an Universitäten etwas vertrauter geworden sind, ist der vorherrschende Eindruck, daß man hier, wie anderswo bei Paulus, *alles* findet. Was nun Luther betrifft: Er nimmt in der Folge der Kapitel des Römerbriefes eine für das Verständnis des Glaubens grundlegende Auseinandersetzung wahr.

Man begreift diese Auseinandersetzung leicht, wenn man daran denkt, was auch heute noch die Idealvorstellung von einem „guten" Christen ist. Er versucht, fromm und ehrenhaft zu leben, indem er die Gebote Gottes und der Kirche hält. Paulus wandte sich an Gläubige, die vom Judentum konvertiert waren und ein solches Ideal hatten. Um seine Sprache zu sprechen, die man bei Luther wiederfindet: Die im Römerbrief Angesprochenen gaben sich Mühe, das Gesetz zu erfüllen, indem sie die „Werke" taten, die es vorschreibt, und indem sie das vermieden, was es verbietet. Nach ihrer Auffassung – wie auch nach christlicher Auffassung bis in unsere Zeit – verdient ein Leben, das dem Gesetz gemäß und reich an guten Werken ist, *gerecht* genannt zu werden. Es ist äußerlich untadelig, und keiner zweifelt von vornherein an seiner Aufrichtigkeit.

Es wird sich zeigen, daß das Christentum in Wirklichkeit mehr verlangt. Das ist das Denken des Paulus, und Luther ändert daran nichts. Sein Verdienst ist es, all das ans Licht zu bringen, was im Römerbrief die Rechtfertigung *aus dem Glauben* zu verstehen erlaubt und die Unzulänglichkeit der Werkgerechtigkeit, d. h. aller „Vollkommenheit", die man *außerhalb von Christus* sucht.

Eingangs fordert Luther jeden dazu auf, sich über seine wahre Ehrlichkeit, die *vor Gott*, Rechenschaft zu geben. Selbst wenn wir tun, was er will – können wir wirklich sagen, daß wir seinen Willen lieben? Diese Frage hatte das Gewissen des jungen Mönches bedrückt. Der folgende Text zeigt, wie weit sie ihn schließlich geführt hat.

1. Einleitung zum Römerbrief (1522)

Diese Epistel ist das rechte Hauptstück des Neuen Testaments und das allerlauterst Evangelium, welche wohl würdig und wert ist, daß sie ein Christenmensch nicht allein von Wort zu Wort auswendig wisse, sondern täglich damit umgehe als mit täglichem Brot der Seelen; denn sie nimmer kann zu viel und zu wohl gelesen oder betrachtet werden, und je mehr sie gehandelt wird, je köstlicher sie wird und besser sie schmeckt. Darum ich auch meinen Dienst dazu tun will und durch diese Vorrede einen Eingang dazu bereiten, so viel mir Gott verliehen hat, damit sie desto besser von jedermann verstanden werde. Denn sie bisher mit Glossen und mancherlei Geschwätz übel verfinstert ist[3], die doch an sich selbst ein helles Licht ist, fast gnugsam die ganze Schrift zu erleuchten.

Aufs erst müssen wir der Sprache kundig werden und wissen, was Sankt

Paulus meinet durch diese Worte, Gesetz, Sünde, Gnade, Glaube, Gerechtigkeit, Geist und dergleichen, sonst ist kein Lesen nutz daran.

Der Wortschatz des Paulus

Gesetz. (Das Gesetz Gottes muß von ganzem Herzen erfüllt werden.)

Das Wörtlein Gesetz mußt du hie nicht verstehen menschlicher Weise, daß es eine Lehre sei, was für Werke zu tun oder zu lassen sind, wie es mit Menschengesetzen zugehet, da man dem Gesetz mit Werken gnug tut, obs Herz schon nicht da ist. Gott richtet nach des Herzens Grund, darum fordert auch sein Gesetz des Herzens Grund und lässet sich an Werken nicht begnügen, sondern straft vielmehr die Werk, ohn Herzensgrund getan, als Heuchelei und Lügen; daher alle Menschen Lügner heißen, Ps. 116, 11, darum, daß keiner aus Herzensgrund Gottes Gesetz hält noch halten kann; denn jedermann findet bei sich selbst Unlust zum Guten und Lust zum Bösen. Wo nun nicht freie Luft zum Guten, da ist des Herzens Grund nicht am Gesetz Gottes, da ist denn gewißlich auch Sünd und Zorn verdienet bei Gott, obgleich auswenig viel guter Werk und ehrbars Leben scheinen.

(Keiner erfüllt das Gesetz durch das Ausüben von Werken.)

Daher schließt S. Paulus am andern Kapitel, daß die Juden alle Sünder sind, und spricht, daß allein die Täter des Gesetzes rechtfertig sind bei Gott. Will damit, daß niemand mit Werken des Gesetzes Täter ist, sondern sagt vielmehr zu ihnen also: „Du lehrest, man solle nicht ehebrechen, und du brichst die Ehe." Item, „worinnen du richtest einen andern, darinnen verdammst du dich selbst, weil du eben dasselbe tust, das du richtest". Als sollt er sagen: Du lebest äußerlich fein in des Gesetzes Werken und richtest, die nicht also leben, und weisest jedermann zu lehren; den Splitter siehest du in der andern Auge, aber des Balkens in deinem Auge wirst du nicht gewahr; denn ob du wohl auswendig das Gesetz mit Werken hältst aus Furcht der Straf oder Liebe des Lohns, so tust du doch das alles ohn freie Lust und Liebe zum Gesetze, sondern mit Unlust und Zwang, wolltest lieber anders tun, wenn das Gesetz nicht wäre. Daraus denn sich schließt, daß du von Herzensgrund dem Gesetz feind bist. Was ist denn, daß du andere lehrest nicht stehlen, so du im Herzen selbst ein Dieb bist und äußerlich gern wärest, wenn du dürftest? Wiewohl auch das äußerlich Werk die Länge nicht nachbleibt bei solchen Heuchlern. Also lehrest du andere, aber dich selbst nicht, weißt auch selbst nicht, was du lehrest, hast auch das Gesetz noch nie recht verstanden. Ja, dazu mehret das Gesetz die Sünde, wie er saget am 5. Kapitel, V. 20, darum, daß ihm der Mensch nur feinder wird, je mehr es fordert, des er keines kann.

(Das Gesetz ist geistlich.)

Darum spricht er am siebenten Kapitel, V. 14: „Das Gesetz ist geistlich." Was ist das? Wenn das Gesetz leiblich wäre, so geschähe ihm mit Werken gnug. Nun es aber geistlich ist, tut ihm niemand gnug, es gehe denn von Herzensgrund alles, was du tust. Aber ein solchs Herz gibt niemand, denn Gottes Geist, der macht den Menschen dem Gesetz gleich, daß er Lust zum Gesetz gewinnet von Herzen und hinfort nicht aus Furcht noch Zwang, sondern aus freiem Herzen alles tut. Also ist das Gesetz geistlich, das mit solchem geistlichen Herzen will geliebt und erfüllet sein, und fordert ein solchen Geist. Wo der nicht im Herzen ist, da bleibt Sünd, Unlust, Feindschaft wider das Gesetze, das doch gut, gerecht und heilig ist.

(Das Gesetz durch den Glauben erfüllen und die Werke des Gesetzes tun.)

So gewöhne dich nun der Rede, daß es viel ein andrer Ding ist, des Gesetzes Werk tun und das Gesetz erfüllen. Des Gesetzes Werk ist alles, das der Mensch tut und tun kann am Gesetz aus seinem freien Willen und eignen Kräften. Weil aber unter und neben solchen Werken bleibt im Herzen Unlust und Zwang zum Gesetz, sind solche Werk alle verloren und kein Nutz. Das meinet Sankt Paulus am 3. Kapitel, V. 20, da er spricht: Durch Gesetzes Werk wird vor Gott kein Mensch rechfertig. Daher siehest du nun, daß die Schulzänker und Sophisten Verführer sind, wenn sie lehren, mit Werken sich zur Gnade bereiten. Wie kann sich mit Werken zum Guten bereiten, der kein gut Werk ohn Unlust und Unwillen im Herzen tut? Wie soll des Werk Gott gelüsten, das von unlustigem und widerwilligem Herzen gehet?

Aber das Gesetz erfüllen ist, mit Lust und Lieb sein Werk tun und frei ohn des Gesetzes Zwang göttlich und wohl leben, als wäre kein Gesetz oder Straf. Solche Lust aber freier Liebe gibt der heilige Geist ins Herz, wie er spricht am fünften Kapitel, V. 5. Der Geist aber wird nicht denn allein in, mit und durch den Glauben an Jesum Christ gegeben, wie er in der Vorrede sagt. So kommt der Glaube nicht ohn alleine durch Gottes Wort oder Evangelium, das Christum predigt, wie er ist Gottes Sohn und Mensch, gestorben und auferstanden um unserwillen, wie er am 3., 4., und 10. Kapitel sagt.

Daher kommt, daß allein der Glaube rechtfertig macht und das Gesetz erfüllet; denn er bringet den Geist aus Christi Verdienst, der Geist aber macht ein lustig und frei Herz, wie das Gesetz fordert; so gehen denn die guten Werk aus dem Glauben selber. Das meinet er am 3. Kapitel, nachdem er des Gesetzes Werk verworfen hatte, daß es lautet, als wollt er das Gesetz aufheben durch den Glauben. Nein (spricht er), wir richten das Gesetz an durch den Glauben, das ist, wir erfüllens durch den Glauben.

Sünde. (Die Wurzel der Sünde ist der Unglauben.)[4]

Sünde heißt in der Schrift nicht alleine das äußerliche Werk am Leibe, sondern alle das Geschäfte, das sich mit reget und wegt zu dem äußerlichen Werk, nämlich des Herzensgrund mit allen Kräften, also, daß das Wörtlein „tun" soll heißen, wenn der Mensch ganz dahinfällt und fähret in die Sünde. Denn es geschieht auch kein äußerlich Werk der Sünde, der Mensch fahre denn ganz mit Leib und Seele hinan, und sonderlich siehet die Schrift ins Herz und auf die Wurzel und Hauptquell aller Sünde, welchs ist der Unglaube im Grund des Herzens. Also daß, wie der Glaube allein rechtfertiget, den Geist und Lust bringt zu guten äußerlichen Werken, also sündiget alleine der Unglaube und bringet das Fleisch auf und Lust zu bösen äußerlichen Werken, wie Adam und Eva geschah im Paradies, 1. Mos. 3.[5]

Daher Christus alleine den Unglauben Sünde nennet, da er spricht Joh. 16, 8f.: „Der Geist wird die Welt strafen und die Sünd, daß sie nicht glauben an mich." Darum auch, ehe denn gute oder böse Werk geschehen, als die guten oder bösen Früchte, muß zuvor im Herzen da sein Glaube oder Unglaube, als Wurzel, Saft und Hauptkraft aller Sünde, welchs in der Schrift auch darum der Schlangen Kopf und des alten Drachen Haupt heißt, den des Weibes Samen, Christus, zertreten muß, wie Adam versprochen ward.

Gnade, Gabe. (Gott gewährt dem Glaubenden Gnade.)

Gnade und Gabe sind des Unterscheids, daß Gnade eigentlich heißt Gottes Hulde oder Gunst, die er zu uns trägt bei sich selbst, aus welcher er geneigt wird, Christum, den Geist mit seinen Gaben in uns zu gießen, wie das aus dem fünften Kapitel, V. 15 klar wird, da er spricht: Gnad und Gabe in Christo usw. Ob nun wohl die Gaben und der Geist in uns täglich zunehmen und noch nicht vollkommen sind, daß also noch böse Lüste und Sünde in uns überbleiben, welche wider den Geist streiten, wie er sagt Röm. 7, 5ff. und Gal. 5, 16ff., und wie 1. Mos. 3, 15 versprochen ist der Hader zwischen des Weibes Samen und der Schlangen Samen, so tut doch die Gnade so viel, daß wir ganz und für voll rechtfertig vor Gott gerechnet werden; denn seine Gnade teilet und stücket sich nicht, wie die Gaben tun, sondern nimmt uns ganz und gar auf in die Hulde, um Christi, unsers Fürsprechers und Mittlers, willen und um das in uns die Gaben angefangen sind.

Also verstehest du denn das siebent Kapitel, da sich Sankt Paulus noch einen Sünder schilt[6] und doch im achten spricht, es sei nichts Verdammlichs an denen, die in Christo sind, der unvollkommenen Gaben und Geists halben. Um des ungetöteten Fleisches Willen sind wir noch Sünder, aber weil wir an Christo glauben und des Geistes Anfang haben, ist uns Gott so günstig und gnädig, daß er solche Sünde nicht achten noch richten will, sondern nach dem Glauben in Christo mit uns fahren, bis die Sünde getötet werde.

Glaube.

Glaube ist nicht der menschliche Wahn und Traum, den etliche für Glauben halten, und wenn sie sehen, daß kein Besserung des Lebens noch gute Werke folgen und doch vom Glauben viel hören und reden können, fallen sie in den Irrtum und sprechen, der Glaube sei nicht gnug, man müsse Werke tun, soll man fromm und selig werden. Das macht, wenn sie das Evangelium hören, so fallen sie daher und machen sich aus eignen Kräften einen Gedanken im Herzen, der spricht: ich glaube; das halten sie dann für einen rechten Glauben, aber wie es ein menschlich Gedicht und Gedanken ist, den des Herzens Grund nimmer erfähret, also tut er auch nichts und folget kein Besserung hernach.

(Der Glaube ist ein Werk Gottes in uns.)

Aber Glaube ist ein göttlich Werk in uns, das uns wandelt und neu gebiert aus Gott, Joh. 1, 13, und tötet den alten Adam, macht uns ganz zu andern Menschen von Herz, Mut, Sinn und allen Kräften und bringet den heiligen Geist mit sich[7]. O, es ist ein lebendig, schäftig, tätig, mächtig Ding um den Glauben, daß unmöglich ist, daß er nicht ohne Unterlaß sollt Guts wirken. Er fraget auch nicht, ob gute Werke zu tun sind, sondern ehe man fragt, hat er sie getan und ist immer im Tun. Wer aber nicht solch Werk tut, der ist ein glaubloser Mensch, tappet und siehet um sich nach dem Glauben und guten Werken und weiß weder, was Glaube oder gute Werke sind, und wäscht und schwätzt doch viel Wort vom Glauben und guten Werken.

Glaube ist ein lebendige, erwegene Zuversicht auf Gottes Gnade, so gewiß, daß er tausendmal drüber stürbe[8], und solch Zuversicht und Erkenntnis göttlicher Gnade macht fröhlich, trotzig und lustig gegen Gott und alle Kreaturen, welchs der heilige Geist tut im Glauben. Daher ohn Zwang willig und lustig wird, jedermann Gutes zu tun, jedermann zu dienen, allerlei zu leiden, Gott zu Lieb und Lob, der ihm solche Gnad erzeigt hat, also, daß unmöglich ist Werk vom Glauben scheiden, also unmöglich, als Brennen und Leuchten vom Feuer mag geschieden werden. Darum siehe dich vor vor deinem eignen falschen Gedanken und unnützen Schwätzern, die vom Glauben und guten Werken klug sein wollen zu urteilen und sind die größten Narren. Bitte Gott, daß er Glauben in dir wirke, sonst bleibst du wohl ewiglich ohn Glauben, du dichtest und tust, was du willst oder kannst.

Gerechtigkeit.

Gerechtigkeit ist nun solcher Glaube und heißt Gottes Gerechtigkeit oder die vor Gott gilt, darum, daß es Gottes Gabe ist[9] und macht den Menschen, daß er jedermann gibt, was er schuldig ist. Denn durch den Glauben wird der Mensch ohn Sünde und gewinnet Lust zu Gottes Geboten, damit gibt er Gott seine Ehre und bezahlet ihm, was er ihm schuldig ist. Aber den Menschen dienet er williglich, womit er kann, und bezahlet damit auch jedermann. Solche Gerechtigkeit kann Natur, freier Wille und unsre Kräfte nicht zuwege bringen; denn wie niemand sich selbst kann den Glauben geben, so kann er auch den Unglauben nicht wegnehmen. Wie will er denn eine einzige kleinste Sünde wegnehmen? Darum ist alles falsch, Heuchelei und Sünde, was außer dem Glauben oder im Unglauben geschieht, Röm. 14, 23, es gleiße, wie gut es mag[10].

Fleisch und Geist.

Fleisch und Geist mußt du hie nicht also verstehen, daß Fleisch allein sei, was die Unkeuschheit betreffe, und Geist, was das Innerliche im Herzen betreffe. Sondern Fleisch heißt Paulus, wie Christus Joh. 3, 6, alles, was aus Fleisch geboren ist, den ganzen Menschen mit Leib und Seele, mit Vernunft und allen Sinnen. Darum, daß es alles an ihm nach dem Fleisch trachtet, also daß du auch den fleischlich wissest zu heißen, der ohn Gnade, von hohen geistlichen Sachen viel dichtet, lehret und schwätzet, wie du das aus den Werken des Fleisches Gal. 5, 19ff. wohl kannst lernen, da er auch Ketzerei und Haß Fleisches Werk heißt[11] und Röm. 8, 3 spricht, daß durchs Fleisch das Gesetz geschwächt wird, welchs nicht von Unkeuschheit, sondern von allen Sünden, allermeist aber vom Unglauben gesagt ist, der das allergeistlichste Laster ist.

Wiederum, auch den geistlich heißest, der mit den alleräußerlichsten Werken umgehet, als Christus, da er der Jünger Füße wusch, und Petrus, da er das Schiff führte und fischte. Also, daß Fleisch sei ein Mensch, der inwendig und auswendig lebt und wirkt, das zu des Fleisches Nutz und zeitlichem Leben dienet. Geist sei, der inwendig und auswendig lebt und wirkt, das zu dem Geist und zukünftigen Leben dienet. Ohn solchen Verstand dieser Wörter wirst du diese Epistel Sankt Pauli noch kein Buch der heiligen Schrift nimmer verstehen. Drum hüt dich vor allen Lehrern, die anders dieser Worte brauchen, sie seien auch, wer sie wollen, obs gleich Hieronymus, Augustinus, Ambrosius, Origenes und ihrgleichen und noch höher wären[12]. Nun wollen wir zur Epistel greifen.

Der Inhalt des Römerbriefes

1. Kapitel. (Die Sünde aufdecken.)

Dieweil einem evangelischen Prediger gebührt, am ersten durch Offenbarung des Gesetzes und der Sünden alles zu strafen und zu Sünden zu machen, das nicht aus dem Geist und Glauben in Christo gelebt wird, damit die Menschen zu ihrer eigenen Erkenntnis und Jammer geführt werden, daß sie demütig werden und Hilfe begehren, so tut Sankt Paulus auch und fängt an im ersten Kapitel und straft die groben Sünden und Unglauben, die öffentlich sind am Tage, als der Heiden Sünden waren und noch sind, die ohn Gottes Gnaden leben, und spricht, es werde offenbart durchs Evangelium Gottes Zorn vom Himmel über alle Menschen um ihres gottlosen Wesens und Untugend willen. Denn ob sie gleich wissen und täglich erkennen, daß ein Gott sei, so ist doch die Natur an sich selbst, außer der Gnade, so böse[13], daß sie ihm weder dankt noch ehret, sondern verblendet sich selbst und fället ohn Unterlaß in ärger Wesen, bis daß sie nach Abgöttereien auch die schändlichen Sünden samt allen Lastern wirket, unverschämt, und dazu ungestraft läßt an den andern.

2. Kapitel.

Am andern Kapitel streckt er solche Strafe auch weiter auf die, so äußerlich fromm scheinen oder heimlich sündigen, als die Juden waren und noch alle Heuchler sind, die ohn Lust und Liebe wohl leben und im Herzen Gottes Gesetz feind sind, und doch andre Leut gern urteilen, wie aller Gleißner Art ist, daß sie sich selbst rein achten und doch voll Geizes, Hasses, Hoffart und alles Unflats stecken, Matth. 23, 27 f. Die sinds eben, die Gottes Gütigkeit verachten und nach ihrer Härtigkeit des Zorns Schatz sammeln. Also daß Sankt Paulus, als ein rechter Gesetzverklärer, niemand ohn Sünde bleiben lässet, sondern allen den Zorn Gottes verkündigt, die aus Natur oder freiem Willen wollen wohl leben, und lässet sie nichts besser sein denn die öffentlichen Sünder, ja er spricht, sie seien Hartmütige und Unbußfertige.

3. Kapitel.

Am dritten wirft er sie alle beide in einen Haufen und spricht, einer sei wie der andre, allzumal Sünder vor Gott, ohn daß die Juden Gottes Wort gehabt, wiewohl viel nicht dran geglaubt haben; doch damit ist Gottes Glaub und Wahrheit nicht aus, und führet zufällig ein den Spruch aus dem 51. Psalm, V. 6, daß Gott recht bleibt in seinen Worten. Darnach kommt er wieder drauf und beweiset auch durch die Schrift, daß sie alle Sünder sind und durch Gesetzes Werk niemand rechtfertig werde, sondern das Gesetz nur die Sünde zu erkennen gegeben sei[14].

(Die Gerechtigkeit Gottes enthüllen.)

Darnach fängt er an und lehret den rechten Weg, wie man müsse fromm und selig werden, und spricht: Sie sind alle Sünder und ohn Preis Gottes, müssen aber ohn Verdienst rechtfertig werden[15] durch den Glauben an Christum, der uns solchs verdienet hat durch sein Blut und uns ein Gnadenstuhl worden von Gott, der uns alle vorige Sünde vergibt, damit er beweise, daß seine Gerechtigkeit, die er gibt im Glauben, alleine uns helfe, die zu der Zeit durchs Evangelium offenbart und zuvor durchs Gesetz und Propheten bezeuget ist. Also wird das Gesetz durch den Glauben aufgerichtet[16], obwohl des Gesetzes Werke damit werden niedergelegt samt ihrem Ruhm.

4. Kapitel. (Allein der Glaube, ohne Werke.)

Am vierten, als nun durch die ersten Kapitel die Sünden offenbart und der Weg des Glaubens zur Rechtfertigkeit gelehret, fängt er an zu begegnen etlichen Einreden und Ansprüchen und nimmt am ersten den vor, den gemeiniglich tun alle, die von Glauben hören, wie er ohn Werk rechtfertige, und sprechen: Soll man denn nun keine guten Werke tun? Also hält er hie ihm selbst vor den Abraham und spricht: Was hat denn Abraham mit seinen Werken getan? Ist alles umsonst gewesen? Waren seine Werke kein Nutz? Und schließt, daß Abraham ohn alle Werke allein durch den Glauben gerechtfertiget sei, sogar daß er auch vor dem Werk seiner Beschneidung durch die Schrift allein seins Glaubens halben rechtfertig gepreiset werde, 1. Mos. 15, 6. Hat aber das Werk der Beschneidung zu seiner Gerechtigkeit nichts getan, das doch Gott ihm gebot und ein gut Werk des Gehorsams war, so wird gewißlich auch kein ander gut Werk zur Gerechtigkeit etwas tun. Sondern wie die Beschneidung Abrahams ein äußerlich Zeichen war, damit er seine Gerechtigkeit im Glauben beweisete, also sind alle guten Werke nur äußerlich Zeichen, die aus dem Glauben folgen und beweisen, als die guten Früchte, daß der Mensch schon vor Gott inwendig rechtfertig sei.

Damit bestätiget nun Sankt Paulus, als mit einem kräftigen Exempel aus der Schrift, seine vorige Lehre im dritten Kapitel vom Glauben, und führet dazu noch einen Zeugen, David, aus dem 32. Psalm, 1 ff., der auch sagt, daß der Mensch ohn Werk rechtfertig werde, wiewohl er nicht ohn Werk bleibt, wenn er rechtfertig worden ist. Darnach breitet er das Exempel aus wider alle andern Werke des Gesetzes und schließt, daß die Juden nicht mögen Abrahams Erben sein allein des Geblütes halben, viel weniger des Gesetzes Werk halben, sondern müssen Abrahams Glauben erben, wollen sie rechte Erben sein, sintemal Abraham vor dem Gesetze, beide, Moses und der Beschneidung, durch den Glauben ist rechtfertig worden und ein Vater genennet aller Gläubigen. Dazu auch das Gesetz viel mehr Zorn wirke denn Gnade, dieweil es niemand mit Lieb und Lust tut, daß viel mehr Ungnade denn Gnade durch des Gesetzes Werk kommt. Darum muß allein der Glaube die Gnade, Abraham verheißen, erlangen; denn auch solch Exempel um unsertwillen geschrieben sind, daß wir auch glauben sollen.

5. Kapitel. *(Die Werke der Gnade.)*

Am fünften kommt er auf die Früchte und Werke des Glaubens, als da sind Friede, Freude, Liebe gegen Gott und jedermann, dazu Sicherheit, Trotz, Freidigkeit, Mut und Hoffnung in Trübsal und Leiden. Denn solches alles folget, wo der Glaube recht ist, um des überschwenglichen Guts willen, das uns Gott in Christo erzeigt, daß er ihn für uns hat sterben lassen, ehe wir ihn drum bitten konnten, ja, da wir noch Feinde waren. Also haben wir denn, daß der Glaube ohn alle Werk rechtfertiget und doch nicht daraus folget, daß man darum kein gut Werk tun solle, sondern daß die rechtschaffenen Werke nicht außen bleiben, von welchen die Werkheiligen nichts wissen, und dichten sich selbst eigne Werke, darinnen weder Friede, Freude, Sicherheit, Liebe, Hoffnung, Trotz noch keines rechten christlichen Werks und Glaubens Art innen ist.

Darnach tut er ein lustigen Ausbruch und Spaziergang und erzählet, wo beide, Sünde und Gerechtigkeit, Tod und Leben herkomme, und hält die zween fein gegeneinander, Adam und Christum. Will also sagen: Darum mußte Christus kommen, ein andrer Adam, der seine Gerechtigkeit auf uns erbete, durch eine neue, geistliche Geburt im Glauben, gleichwie ✗ jener Adam auf uns geerbet hat die Sünde durch die alte, fleischliche Geburt. Damit wird aber kund und bestätiget, daß sich niemand kann selbst aus Sünden zur Gerechtigkeit mit Werken helfen, so wenig er kann wehren, daß er leiblich geboren wird. Das wird auch damit beweiset, daß das göttlich Gesetz, das doch billig helfen sollt, so etwas helfen sollt zur Gerechtigkeit, nicht allein ohn Hilfe gekommen ist, sondern hat auch die Sünde gemehret, darum daß die böse Natur ihm desto feinder wird und ihre Lust desto lieber büßen will, je mehr ihr das Gesetz wehret. Daß also das Gesetz Christum noch nötiger macht und mehr Gnade fordert, die der Natur helfe.

6. Kapitel. *(Das Werk des Glaubens.)*

Am sechsten nimmt er das sonderliche Werk des Glaubens vor sich, den Streit des Geistes mit dem Fleisch, vollends zu töten die übrigen Sünden und Lüste, die nach der Rechtfertigung überbleiben, und lehret uns, daß wir durch den Glauben nicht also gefreiet sind von Sünden, daß wir müßig, faul und sicher sein sollten, als wäre keine Sünde mehr da. Es ist Sünde da, aber sie wird nicht zur Verdammnis gerechnet ums Glaubens willen, der mit ihr streitet[17]. Darum haben wir mit uns selbst genug zu schaffen unser Leben lang, daß wir unsern Leib zähmen, seine Lüste töten und seine Gliedmaß zwingen, daß sie dem Geist gehorsam seien und nicht den Lüsten. Damit wir dem Tod und Auferstehen Christi gleich seien und unsere Taufe vollbringen, die auch den Tod der Sünden und neu Leben der Gnaden bedeutet, bis daß wir gar rein von Sünden auch leiblich mit Christo auferstehen und ewiglich leben.

Und das können wir tun, spricht er, weil wir in der Gnade und nicht im Gesetze sind, welchs er selbst auslegt, daß ohn Gesetze sein, sei nicht so viel gesagt, daß man keine Gesetze habe und möge tun, was jedermann gelüstet, sondern unter dem Gesetze sein ist, wenn wir ohn Gnade mit Gesetzes Werken umgehen. Alsdann herrschet gewißlich die Sünde durchs Gesetze, sintemal niemand dem Gesetz hold ist von Natur, dasselbe ist aber große Sünde. Die Gnade macht uns aber das Gesetz lieblich, so ist denn keine Sünde mehr da, und das Gesetz ist nicht mehr wider uns, sondern eins mit uns.

Dasselbe aber ist die rechte Freiheit von der Sünde und vom Gesetz, von welcher er bis ans Ende dieses Kapitels schreibt, daß es sei eine Freiheit, nur Gutes zu tun mit Lust und wohl leben ohn Zwang des Gesetzes. Darum ist diese Freiheit eine geistliche Freiheit, die nicht das Gesetze aufhebt, sondern darreicht, was vom Gesetz gefordert wird, nämlich Lust und Lieb, damit das Gesetz gestillet wird und nicht mehr zu treiben und zu fordern hat. Gleich als wenn du einem Lehnsherrn schuldig wärest und könntest nicht bezahlen, von dem möchtest du zweierlei Weise los werden: einmal, daß er nichts von dir nähme und sein Register zerrisse, das andre Mal, daß ein frommer Mann für dich zahlete und gebe dir, damit du seinem Register gnug tätest. Auf diese Weise hat uns Christus vom Gesetze freigemacht, darum ists nicht eine wilde fleischliche Freiheit, die nichts tun solle, sondern die viel und allerlei tut und von des Gesetzes Fordern und Schuld ledig ist.

7. Kapitel.

Am siebenten bestätiget er solchs mit einem Gleichnis des ehelichen Lebens. Als wenn ein Mann stirbt, so ist die Frau auch ledig und ist also eins des andern los und ab, nicht also, daß die Frau nicht möge oder solle einen andern Mann nehmen, sondern viel mehr, daß sie nun allererst recht frei ist, einen andern zu nehmen, das sie vorhin nicht konnte tun, ehe sie jenes Mannes ab war. Also ist unser Gewissen verbunden dem Gesetz unter dem sündlichen alten Menschen; wenn der getötet wird durch den Geist, so ist das Gewissen frei und eins des andern los, nicht daß das Gewissen solle nichts tun, sondern nun allererst recht an Christo, dem andern Mann, hangen und Frucht bringen des Lebens.

Darnach streichet er weiter aus die Art der Sünden und Gesetzes, wie durch das Gesetz die Sünde sich nur recht reget und gewaltig wird. Denn der alte Mensch wird dem Gesetz nur desto feinder, weil er nicht kann zahlen, das vom Gesetz gefordert wird. Denn Sünde ist seine Natur[18] und kann von sich selbst nicht anders, darum ist das Gesetz sein Tod und alle seine Marter. Nicht daß das Gesetz böse sei, sondern daß die böse Natur nicht leiden kann das gute, daß es Guts von ihm fordere. Gleichwie ein Kranker nicht kann leiden, daß man von ihm fordere Laufen und Springen und andere Werke eines Gesunden.

Darum schleußt Sankt Paulus hie, daß wo das Gesetz recht erkennet und aufs beste gefasset wird, da tuts nicht mehr, denn erinnert uns unsere Sünde und tötet uns durch dieselbe und macht uns schuldig des ewigen Zorns, wie das alles fein sich lernt und erfähret im Gewissen, wenns mit dem Gesetz recht getroffen wird. Also daß man muß etwas anders haben und mehr denn das Gesetz, den Mensch fromm und selig zu machen. Welche aber das Gesetz nicht recht erkennen, die sind blind, gehen mit Vermessenheit dahin, meinen ihm mit Werken gnug zu tun; denn sie wissen nicht, wie viel das Gesetz fordert, nämlich ein frei, willig, lustig Herz. Darum sehen sie Mose nicht recht unter Augen, das Tuch ist ihnen davorgelegt und zugedeckt[19].

Darnach zeigt er, wie Geist und Fleisch streiten in einem Menschen, und setzt sich selbst zum Exempel, daß wir lernen, das Werk, die Sünde in uns selbst zu töten, recht erkennen. Er nennet aber beide, den Geist und das Fleisch, ein Gesetze, darum, daß gleichwie des göttlichen Gesetzes Art ist, daß es treibt und fordert, also treibt und fordert und wütet auch das Fleisch wider den Geist und will seine Lust haben. Wiederum treibt und fordert der Geist wider das Fleisch und will seine Lust haben. Dieser Zank währet in uns, solang wir leben, in einem mehr, im andern weniger, darnach der Geist oder Fleisch stärker wird, und ist doch der ganze Mensch selbst alles beides, Geist und Fleisch, der mit sich selbst streitet, bis er ganz geistlich werde.

8. Kapitel.

Am achten tröstet er solche Streiter, daß sie solch Fleisch nicht verdamme, und zeiget weiter an, was Fleisches und Geistes Art sei und wie der Geist kommt aus Christo, der uns seinen heiligen Geist gegeben hat, der uns geistlich macht und das Fleisch dämpft und uns sichert, daß wir dennoch Gottes Kinder sind, wie hart auch die Sünde in uns wütet, solange wir dem Geist folgen und der Sünde widerstreben, sie zu töten. Weil aber nichts so gut ist, das Fleisch zu täuben als Kreuz und Leiden, tröstet er uns in Leiden durch Beistand des Geists, der Liebe und aller Kreaturen, nämlich, daß beide, der Geist in uns seufzet und die Kreatur sich mit uns sehnet, daß wir des Fleisches und der Sünde los werden. Also sehen wir, daß diese drei Kapitel auf das einige Werk des Glaubens treiben, das da heißt, den alten Adam töten und das Fleisch zwingen.

9., 10. und 11. Kapitel. (Prädestination.)

Am neunten, zehnten und elften Kapitel lehret er von der ewigen Versehung Gottes, daher es ursprünglich fleußt, wer glauben oder nicht glauben soll, von Sünden los aber nicht los werden kann, damit es je gar aus unsern Händen genommen und allein in Gottes Hand gestellet sei, daß wir fromm werden. Und das ist auch aufs allerhöchste not; denn wir sind so schwach und ungewiß, daß, wenns bei uns stünde, würde freilich nicht ein Mensch selig, der Teufel würde sie gewißlich alle überwältigen. Aber nun Gott gewiß ist, daß ihm sein Versehen nicht fehlet, noch jemand ihm wehren kann, haben wir noch Hoffnung wider die Sünde.

Aber hie ist den frevlen und hochfahrenden Geistern einmal zu stecken, die ihren Verstand am ersten hieher führen und oben anheben, zuvor den Abgrund göttlicher Versehung zu forschen, und vergeblich damit sich bekümmern, ob sie versehen sind. Die müssen sich denn selbst stürzen, daß sie entweder verzagen oder sich in die freie Schanze schlagen. Du aber folge dieser Epistel in ihrer Ordnung, bekümmere dich zuvor mit Christo und dem Evangelium, daß du deine Sünde und seine Gnade erkennest, darnach mit der Sünde streitest, wie hie das 1., 2., 3., 4., 5., 6., 7., 8. Kapitel gelehret haben. Darnach, wenn du in das 8. gekommen bist, unter das Kreuz und Leiden, das wird dich recht lehren die Versehung im 9., 10. und 11. Kapitel, wie tröstlich sie sei. Denn ohn Leiden, Kreuz und Todesnöten kann man die Versehung nicht ohn Schaden und heimlichen Zorn wider Gott handeln. Darum muß Adam zuvor wohl tot sein, ehe er dies Ding leide und den starken Wein trinke. Darum sieh dich vor, daß du nicht Wein trinkest, wenn du noch ein Säugling bist. Eine jegliche Lehre hat ihr Maß, Zeit und Alter.

12. Kapitel. (Rechter Gottesdienst.)

Am zwölften lehret er den rechten Gottesdienst und macht alle Christen zu Pfaffen, daß sie opfern sollen nicht Geld noch Vieh, wie im Gesetz, sondern ihre eignen Leiber, mit Tötung der Lüste. Darnach beschreibt er den äußerlichen Wandel der Christen im geistlichen Regiment, wie sie lehren, predigen, regieren, dienen, geben, leiden, lieben, leben und tun sollen gegen Freund, Feind und jedermann. Das sind die Werke, die ein Christ tut; denn, wie gesagt ist, Glaube feiert nicht.

13. Kapitel.

Am dreizehnten lehret er das weltlich Regiment ehren und gehorsam sein, welchs darum eingesetzt ist, obs wohl die Leut nicht fromm macht vor Gott, so schaffts doch so viel, daß die Frommen äußerlich Fried und Schutz haben und die Bösen ohn Furcht oder mit Fried und Ruhe nicht können frei Übels tun. Darum es zu ehren ist auch den Frommen, ob sie wohl sein nicht bedürfen. Endlich aber fasset ers alles in die Liebe und beschleußet es in das Exempel Christi, wie der uns getan hat, daß wir auch also tun und ihm nachfolgen.

14. Kapitel.

Am vierzehnten lehret er die schwachen Gewissen im Glauben säuberlich führen und ihr schonen, daß man der Christen Freiheit nicht brauche zu Schaden, sondern zu Förderung der Schwachen. Denn wo man das nicht tut, da folget Zwietracht und Verachtung des Evangelii, daran doch alle Not liegt, daß es besser ist den Schwachgläubigen ein wenig weichen, bis sie stärker werden, denn daß aller Ding die Lehre des Evangelii sollt untergehen. Und ist solchs Werk ein sonderlich Werk der Liebe, daß wohl auch jetzt vonnöten ist, da man mit Fleischessen und andrer Freiheit frech und rauh ohn alle Not die schwachen Gewissen zerrüttelt, ehe sie die Wahrheit erkennen.

15. Kapitel.

Am fünfzehnten setzt er Christum zum Exempel, daß wir auch die andern Schwachen dulden, als die sonst gebrechlich sind in öffentlichen Sünden oder von unlustigen Sitten, welche man nicht muß hinwerfen, sondern tragen, bis sie auch besser werden. Denn also hat Christus mit uns getan und tut noch täglich, daß er gar viel Untugend und böser Sitten neben aller Unvollkommenheit an uns trägt und hilft ohn Unterlaß.

Darnach zum Beschluß bittet er für sie, lobet sie und befiehlet sie Gott und zeigt sein Amt und Predigt an und bittet sie gar säuberlich um Steuer an die Armen zu Jerusalem und ist eitel Lieb, davon er redet und damit umgeht. Also finden wir in dieser Epistel aufs allerreichlichst, was ein Christ wissen soll, nämlich, was Gesetz, Evangelium, Sünde, Strafe, Gnade, Glaube, Gerechtigkeit, Christus, Gott, gute Werke, Liebe, Hoffnung, Kreuz sei und wie wir uns gegen jedermann, er sei fromm oder Sünder, stark oder schwach, Freund oder Feind, und gegen uns selber halten sollen. Dazu das alles mit Schriften trefflich gegründet, mit Exempel seiner selbst und der Propheten beweiset, daß nichts mehr hie zu wünschen ist. Darum es auch scheinet, als habe Sankt Paulus in dieser Epistel wollen einmal in die Kürze verfassen die ganze christliche und evangelische Lehre und einen Eingang bereiten in das ganze Alte Testament. Denn ohn Zweifel, wer diese Epistel wohl im Herzen hat, der hat des Alten Testaments Licht und Kraft bei sich. Darum laß sie ein jeglicher Christ sich gemein und stetig in Übung sein. Dazu gebe Gott seine Gnade, Amen.

Das letzte Kapitel ist ein Grußkapitel. Aber darunter vermischt er gar eine edle Warnung vor Menschenlehren, die da neben der evangelischen

Lehre einfallen und Ärgernis anrichten, gerade als hätte er gewißlich ersehen, daß aus Rom und durch die Römer kommen sollten die verführerischen, ärgerlichen Canones und Decretales und das ganze Geschwürm und Gewürm menschlicher Gesetze und Gebote[20], die jetzt alle Welt ersäuft und diese Epistel und alle heilige Schrift samt dem Geist und Glauben vertilget haben, daß nichts mehr dageblieben ist denn der Abgott, Bauch, des Diener sie hie Sankt Paulus schilt. Gott erlöse uns von ihnen, Amen.

2. Rettung aus dem Glauben

Diese Seiten zeigen, mit welchen Worten Luther versucht hat, der Kirche die *vergessene* Lehre der Rechtfertigung aus dem Glauben wiederzugeben. Diejenigen, die ihm gefolgt sind, sind „Protestanten" geworden, die anderen sind allesamt bei dem geblieben, was Luther als die Werkgerechtigkeit denunziert, die schon von Paulus verurteilt wurde.

Der Text ist als Einleitung konzipiert. Man muß ihn lesen und wiederlesen, und zwar in Verbindung mit dem Römerbrief. Die Erläuterung des paulinischen Wortschatzes liefert einen Schlüssel zur Lektüre. Sie umschreibt eine „Hermeneutik", das heißt eine Methode, den Sinn des Textes erscheinen zu lassen, wie ihn Luther sieht. Er selbst trägt Hervorragendes dazu bei, die Entwicklungen des Apostels aufzuzeigen und all das freizulegen, was dazu verhelfen kann, die Rechtfertigung durch den Glauben besser zu erfassen. Er hat sich die Lehre des Paulus so sehr anverwandelt, daß er sie schließlich als seine eigene weitergibt: Man glaubt dabei den Apostel selber sprechen zu hören. Aber ohne Zweifel wird mehr als nur ein Leser das hier nicht wiedererkennen, was man ihn im Römerbrief zu lesen gelehrt hat ...

Für Luther ging es offenbar darum, daß er aus dem Römerbrief, indem er ihn so anpackte, wie er es tat, ein Maximum herausholen konnte — und das heißt: den wahren Sinn. Die Idee, mit einer Studie zum Wortschatz zu beginnen, erlaubt es, die Diskussion über die Frage des *Gesetzes* zu eröffnen. Wir wissen, das Gesetz war das, was Luther in seiner Jugend umgetrieben hatte und ihn schließlich dazu trieb, all das einer Revision zu unterziehen, was man ihn bis dahin gelehrt hatte. Im Römerbrief erscheint das Thema des Gesetzes im 2. Kapitel anläßlich der Juden, aber die Argumentation entfaltet sich in der Perspektive, die sich Paulus für jene Christen ausgedacht hatte, die noch im Judentum befangen waren.

Luther stellt an erster Stelle die Tatsache heraus, daß die Erfüllung des Gesetzes unmöglich ist für den Menschen, weil er das Gesetz nicht liebt. Seine Analyse dieses Problems ist beeinflußt von Augustinus und Hieronymus[21], aber sie ist vor allem von seiner eigenen Erfahrung inspiriert. Die Unmöglichkeit, das Gesetz von ganzem Herzen erfüllen zu können, bedeutet, daß die Werke des Gesetzes *niemanden* vor Gott „gerecht" machen können. Paulus sagt das wörtlich. Nun bestand aber für Luthers erste Leser Vollkommenheit genau darin, möglichst viele gute Werke zu tun! Luther lehrt, man solle, statt sich zu beunruhigen, wie man das Gesetz wirklich lieben könne, was eine Gabe des Geistes Gottes sei, doch die Werke *unabhängig davon* tun. Und er schneidet eine brennende Frage an: Wie kann man behaupten, sein Möglichstes zu tun, wenn man aus freiem Willen, aus eigenen Kräften und durch seine eigenen Werke die Gnade Gottes zu empfangen beabsichtigt?[22] Wenn man sich vorstellt, man gefalle Gott, ist das eine Illusion. Was hofft man von Gott als Preis für Werke zu erhalten, die ihm nur mißfallen können? Der Sinn dieser Einwände ist es, den Boden zu bereiten für das, was dann weiter von der *Gnade* gesagt wird: Sie ist ein „Vermögen, das Gott *in sich selbst* hat im Hinblick auf uns". Ein göttliches Vermögen ohne ersichtlichen Grund: Gottes Gnade kann man nicht kaufen!

Nachdem er solchermaßen das Thema des Gesetzes von der Perspektive der Werke befreit hat, führt Luther nun die Tatsache des Glaubens an Jesus Christus ein. Das ist ebenfalls die Zielrichtung des Paulus. Wir finden die Sprache wieder, die uns nun auch schon vertraut ist: „So kommt der Glaube nicht ohn alleine durch Gottes Wort oder Evangelium, das Christum predigt, wie er ist Gottes Sohn und Mensch, gestorben und auferstanden um unserwillen (...) Daher kommt, daß allein der Glaube rechtfertig macht und das Gesetz erfüllet". Das Gesetz ist nicht durch die Werke erfüllt, wie es die Theologie und die Lehre der Kirche wollten, sondern — *durch den Glauben*.

Diese meisterhafte Eröffnung führt zur Definition der *Sünde*: Die Sünde, das ist der *Unglauben,* das heißt das Gegenteil des Glaubens (nicht das einfache *Fehlen* des Glaubens). Luthers Originalität besteht hier darin, daß er zeigt, daß „die Sünden" nichts anderes sind als die Früchte des Baumes, der im Wesen des Menschen selbst wurzelt. Ebensowenig wie auf die guten Werke kommt es auf die schlechten Werke als solche eigentlich an bei der Frage nach der Gerechtigkeit. In bezug auf die Vorstellungen jener Epoche ergibt sich damit eine kategoriale Verschiebung: statt auf die sündigen *Handlungen* zu sehen, konzentriert sich nun die ganze Aufmerksamkeit auf den *Schuldigen* selbst, auf die Person dessen, der Böses tut.

Man kann darüber diskutieren, ob Luther hier wirklich Paulus folgt (den er übrigens nicht zitiert). Aber sein Vorgehen steht im Gegensatz zur Ausbildung von immer mehr Kategorien der Sünde durch die mittelalterliche Theologie und zu den Gepflogenheiten, mit denen die Kirche die Sünden wieder gutzumachen pflegte. Hier liegt das Problem nicht. Es ist der sündige Mensch, der *als solcher* Objekt der göttlichen Gnade ist: Wie sollte Gott einem *Gerechten* Gnade erweisen? Luther erklärt, daß Gottes Gnade bedingungslos und ohne Halbheit sei. Ein Pünktchen von seiner

Gnade ist schon *alles*. Das ist selbstverständlich nur durch den Heiligen Geist möglich, der uns den Glauben eingibt an das Geschenk Jesu Christi. Aber „solange das Fleisch noch nicht abgestorben ist, bleiben wir noch in der Sünde", Gott nimmt uns als Gerechte an wegen Christus, unserem Mittler, „solange die Sünde noch nicht tot ist". So erklärt sich eine der berühmten Formulierungen Luthers: *simul peccator et iustus:* „Sünder und gerecht zugleich". Eine solche Lehre widerspricht der Überzeugung, daß der (durch die Absolution gereinigte) Christ ohne Sünde sei. Er mahnte den Katholizismus zur Treue zu Paulus. Die Idee, daß der Gerechte von jeder Sünde frei sei, solange er nicht von neuem freiwillig das Böse tue, oder daß der Sünder nicht „gerecht" genannt werden könne, erklärt sich leicht durch die Prinzipien des Aristoteles. Aber Aristoteles kannte weder die Erbsünde, noch kannte er Christus. Indem sie bei ihm ansetzt, greift die Moral der Kirche nicht nur zu kurz, sondern sie neigt außerdem dazu, jener Richtung den Rücken zu weisen, die Paulus den Christen zeigte, die Gerechtigkeit durch die Werke und durch das Gesetz suchten.

Luther aber setzte auf den Glauben. Der Glaube ist „ein göttlich Werk in uns, das uns wandelt und neu gebiert aus Gott". Das ist weniger klar als die Moral des Aristoteles. Aber das hebt das christliche Leben heraus aus dem Kreislauf der jährlichen Beichten, zu denen man halt ging, um kommunizieren zu können, und damit war die Sache abgetan bis Ostern des folgenden Jahres; zwischen den beiden Terminen konnte niemand außer Gott sehen, wie weit es mit der Wiedergeburt her war! Luther schreibt dem Glauben noch mehr zu, als die Vergebung der Sünden aufzuwiegen, nämlich die Eigenschaft, uns dazu anzutreiben, *das Gute zu tun*. Das ist also das Zeichen des wahren Glaubens: Den Baum erkennt man an seinen Früchten. Der Glaube als solcher ist Vertrauen, Hingabe, Gewißheit. Die Scholastik hatte daraus eine „übernatürliche geistige Fähigkeit" gemacht, die niemandem etwas sagte. Das Kirchenvolk war verdorben durch Karikaturen vom Glauben, wie sie ein blühender Aberglaube in einer theologischen Leere hervorbringen kann. „Geoffenbarte Wahrheiten" genügen nicht, um den Glauben zu definieren. Die Nomenklatur der Dogmen ersetzte er durch ein paulinisches Sprechen, das schon seit der Heidelberger Disputation (1518) den jungen Dominikaner Martin Bucer in seinen Bann gezogen hatte.

Gerechtigkeit aber ist nichts anderes als der *Glaube*. Luther kommt hier nicht auf den Anfang des Römerbriefes zurück, bis auf jenen schicksalhaften Vers Röm. 1, 17. Die folgende Erklärung geht aus von Vers 18. Diese Seiten über den Wortschatz des Apostels spielen so die Rolle eines Kommentars zu seinem Prolog. Sie bilden eine vollständige Erklärung der Rechtfertigung durch den Glauben. Die Untersuchung des Römerbriefs zeigt dann in der Folge, daß er eine vollständige Formel christlichen Lebens ergibt.

Luther erscheint uns als einer, der im Römerbrief den Schlüssel zu einem neuen Christsein gefunden hat. Der erlösende Glaube führt zu einem mit jeder Werkdisziplin unvereinbaren christlichen Lebensstil. Glaube heißt Freiheit[23]. Es stellt sich die Frage, ob Luther Paulus richtig verstanden hat. Die Katholiken haben das bisher gewöhnlich verneint[24]. Tatsächlich ist auch die moderne Exegese der Ansicht, daß die paulinische Lehre nicht ohne weiteres zur Rechtfertigung durch den Glauben führt, und die Protestanten geben das auch gerne zu[25].

Aber die Diskussion darum geht an der wahren Debatte vorbei. Indem Luther den Kampf gegen die Werkgerechtigkeit aufnimmt, greift er tatsächlich ein Dauerproblem des Christentums auf. Das Problem ist dieses: daß die Christen immer dann, wenn sie sich aus dem einen oder anderen Grund für „gerecht" halten, sich nicht mehr für Christus und Evangelium interessieren. Vollkommenheit wird zu einem Abgott. Luther macht öfter die Bemerkung, daß derjenige, der meint, es habe ihm niemand etwas vorzuwerfen, auch kein Mitleid kennt angesichts der Fehler anderer. Allein der Glaube an Christus gibt dem Herzen die Weisheit, sich so zu sehen, wie man ist, und auch die anderen so zu akzeptieren, wie sie sind. Im Römerbrief wendet sich Paulus gegen das Pharisäertum der ersten Christen Roms. Seine Briefe geben andere Formulierungen für die Gerechtigkeit des Christen, aber *gegen die Werkgerechtigkeit* gab es kein anderes Mittel als die Lehre von der Rechtfertigung durch den Glauben. Augustinus, der das Problem bei den Pelagianern vorfand, widerlegte Pelagius in *De spiritu et littera* durch einen Kommentar zum *Römerbrief*. Luther konnte gar nicht anders, als seine beiden Vorgänger im Kampf gegen die Werkgerechtigkeit des Katholizismus am Ende des Mittelalters auszuwerten. Von dieser Schwierigkeit ging eigentlich die Reformation aus; Luther *hatte gar keine andere Wahl, als diese Antwort zu geben* und Paulus so zu interpretieren.

Ebenso gilt, daß Rom Luther nicht aus exegetischen Gründen verurteilt hat. Man hat seine Angriffe gegen die Werke vielmehr wegen der praktischen Konsequenzen zurückgewiesen. Noch heute sind ja die Katholiken keineswegs bereit, auf ihre Überzeugung vom verdienstlichen Wert guter Werke zu verzichten. Wie Paulus die Sache angeht, steht die Frage des menschlichen Verdienstes erst gar nicht zur Debatte. Erst *nach* Paulus hat sich die Kirche eine Theologie des Verdienstes gegeben. Für die Katholiken zu Luthers Zeiten bedeutete die Leugnung jeder Heilswirksamkeit der guten Werke eine Ermutigung zu nachlassendem Eifer und zum Sichgehenlassen: Wenn das Gute, das man tut, zu nichts nütze ist und keine Bedeutung hat, wer hat denn etwas davon, wenn man sich Zwang antut — und warum auch? Manche haben von daher sogar die Beispiele der Unmoral im frühen Protestantismus erklärt[26].

Die Rechtfertigung durch den *Glauben* erschien insofern als eine sehr leichte Lösung: wenn man nur zu „glauben" brauchte ... Von theologischer Seite sah man nicht, wie man dem Glauben eine solche Rolle einräumen konnte, wo doch die einfachen Gläubigen oft unfähig sind, das einzusehen, was die Theologen darüber wissen. Daß der Gerechte weiterhin in der Sünde bleiben sollte, erschien schon *a priori* als eine Absurdität. Die Theorie von der „forensischen" Rechtfertigung, die man Melanchthon verdankt, erschien als die plausibelste Interpretation des Lutherschen Entwurfes: Gott „auferlegte" die Gerechtigkeit, wie ein Gericht einen Beschuldigten für unschuldig erklären kann, selbst wenn er schuldig ist![27] Das *simul peccator et iustus*, das zur Ablehnung jedes Verdienstes selbst *nach* der Rechtfertigung führte, schien auszuschließen, daß die Gnade den Menschen *neuschaffe*. Wie man gesehen hat, erklärt sich Luther über diesen Gegenstand. Aber es ist wahr, daß er die Theologie der Gnade *nach* der Rechtfertigung nicht wieder aufnimmt[28]. Seine ganze Energie war darauf gerichtet, die wesentliche Lehre des Heils unabhängig von der Werkgerechtigkeit wieder auf Christus auszurichten. Die zweite Generation der Reformation fühlte mit Calvin den Mangel und bestand auf der *Heiligung*[29].

Luther war mit der Theologie seiner Zeit so zerfallen, daß man behaupten konnte, er habe die Lehre von der Rechtfertigung aus allen möglichen Stücken nur *für seine eigenen Bedürfnisse* zusammengeschmiedet. Das war die Meinung von Grisar[30], dessen Thesen soeben wieder neue Aktualität gewonnen haben durch die Studie von Roland Dalbiez über Luthers Angst. Dieses Wiederaufleben der katholischen Anstrengungen, Luthers Glauben auf ein Nichts zu reduzieren, nun durch einen Scholastik-Spezialisten, der zugleich ein erfahrener Psychologe ist, hat einen typischen Wert. Ich will mich dabei etwas länger aufhalten, denn was über dieses Produkt katholischer Polemik gegen Luther zu sagen ist, gilt auch für alle anderen: Auf welche Art man es auch nimmt, man kann niemals beweisen, daß das, was für Luther das Wichtigste war, trotz aller Probleme etwas anderes gewesen wäre als der Glaube aller Zeiten.

3. Luthers Angst und der spezielle Glaube

In seinem 1974 erschienenen Buch analysiert R. Dalbiez die psychologische Entwicklung des „Prozesses der Entkatholisierung" in Luthers Seele[31]. Seit P. Reiter hat man Grund zuzugeben, daß Luther an einer „manisch-depressiven Psychose" litt[32]. R. Dalbiez kommt zu einer analogen Diagnose[33], welche zu diskutieren ich mich hüten werde, da ich kein Arzt bin, wenn sich auch der Kranke nicht nur nach meiner Meinung gewöhnlich eher wohlbefand[34]. Aber das Wesentliche ist die andere Feststellung von Dalbiez, daß nämlich Luther besessen gewesen sei von einer Theologie, welche seine krankhafte Schuldangst noch verschärft habe. Er habe dieser Angst erst Herr werden können, als er seine Theorie vom „speziellen Glauben" erfunden hatte[35]. Für ihn als einen „Häretiker aus Lebensnotwendigkeit" sei der religiöse Selbstmord das Mittel gewesen, den tatsächlichen Selbstmord zu umgehen.

Es bedarf schon einiger Anstrengung, die Fäden dieser Theorie zu entwirren: Handelt es sich um die Psychologie Luthers, um seine medizinisch-geistige Krankengeschichte, um seinen Glauben oder um seine Theorie der Rechtfertigung durch den Glauben?

R. Dalbiez verteidigt sich mit der Erklärung, er wolle hinauskommen über „diesen Moment, in dem der *ideologische* Bruch (zwischen Luthers Glauben und dem katholischen Glauben) eintrat". Seine Frage ist: „Wie ist Luther zu einer Überzeugung gekommen, die mit dem katholischen Dogma in unausrottbarem Gegensatz stand?" (S. 11). Aber „das ganze dogmatische Gebäude Luthers bricht zusammen" (S. 14), sobald man den „Eckstein der Konstruktion ..., das heißt die Lehre von der unausweichlichen Schuldhaftigkeit", verwirft.

Es müssen Zweifel daran erlaubt sein, daß der eigentliche Streitpunkt die große Bedeutung sei, die der junge Luther dem Problem der Sünde zumißt[36]. *Unausweichliche* Sündhaftigkeit oder nicht, Luthers Problem war es doch, sich darüber klar zu werden, *wie Gott dem Sünder vergibt.* Der Text Röm. 1, 17 beunruhigte ihn, weil er ihm die Bedeutung des Evangeliums zu vermindern schien, insofern es Barmherzigkeit verkündet. Seine rigide Auffassung von Gottes Gerechtigkeit, von Gott und Gesetz, brachte ihn von dem Weg ab, den Dalbiez für ein auszeichnendes Charakteristikum der katholischen Rechtgläubigkeit zu halten scheint: den Theologen zu folgen, die den Kandidaten der Heiligkeit ermahnen, immer mehr schuldlose Handlungen zu tun. Macht denn ein Heiliger jemals Gebrauch von seinen guten Handlungen vor dem, dessen Blick ins Innerste dringt? Wie auch immer die Auffassung von der Sündhaftigkeit beim jungen Luther gewesen sein mag, sein „biblischer, paulinischer, augustinischer"[37] Vorstoß schloß im voraus aus, daß er daraus einen „Eckstein seiner Konstruktion" machte. Wie konnte der Autor von „L'angoisse de Luther" dazu kommen, der unausweichlichen Sündhaftigkeit eine solche Rolle zuzuweisen am Anfang der Reformation und des Protestantismus?

Schon von Anfang des Buches an scheint es sich um ein abgekartetes Spiel zu handeln. Obwohl die Protestanten warnen vor einer *oberflächlichen* Auffassung von der Rechtfertigung aus dem Glauben als dem ersten Prinzip der Theologie Luthers[38], beginnt Dalbiez damit, einzig auf dieser Grundlage „die Essenz von Luthers System" zu definieren, und er entlehnt die Formulierung von ... Bossuet, wenn er auch den Bemerkungen des Autors der *Variations* noch einiges hinzufügt[39].

Die Konstruktion Luthers ruhe auf den drei Thesen von der *extrinsischen* Rechtfertigung, vom speziellen Glauben und von der unausweichlichen Sündhaftigkeit[40], „welche ihn in Gegensatz zum katholischen Dogma gebracht haben" (S. 15).

Was an einem solchen System nicht-katholisch ist, das ist: daß es das Verschwinden der Sünde beim Gerechten ausschließt, die Freiheit, nicht schuldig zu sein, und daß es der Autosuggestion eine Gnadenwirksamkeit beilegt, und zwar unter dem Vorwand des „speziellen Glaubens": „Ich bin gerechtfertigt, weil ich glaube, gerechtfertigt zu sein." Dergestalt wird also Coués Methode der Autosuggestion zur Würde eines Sakraments erhoben!

Die beiden ersten Probleme sind durchaus ernsthafter Natur. Wir haben schon gesehen, daß Luther, indem er daran festhält, daß der Gerechte zugleich Sünder ist, die katholische Theologie herausfordert. Die unausweichliche Sündhaftigkeit entspricht der Verneinung des freien Willens[41].

Aber die von Bossuet entlehnte Definition des speziellen Glaubens ist ein Witz. Zu sagen, ein Mensch sei gerecht, weil er glaubt, er habe die Gerechtigkeit — das ist nicht Luther, das ist Molière! Luther spricht ausdrücklich vom *Glauben aufgrund von Gottes Versprechen*. Wir haben das in *Ein klein Unterricht*[42] gesehen. Man kann fragen, ob er nicht stärker auf den *Glauben aufgrund von Gottes Versprechen* abhebt als die katholischen Theologen. Aber es ist gewiß, daß es ein Versprechen Gottes für jeden Menschen gibt, der an Jesus Christus glaubt. Die Angst des jungen Luther bestand darin, daß er *sich nicht gerechtfertigt glaubte*: Wenn man Bossuet folgt, fällt man darauf zurück zu sagen, daß Luther, indem er keine Angst mehr hatte, das Heilmittel für seine Angst gefunden hatte!

Damit verläßt nun Dalbiez Bossuet, von dem er nichts als die Luther betreffenden Auffassungen übernimmt, um direkt über Luthers Angst nachzudenken: „Für mich besteht Luther nur aus Angst" (S. 24). Der Beweis für diese sehr schwerwiegende Behauptung, die auch als solche gemeint ist, besteht zum einen darin, daß er den Fall „Luther" mit für sich selbst sprechenden Texten aus dem Werk des Reformators[43] belegt. Zum anderen zeigt er mit Hilfe von Psychologie-Büchern, daß das geistige Porträt, das sich darin abzeichnet, eine hoffnungslose Prognose rechtfertigt: Ein solcher Patient war ein Selbstmordkandidat.

Von hier aus entwickelt sich die Klärung von Luthers Übergang zu Überzeugungen, die mit dem katholischen Glauben nicht mehr vereinbar waren. Die theologische Strömung der unausweichlichen Sündhaftigkeit nährte die krankhafte Angst des jungen Luther[44]. Weil er sich immer für schuldig hielt, schloß er, daß durch die Rechtfertigung die Sünde noch nicht zum Verschwinden kommt. Aber wenn man *glaubt*, man sei gerechtfertigt, ist man es *trotz* der Sünde. Um diese Überzeugung zu fundieren, interpretierte Luther — immer nach Dalbiez — die Heilige Schrift auf seine Weise.

Alles beruht also auf einer abwegigen Theologie und letzten Endes auf Luthers Angst. Luther war von der scholastischen Strömung der unausweichlichen Sündhaftigkeit abhängig. „Um gerechtfertigt zu sein, ist es notwendig und hinreichend zu glauben, man sei es. Dieses Glauben kommt aus dem Unterbewußtsein und machte sich bei ihm unausweichbar geltend" (S. 352). Diese Angst nimmt seiner Lehre — der Lehre eines Kranken! — jegliche Autorität; aber sie *befreit ihn von seiner Verantwortlichkeit*: „Luther hatte gar nicht die Freiheit, zwischen Häresie und Orthodoxie zu wählen" (S. 349).

Das winzige Ergebnis, Luther von den Protestanten (als nicht für seine Handlungen verantwortlich) getrennt und ihn aus der Hölle, wohin ihn manche werfen wollten, hervorgezogen zu sehen — verdient es eigentlich mehr als diese wenigen Seiten? Roland Dalbiez befürchtet, die Gefühle der Freunde Luthers zu verletzen. Ich fürchte nicht weniger, das Maß der Kritik zu überschreiten. Dennoch bin ich noch nicht fertig.

Es gibt in der Tat noch ganz anderes über den Glauben Luthers zu sagen, über den speziellen Glauben, als ihn auf ein Produkt seiner Angst und seines Unterbewußtseins zu reduzieren. Zunächst einmal: wie *wenig kommt es doch auf Luthers Angst an*. Ich persönlich glaube nur insoweit an sie, wie ich es im vorangehenden Kapitel ausgeführt habe. Aber ich bin nicht besonders kompetent für Psychologie, und jeder hat die Freiheit, meine Meinung zu berücksichtigen oder nicht. Umgekehrt aber versuche ich seit Jahren, mir eine Meinung über das zu bilden, was Luther *in seinen Texten* schriftlich niedergelegt hat. Selbst wenn man unterstellt, daß der historische Luther die schlimme Diagnose seiner Psyche rechtfertigt, kann man doch nicht daran vorbei, daß er seine Lehre vom speziellen Glauben schriftlich erklärt hat und daß das, was jedermann aus seiner eigenen Feder lesen kann, keineswegs der Karikatur entspricht, die in Bossuets Phantasie davon entstand.

Ohne die autoritativen Analysen von P. Congar wieder aufnehmen zu wollen, die der Frage auf den Grund gehen[45], muß man doch unterstreichen, daß es notwendig ist, die Vorstellung zu erweitern, die sich Bossuet vom Glauben zu machen scheint. Er sieht darin nichts als ein Objekt, das er auf die Formel „Ich bin gerechtfertigt" reduziert. Das Objekt des Glaubens hat eine *göttliche* Garantie, und wenn ich dies *glaube,* bin ich gerechtfertigt. Nun beschränkt sich Luther aber nicht auf diese niedere Scholastik. Er glaubt zunächst *an Gott* und *an das Wort Gottes*. Wenn sein Glaube *sicher* ist, bedeutet das, daß keiner an Gott zweifeln kann. Insofern ist Luther „katholisch". Sein theologisches Schaffen besteht in folgendem: Er präzisiert nach der Schrift, daß Gott von uns will, daß wir seinen Sohn durch den Glauben empfangen, um gerettet zu werden; *das ist die Rechtfertigung*, die andere durch die Werke suchen. Es handelt sich um die Rechtfertigung *meiner*, weil der Glaube immer *jemandes* Glaube ist. Er existiert nur als solcher. Und er ist nicht allgemein, sondern *speziell*, weil das letzten Endes Wichtige das ist, daß jedes menschliche Wesen Jesus Christus *persönlich* empfängt. Man kann sich nicht auf das allgemeine Faktum zurückziehen, daß Christus für alle Menschen gestorben sei.

Wenn man Luthers „Entkatholisierung" auf diesem Felde zeigen will — darüber muß man diskutieren. Nun, die katholischen Theologen bestreiten das immer weniger.

Aber geben wir besser Luther das Wort, und zwar mittels eines Textes, den Dalbiez einer vertieften Kritik unterzieht.

Im Oktober 1518 erschien Luther in Augsburg vor Kardinal Cajetan, dem päpstlichen Legaten. Er sollte widerrufen; wie wir wissen, weigerte er sich. Unter den von Cajetan beanstandeten Punkten war auch der des speziellen Glaubens. Der „Fürst der Theologen" meinte, Luther setze beim Bußsakrament die sakramentale Absolution herab zugunsten der Wirksamkeit des speziellen Glaubens. Luther antwortete mit diesen Worten[46]:

Der zweite Vorwurf richtet sich dagegen, daß ich bei Erläuterung der 7. These gesagt habe, kein Mensch könne vor Gott gerechtfertigt werden, außer durch den Glauben; und zwar sei es unerläßliche Bedingung, daß er mit fester Überzeugung glaube, er werde gerecht, und durchaus nicht daran zweifle, er werde die Gnade erlangen. Denn wenn er zweifelt und ungewiß ist, so kann er eben deshalb nicht gerecht werden und stößt die Gnade von sich. Darin findet man eine neue Art von Theologie und einen Irrtum. Ich erwidere darauf folgendes:

Erstens ist es eine unfehlbare Wahrheit, daß niemand gerecht werden kann, der nicht an Gott glaubt, wie es im Römerbriefe (1, 17) heißt: „Der Gerechte lebt durch den Glauben." „Wer also nicht glaubt, der ist schon gerichtet" und tot. Daher beruht die Gerechtigkeit und das Leben des Gerechten auf seinem Glauben, und deshalb sind auch alle Werke des Gläubigen lebendig und alle Werke des Ungläubigen tot, sündhaft und verdammlich, nach dem Worte Christi: „Ein fauler Baum kann nicht gute Früchte bringen; ein Baum aber, der nicht gute Früchte bringet, wird abgehauen und ins Feuer geworfen."

Zweitens: der Glaube aber ist nichts anderes als das glauben, was Gott verheißt oder offenbart, wie Paulus im Römerbriefe lehrt (4, 3): „Abraham glaubte dem Herrn, und das ist ihm zur Gerechtigkeit gerechnet worden." Daher gehören das Wort Gottes und der Glaube notwendig zusammen, und ohne das Wort kann unmöglich der Glaube vorhanden sein, wie Gott durch den Propheten Jesaias gesagt hat (55, 11): „Das Wort, das aus meinem Munde gehet, soll nicht leer wieder zu mir kommen."

Drittens habe ich nun zu beweisen, daß der, welcher das Sakrament begehrt, notwendig glauben muß, er werde die Gnade erlangen, und nicht daran zweifeln, sondern in fester Zuversicht vertrauen; sonst empfängt er es sich selbst zum Gericht.

Erstens beweise ich dies durch das Wort des Apostels an die Hebräer (11, 6): „Wer zu Gott kommen will, muß glauben, daß er sei und daß er denen, die ihn suchen, ein Vergelter sein werde." Danach ist es gewiß, daß man nicht zweifeln darf, sondern daran glauben muß, daß Gott ein Vergelter sei, so muß man jedenfalls auch glauben, daß er uns gerecht macht, indem er uns seine Gnade schenkt schon in diesem Leben, ohne welche er uns einen Lohn nicht spenden kann.

Zweitens ist es unerläßlich, bei Strafe der ewigen Verdammnis und der Sünde des Unglaubens den Worten Christi zu vertrauen: „Was du auf Erden lösen wirst, soll auch im Himmel gelöst sein." Wenn du also das Sakrament der Buße begehrst und nicht fest daran glaubst, daß du von deinen Sünden losgesprochen wirst im Himmel, so empfängst du damit das Urteil der Verdammnis, weil du nicht glaubst, daß Christi Wort die Wahrheit ist: „Was du auf Erden lösen wirst" usw.: denn mit deinem Zweifel machst du den Heiland zum Lügner, und das ist eine grauenhafte Sünde.

Wenn du aber einwendest: Wie nun, wenn ich mich unwürdig und ungeeignet zum Empfang des Sakraments fühle? Ich antworte wie oben: durch keine Vorbereitung wirst du geeignet, durch keine Werke würdig zum Empfang, sondern allein durch den Glauben, weil allein der Glaube an das Wort Christi gerecht, lebendig, würdig und geschickt macht, und ohne ihn ist alles andere Bemühen nur ein Zeichen der Überhebung oder der Verzweiflung. Denn der Gerechte lebt nicht durch seine Vorbereitung, sondern durch den Glauben. Darum sollst du auch an deiner Unwürdigkeit gar nicht zweifeln, denn eben deshalb gehst du ja zum Sakrament, weil du unwürdig bist, um würdig und gerecht gesprochen zu werden von dem, der die Sünder und nicht die Gerechten selig zu machen sucht. Wenn du aber dem Worte Christi glaubst, so hältst du es in Ehren, und dadurch bist du gerecht und des ewigen Lebens würdig.

Das ist die vollständige Theorie, mit der Luther selbst seinen Standpunkt umschreibt. In der Folge führt er noch neue Schriftstellen ins Feld sowie zusätzliche Zeugnisse von Augustinus und Bernhard.

Mit vollem Recht mißt Dalbiez diesen Erklärungen eine grundlegende Bedeutung zu, denn Luther verteidigt hier seine Lehre gegen den größten Theologen seiner Zeit (S. 294). Dalbiez kündigt an, er werde sie Punkt für Punkt diskutieren, und liefert dem Leser den lateinischen Text und die Übersetzung gleichzeitig. Aber am Anfang *bildet er sich selbst,* statt Luther das Wort zu geben, *eine Theorie des Denkens, das er sich zu kritisieren vorgenommen hat:* „Wir verstehen Luthers Position so": 1. „Luther behauptet", schreibt Dalbiez, „daß niemand gerechtfertigt werden kann, sofern es sich um das Bußsakrament handelt, wenn er nicht *mit absoluter Sicherheit glaubt, daß er selbst gerechtfertigt sei*" (Hervorhebung von Dalbiez). — 2. Wiedergabe des Abschnitts von „daß ich bei Erläuterung der 7. These gesagt habe ... " bis „... stößt die Gnade von sich". — 3. Erklärung der Position Luthers: „Hier haben wir also einen armen Skrupelhaften, der sich fragt, ob er nicht doch noch der Sünde verhaftet ist, ob es ihm nicht noch an Reue fehlt, und der *infolgedessen* (Hervorhebung von Dalbiez) befürchtet, daß die empfangene Absolution ungültig sei, nachdem Bruder Martin, dieser unglückliche Neurotiker, die Gnade verabscheut. Für den Reformator bedeutet die Reue absolut nichts, allein der Glaube zählt, und zwar nicht der allgemeine Glaube, sondern der *spezielle*, der Glaube an die *persönliche* Rechtfertigung. Die notwendige und hinreichende Bedingung für die Rechtfertigung ist ein absolutes Glauben, daß man selbst gerechtfertigt ist. Das ist genau der Punkt, an dem sich Luther Cajetan entgegenstellt" (S. 294 f.).

Man bemerkt unschwer den Übergang von der Problematik Luthers zu der seines Interpreten. Eine symptomatische Tatsache ist der unvermittelte Sprung vom einleitenden Abschnitt Luthers zur Idee der abschließenden Ausführung über die „Unwürdigkeit". Außerdem sieht man einen „skrupulösen Neurotiker" auftauchen, während Luthers Text ein allgemeines Prinzip zum Ausdruck bringt, das vollkommen gesunde Menschen betrifft. Dalbiez vernachlässigt alles, was Luther von Röm. 1, 17 ausgehend entwickelt, und schließt: „Um zusammenzufassen: Luther eliminiert in seiner Rechtfertigungslehre den freien Willen, die Reue, die tätige Nächstenliebe, die Wirksamkeit der Sakramente *ex opere operato* und ersetzt sie durch den speziellen Glauben: den *absoluten* Glauben des Individuums — an seine eigene Rechtfertigung" (S. 295).

Was folgt, verdeutlicht nur noch das Mißverhältnis zwischen der Schriftperspektive Luthers und der psychologisch reduzierenden Interpretation von Dalbiez. Dieser geht nun dazu über, Luthers Beweise einer Prüfung zu unterziehen, „die unverzichtbar ist, wenn man in Luthers Psychologie eindringen will. Daraus geht deutlich hervor, daß nur ein absolut in Schuldangst Versunkener von den neun Interpretationen von Schrifttexten, die Luther gibt, sechs ernst nehmen konnte — denn nur drei von ihnen verdienen überhaupt eine Diskussion. Die Nichtigkeit der anderen würde selbst einem Anfänger in die Augen springen" (S. 296). Sogar!

Die erste „nichtige" Ausführung ist Luthers Interpretation des Glaubens der Kanaanäerin (Mt. 15, 21—28). Nach Dalbiez kommt die Frau zu Christus „*in der absoluten Sicherheit der Macht* Christi, ihre Tochter zu heilen — aber würde er von seiner Macht Gebrauch machen?" Man dürfe nicht „den absolut sicheren Glauben, den diese Heidin an die Macht Christi hat, und ihren Wunsch, ihr Sehnen, daß er davon Gebrauch machen möge, um ihre Tochter zu heilen", verwechseln. Man müsse, immer nach Dalbiez, „im Glauben der Kanaanäerin zwei Stufen unterscheiden: den *allgemeinen* Glauben an die Macht Christi, verbunden mit dem sehr bescheidenen Wunsch, er möge ihr Bitten erhören, danach und erst *nachdem* Christus zu ihr „*Fiat tibi*", „es möge dir geschehen", gesagt hat, den *speziellen* Glauben, daß ihre Tochter geheilt werde. Der spezielle Glaube ersetze die *spezielle Offenbarung*, nämlich Christi Ankündigung, daß er *großzügigerweise* bereit sei, von seiner Macht zugunsten der Kanaanäerin Gebrauch zu machen" (S. 297f.). Kurz, „die Frau glaubt *zuerst* an die Macht Christi, und durch diesen *allgemeinen* Glauben geschieht es, daß er ihr Bitten erhört; sie hatte den *speziellen* Glauben an die Befreiung ihrer Tochter erst *nach* der Ankündigung Christi, daß er ihr Gebet annehme" (S. 298).

Nach dieser Erklärung von Dalbiez läuft das Vorgehen der Kanaanäerin darauf hinaus: 1) auf den allgemeinen Glauben, daß Christus die Macht habe, ihre Tochter zu heilen, 2) auf ihren Wunsch, Christus möge von seiner Macht Gebrauch machen, 3) auf den speziellen Glauben, daß ihre Tochter infolge des Versprechens, das ihr Christus gegeben hat, geheilt werde. Nach Dalbiez hat Luther einerseits den Glauben der Kanaanäerin an die Macht Christi mit ihrem Wunsch, daß er von ihr Gebrauch machen möge, verwechselt, „und auf dieser Verwechslung beruht seine Argumentation im wesentlichen". Andererseits habe er die beiden Stufen des Glaubens der Kanaanäerin zu einer einzigen verschmolzen.

Bevor wir nun den Text Luthers geben, wollen wir nur noch bemerken, daß der Evangelist sagt: „Und ihre Tochter war von dieser Stunde an geheilt" (Mt. 15, 28). Es kann also nicht von einem speziellen Glauben die Rede sein, *nachdem* Christus geantwortet hat, das Kind *werde* geheilt werden. Der Evangelist schließt die Episode geradewegs mit der *vollendeten* Heilung. Was er am Glauben der Kanaanäerin zeigen will, ist nur das, was in das Christuswort mündet: „Dein Glaube ist groß." Die Erzählung ist ein *crescendo* von Zurückweisungen, die handgreiflich machen, wie groß der Glaube der Frau ist. Es handelt sich hier um etwas anderes als um den allgemeinen Glauben und den bescheidenen Wunsch, von dem Dalbiez spricht. Es geht um den Glauben, der sich durch nichts zurückweisen läßt, um den *sicheren* Glauben. Der Glaube *an die Heilung* durch Christus *vor der Heilung,* der auf der Stelle durch die Heilung eingelöst wird, sobald er unter Beweis gestellt hat, daß nichts ihn erschüttern kann.

Aber hören wir Luther:
Drittens hat der Herr uns diesen Glauben vielfach im Evangelium anempfohlen: so, wenn er zum kananäischen Weibe spricht: „O Weib, dein Glaube ist groß: dir geschehe, wie du geglaubt hast." Hierbei ist es offenbar, daß es sich nicht um den Glauben im allgemeinen handelt, sondern

um die besondere Richtung des Glaubens auf die Heilung der Tochter, um die die Mutter bat. Von dieser Wirkung hat sie selbst zuversichtlich geglaubt, daß Christus sie herbeiführen könne und wolle, und so erlangte sie es, was niemals geschehen wäre, wenn sie nicht so fest geglaubt hätte. Dieser Gnadenwirkung ist sie also durch keine Vorbereitung, sondern allein durch den Glauben würdig geworden.

Luther liest aus dem Matthäus-Text heraus, daß derjenige, der sich unerschütterlich auf Christus verläßt, auch das erhält, was er will, einzig kraft seiner Gläubigkeit. Sagt Matthäus etwas grundsätzlich anderes? Gibt es für das theologische Prinzip, das Luther auf diese Episode anwendet, keine andere als eine pathologische Erklärung?

Die folgenden Analysen von Dalbiez stellen dieselben Probleme und ziehen Beobachtungen derselben Art bei. Sein Eindruck von der Nichtigkeit der Erklärungen Luthers kommt daher, daß Luther keine Ahnung hat von der These, die man ihm unterstellt, und einfach die Beweisführung für das im Sinn hat, was er Cajetan dargelegt hat. Beispielsweise das zweite Schriftargument Luthers, das ebenfalls eins von denen ist, „deren Nichtigkeit selbst einem Anfänger in die Augen springen würde", betrifft die Blinden, denen Christus sagt: „Glaubt ihr, daß ich euch solches tun kann?": *credites quia possum hoc vobis facere?"* (Mt. 9, 27—31) Dalbiez bemerkt, daß Luthers Verwirrung hier noch offenkundiger sei. Er selbst interpretiert: „Jesus verlangt von den beiden Blinden nicht, daß sie glauben, er werde sie heilen, sondern daß sie glauben, daß er die *Macht* hat, sie zu heilen" (S. 298).

Was soll man zu dieser „gedanklichen Einschränkung", die Jesus hier unterstellt wird, im Rahmen eines Gespräches sagen, das beginnt mit „Sohn Davids, erbarme dich unser!" und endet mit „Euch geschehe nach eurem Glauben"? Wenn Jesus fragt: „Glaubt ihr, daß ich euch solches tun kann?" und die Interessierten „ja" antworten, braucht man kein Psychologe zu sein, um zu verstehen, daß alle an die Wirkung denken: die Heilung von der Blindheit. Nach seiner Gewohnheit will Jesus wissen, ob man genügend an *ihn* glaubt, um *im voraus* schon des Resultats gewiß zu sein, sobald man sich nur an ihn wendet. Seine evangelische Mission bestand nicht darin, die Leute von seiner übermenschlichen Macht zu überzeugen. Was könnte er schon mit dem naiv magischen Glauben an seine Gaben als Wundertäter anfangen? Luther schreibt treffender: „Sie waren also gewiß, daß geschehen würde, was sie erbaten, und so geschah es ohne irgendeine Vorbereitung von ihrer Seite. Hätten sie aber daran gezweifelt, so würden sie weder in der rechten Weise gebeten noch würden sie Erhörung gefunden haben."

Wenn Luther von Anfang an den speziellen Glauben als einzigartige Möglichkeit des Menschen zur Rechtfertigung jeder anderen „verdienstmäßigen" Möglichkeit entgegengesetzt, macht er daraus nicht ausschließlich eine Sache des Heils. Bossuet hat Dalbiez einen schlechten Dienst geleistet, indem er ihm eine mißbräuchliche Vereinfachung lieferte, die sich durch sein ganzes Buch zieht und sein Ergebnis schon im voraus entwertet.

So steht es also um diesen enttäuschenden Prozeß, der dem Glauben Luthers im Namen der Psychologie gemacht werden sollte.

Wie viele andere, die nicht Luther waren, haben schon dasselbe geglaubt wie er! Luther hatte wohl seine besondere Psyche; den kompetenten Leuten, die sie uns erklären, wird man immer dankbar sein[47]. Luther vereinigte seinen ganzen Haß auf seinen Vater, den alttestamentarischen zürnenden Gott, den Papst und den Teufel[48]. Die Bibel war seine Mutter (er nannte sie auch „meine Katharina von Bora"). Und weiter?

Abgesehen von gewissen begrenzten Fällen ist das Problem ja nicht, was einer für eine Psyche hat, sondern was er daraus macht. Was Dalbiez pathologisch findet, wird den Lesern dieses Buches ohne jeden Zweifel als gesunde Reaktion erscheinen: die Vorstellung, daß man sich Gott überläßt, um ein guter Christ zu sein, anstatt sich den Kopf an der Mauer der Werkgerechtigkeit einzurennen. In Luthers eigenen Worten[49]: „Deswegen ist unsere Theologie sicher, weil sie uns außer uns setzt: Ich muß mich nicht auf mein Gewissen stützen, auf die Sinne oder auf das Werk, sondern auf die göttliche Verheißung, auf die Wahrheit, die nicht trügen kann."

V. An Jesus Christus Glauben
Die Praxis des Glaubens

Luthers Kampf für den speziellen Glauben war eine Folge seiner Entdekkung des Evangeliums. Diese Entdeckung hatte ihn auf den Weg einer neuen Praxis des Glaubens gebracht, die auf die Gewißheit gegründet war, in Christus über alles zu einem vor Gott gerechten Leben Notwendige zu verfügen.

Der Glaube an Jesus Christus hat seit zweitausend Jahren immer neue Generationen von Christen hervorgebracht. Er konnte, je nach der Epoche, sehr verschiedene Formen annehmen. Mit Luther ging er zurück *zu den Ursprüngen:* denn der spezielle Glaube Luthers ist genau die Haltung derer, die uns in den Evangelien gezeigt werden als solche, die zu Christus kamen und alles von ihm erwarteten.

Dieser Weckruf erscholl zu einer Zeit, als die Kirche des „Imperium und Sacerdotium" am Ende war, obwohl sie noch, scheinbar intakt, weiterbestand. Die Männer der Kirche waren der Meinung, daß das ewige Rom, der Schrein der Wahrheit, nichts Neues hinzuzulernen hatte, und schon gar nicht von einem Luther. Aber der neue Mensch, der sich langsam von den Erschütterungen des endenden Mittelalters frei machte, strebte danach, sich von der Bevormundung durch den König und durch den Priester zu emanzipieren. Er hatte den Glauben noch nicht verloren und suchte ein religiöses *New Deal*, nicht in erster Linie in dem Sinn, daß die Kirche besser an die Welt angepaßt werden sollte, sondern im Sinn eines neuen Stils christlicher Existenz. Die von Luther begründete Antwort auf diese Herausforderung übertraf alles, was man sich bis dahin hatte vorstellen können. Er zeigte tatsächlich, daß man nicht mehr wußte, wozu Christus eigentlich dienen sollte und wie ihn jeder konkret in seinem eigenen Glauben finden konnte.

Heute interessiert man sich mehr als früher für diesen „Christus Luthers". Die Kontroversen der Reformation richteten sich ausnahmslos nicht auf das christologische Dogma, und die theologischen Handbücher fanden lange Zeit von Luther nichts über Christus anzuführen — jedenfalls außerhalb des Protestantismus. Viele Autoren sprechen über Luther, ohne sich bei seinem Christusglauben aufzuhalten[1].

Luther hat, alles in allem, eine ganz und gar traditionelle Lehre von Christus. Es ist zuzugeben, daß auf ihr nicht der Einfluß auf seine Zeitgenossen beruhte. Aber neuere Arbeiten stellen heraus, daß es auch jenseits des Credo und der „Glaubenswahrheiten" sein beständiges Ziel war, Christus zu jedem Gläubigen zu bringen und in ihm den einzigen Herrn der Kirche sichtbar zu machen. Ian D. Kingston Siggins eröffnet seine

Studie über die „Christologie Luthers" mit folgenden Worten des Reformators: „Denn das ist in summa seine Meinung, daß es alles daran liege, und allein das soll der Christen Kunst sein, daß wir ihn recht kennen lernen."[2] Der Lutheraner M. Lienhard von der Universität Straßburg nimmt dieses Thema von der *fides Christi* her auf, vom Glauben, der ein lebendiges Verhältnis mit Christus ist[3]. Siggins zeigt auch abschließend, daß sich die Kirche nach Luther definiert durch ihre Art, Christus zu predigen[4]: Sie braucht niemals etwas anderes zu tun, als Christus auf überzeugendere (wenn nicht überzeugtere) Art zu verkünden.

Es gibt reichlich Zeugnisse über die Verführung, die in allen möglichen Umgebungen schon von solchen Ideen ausgegangen ist. 1523 zeigte das Gedicht „Die Wittenbergisch Nachtigall" von Hans Sachs[5], wie alle Tiere, bis hin zu den wilden Tieren, durch den bezaubernden Vogel zum Lamm hingezogen werden. So folgten auch viele Katholiken lange Zeit Luther wegen seines Sprechens von Christus in der Hoffnung, daß die Zeit die Konflikte heilen würde; sie ließen erst ab, als sie von seinen Kühnheiten erschreckt oder in die Enge getrieben wurden durch die Bannflüche des Konzils von Trient.

Die Texte geben uns ein getreues Echo dieses Sprechens vom Glauben. Luther spricht zu uns von Christus *für uns* (Gal. 3, 13), von *Emmanuel* (Gott *mit* uns, Jes. 7, 14) und vom Kreuz. Diese Themen bilden (mehr als die dogmatischen Thesen) Luthers originalen Beitrag zu einem lebendigen Verständnis Jesu Christi.

1. Christus für uns

In der „Wartburgpostille" verfolgt Luther die Idee, daß Christus das von den Propheten verheißene Geschenk Gottes ist, was er den „ersten Artikel des Evangeliums" nennt[6]. Anläßlich Vers 1, 3 des Hebräerbriefes: „Er hat gemacht die Reinigung unserer Sünde durch sich selbst" bemerkt er, daß der Autor „hier *genau* das Evangelium bezeichnet". Diese Versicherung führt ihn zu einer Art von Synthese dessen, was wir in den vorangehenden Texten gelernt haben:

Alles, das von Christo gesagt mag werden, hilft uns nicht, bis daß wir hören, wie es allesamt uns zu gut und nutz gesagt wird. Was wäre es not uns zu predigen, wenn es um seinetwillen allein geschehen wäre? Aber nun gilt es ganz und gar uns und unserer Seligkeit; darum laßt uns hie mit Freuden zuhören, es sind liebliche Wort über alle Maß. Der Christus, der so groß ist, ein Erbe aller Ding, ein Glanz göttlicher Ehren, ein Bild göttlichen Wesens, der da alle Ding trägt, nicht durch fremde Kraft noch Hilf, sondern durch sein eigen Tat und Kraft, kurzum der es ganz allein allesamt ist, der hat uns gedienet, seine Liebe ausgeschüttet und eine Reinigung unsrer Sünden zugerichtet. Er spricht: unsrer, unsrer Sünd, nicht: seiner Sünd, nicht: der Sünden der Ungläubigen; denn wer solches nicht glaubt, dem ist die Reinigung vergebens und nicht zugerichtet[7]. Und dieselbige Reinigung hat er nicht zugerichtet durch unsern freien Willen, Vernunft oder Kraft; nicht durch unsere Werk, nicht durch unsre Reu oder Buß — denn das ist alles nichts vor Gott — sondern durch sich selbst. Wie durch sich selbst? Nämlich daß er unsre Sünd auf sich genommen am heiligen Kreuz, wie Jes. sagt 53, 6 ff. Aber das ist auch noch nicht gnug, sondern auch so „durch sich selbst", daß, wer da glaubt an ihn, daß er solchs für uns getan hat, durch und um desselben Glaubens willen wohnet er selbst in uns und reiniget uns täglich durch sein selbsteigen Werk also, daß zur Reinigung der Sünden nichts kann helfen oder getan werden denn allein Christus selbst. Nun kann er nicht in uns sein noch solche Reinigung durch sich selbst wirken denn nur in und durch den Glauben.

Höret nun zu, ihr Weltverführer und Blindenleiter, Papst, Bischof, Pfaffen, Mönch, Gelehrte, ihr unnützen Schwätzer, die ihr lehret die Sünd reinigen durch Menschenwerk und gnugtun für die Sünd, gebt Ablaßbrief und verkauft erdichtete Reinigung der Sünd, hie höret ihr, daß keine Reinigung der Sünd sei in den Werken, sondern allein in Christo und durch Christum selbst. Nun kann er ja durch kein Werk in uns gebracht werden, sondern allein durch den Glauben, wie S. Paulus sagt Eph. 3, 17: „Christus wohnet in eurem Herzen durch den Glauben." So muß gewißlich wahr sein, daß Reinigung der Sünd sei der Glaube, und wer da glaubt, daß Christus ihm seine Sünd reinige, der ist gewißlich gereiniget durch denselben Glauben und sonst in keinem Weg. Drum spricht wohl S. Petrus Apg. 15, 9: „Er macht ihre Herzen rein durch den Glauben." Wenn dieser Glaube zuvor da ist und solche Reinigung durch Christum selbst geschehen, dann laßt uns gute Werk tun, die Sünd hassen und reuen. Dann sind die Werk gut, aber vor dem Glauben sind sie kein Nutz und eitel falsch Vertrauen und Zuversicht; denn die Sünd ist so ein groß Ding und ihre Reinigung kostet soviel, daß eine solch hohe Person, wie Christus hie gepreiset wird, muß selbst dazu tun und durch sich selbst reinigen. Was sollt denn in solchen großen Sachen vermögen unser arm und nichtiges Tun, die wir Kreaturen, dazu sündige und untüchtige, verdorbene Kreaturen sind? Das wäre doch eben, als wenn sich jemand vornehme, mit einem ausgelöschten Brand Himmel und Erde zu verbrennen. Es muß so große Zahlung der Sünd hie sein, wie Gott selbst ist, der durch die Sünd beleidigt ist[8].

Zu diesem Text gibt es zahlreiche Parallelen in der „Wartburgpostille" und in der Weimarer Ausgabe überhaupt. Er bringt das Nachdenken des Geächteten über das Evangelium zum Ausdruck, für das ihn Kirche und Staat verfolgten. Sein Standpunkt zeichnet sich in unseren Forschungen ab: Jeder findet in seinem Glauben an Christus die unentgeltliche Vergebung seiner Sünden. Und von diesem Punkt genau ist Luther *niemals* abgegangen.

Sein Evangelium ist nichts anderes als diese Verbindung traditioneller, biblischer oder eigentlich *lutherischer* Elemente, welche die Grundlage dieses Abschnitts bilden. In den ersten Zeilen wird Luthers Christus definiert: Bei allem, was von Christus gesagt wird, handelt es sich ganz und gar um uns und um unser Heil. Nun handelte es sich aber in diesem Moment in der Kirche in allem, „das von Christo gesagt mag werden", vielmehr *um ihn:* die Geburt des *ungeschaffenen* Wortes in der Seele bei den Mystikern oder die Passionsszenen, die man in verschärftem Realismus darstellte, um die Menge zu rühren[9]. Christus war das Beispiel, dem man nachfolgen, oder der Richter, den man fürchten sollte. Und was das Heil anging — das war Sache der Kirche. Sie machte sich überall unentbehrlich, durch die Sakramente, durch die Werkdisziplin oder indem sie aus dem „Schatz" der Verdienste Christi, der Jungfrau Maria und der Heiligen schöpfte, um davon nach ihrem Belieben Ablässe zu verteilen. Luther verknüpft das Heil wieder mit Christus und bringt das fruchtbare Prinzip an den Tag: Das Geheimnis des menschgewordenen Gottessohnes ist uns nur deshalb geoffenbart, weil es dabei *um uns* geht.

Das erste Geschenk des Menschen ist es also zu *begreifen,* daß die Verkündigung Christi zu unserem Besten ist, zu unserem *Nutzen.* Es genügt nicht, das besser zu „verstehen". Die Schule der Verkündigung wendet sich an Lernende, die versuchen müssen, Christus in die Praxis umzusetzen. *Für sie* gibt es die Freude, die Großartigkeit Christi zu erfahren.

Christus ist alles aus eigener Kraft — nicht durch die eines anderen, und er hat uns *gedient.* Luther sieht im Diener Gottes aus Jes. 53 den Diener der *Menschen.* Er ist zu uns gekommen als einer, der dient (vgl. Mt. 20, 28). Luther versucht, Christus in dieser Rolle zu verstehen. Er will der Kirche zeigen, wozu er dient, und er will die Christen anleiten, sich seiner zu bedienen.

Die Vorstellung, daß Christus für uns aus Liebe die Reinigung von Sünden vollendet hat, ist das traditionelle Dogma der Erlösung. Aber man muß hier den *lutherischen Akzent* bemerken: Luther macht geltend, daß Christus unsere Sünden *am Kreuz* auf sich genommen hat zu einer Reinigung, die nichts unserem freien Willen, unserer Willenskraft, unserer Macht, unserer Reue oder Buße verdankt. Dieses *Faktum,* das gerade im Akt der Passion offenbar ist, wird zu einem *theologischen Prinzip:* Was wir für die Vergebung unserer Sünden tun können, ist *in unserem eigenen Leben* nicht nützlicher als im Tod Christi. Die Reinigung bleibt die eigentliche und ausschließliche Tat jenes Christus, an den wir glauben. Allein dieser Glaube wird von unserer Seite verlangt: Er macht, daß Christus in uns lebt und in jedem Gläubigen die Erlösung vollzieht.

Der Glaube wird von daher zu einer Funktion erhoben, welche sich von den intellektuellen Eigenschaften abhebt, die ihm die Theologie zuerkannte (die Kenntnis der Glaubensgeheimnisse). Die Änderung betrifft zunächst einmal das Objekt des Glaubens. Das, woran man zu glauben hat, ist das „Evangelium" von der Vergebung der Sünden, und nicht einfach an Jesus Christus. Für den, der an ihn glaubt, bedeutet er Vergebung der Sünden auf individueller, „spezieller" Ebene, nicht nur auf der allgemeinen der Erlösung des Menschengeschlechtes. „Wer da glaubt an ihn, daß er solchs für uns tan hat, durch und um desselben Glaubens willen wohnt er selbst in uns und reinigt uns täglich durch sein selbs eigen Werk." Die Grundlage einer solchen Überzeugung ist, daß uns Christus von Gott geschenkt ist: „Ein Kind ist uns geboren, ein Sohn ist uns geschenkt" (Jes. 9, 6). Luther findet in diesem Geschenk einen Sinn, von dem ein Christ nur träumen kann: in sich selbst, durch den auf das Versprechen Gottes gegründeten Glauben, den Akt der Kreuzigung selbst zu haben — zu seinem eigenen Nutzen.

Die Vorstellung, daß Christus in uns wohnt, ist traditionell. Aber Luther macht diese Gegenwart Christi abhängig vom Glauben daran, daß die Reinigung gegenwärtig genauso wie einst von Christus *allein* vollbracht ist. Er legt also unerwartetes Gewicht auf eine Form der Frömmigkeit, die in Kreisen der *Devotio moderna* propagiert wurde. Diese Gegenwart Christi, die man zu einem Privileg reiner Seelen machte, ist die Vergebung der Sünden, und zwar *für jedermann*.

Daraus folgt das Hervortreten des „sicheren" Prinzips, daß Reinigung von der Sünde nur durch den Glauben geschieht — nicht durch die Werke: Diese können weder von Sünde befreien noch Christus in uns hereintragen, ebenso wie man einen, den man beleidigt hat, nicht dadurch versöhnen kann, daß man ihn mit Geschenken überhäuft. In diesem Stadium ist die entscheidende Tatsache — unabhängig von den Beleidigungen gegen die Geistlichkeit, welche die Zugabe bilden — Luthers Versicherung, daß es keine Reinigung von Sünden durch die Werke gibt.

Die Gründe dafür wurden schon in der Einleitung zum Römerbrief dargelegt. Hier begnügt sich Luther damit, die Bedeutung des Glaubens genauer zu fassen. Der Text von Röm. 3, 17: „Christus wohnt in Euren Herzen durch den Glauben" dient seinem Denken großartig. Aber das Vorangehende, das den Stempel von Luthers früherer Theologie trägt, hätte Paulus wohl nie unterschrieben. Luthers Logik, die summarisch scheinen mag, ist eine Antwort auf das Unlogische der Theologie, welche der Apostel sich nicht hätte vorstellen können.

Der Mangel an Logik ist am deutlichsten darin, daß man die Theorie und das System der Werke wie auch die unerläßlichen Gebräuche der Sündenvergebung so weit ausgebaut hatte, daß ein Satz wie „Christus lebt in Euren Herzen durch den Glauben" bestenfalls als eine fromme Formulierung erschien, welche noch ihre Wirkung tat, wenn sie ein Prediger im richtigen Moment anbrachte. Man hatte eben seit Paulus Besseres gefunden, man war „präziser" geworden. Vor allem will ja das Neue Testament, wie Luther in Erinnerung ruft, zum Ausdruck bringen, daß es keinen anderen Weg zum Heil gibt als *den Glauben.* Die *Apostelgeschichte* berichtet über die Diskussionen auf dem Konzil zu Jerusalem: ob es notwendig sei, das Gesetz zu befolgen, um erlöst zu werden. Und Petrus selbst erklärt: Der Heilige Geist „reinigte ihre Herzen durch den Glauben" (nicht durch das Gesetz) (Apg. 15, 9). Er sagt sogar noch genauer, daß die jüdischen Christen, die das Gesetz befolgen, ebenso wie die Heiden *durch die Gnade des Herrn Jesus* (9, 11) gerettet worden sind. Der Wortlaut des Textes und auch der Kontext wecken die Vorstellung, daß der Glaube ein Prinzip persönlicher Reinigung im Sinne Luthers ist. Er selbst versäumt übrigens nie, sich bei derartigen Auseinandersetzungen auf Apg. 15, 9 zu beziehen.

Luthers Fehler liegt ohne Zweifel darin, daß er *a priori* der Erfahrung der Kirche jeden Wert bestreitet. Die Lehre von den Werken war durch Jahrhunderte hindurch von ernsthaften, wirklichen Christen anerkannt worden. Luther verschließt sich dem Gedanken, daß durch die einmal tatsächlich durch Christus selbst erworbene Reinigung christliches Verhalten dem entspricht, was die Kirche lehrt: Praxis der Werke, Kampf gegen die Sünde, Buße. Aber im Gegensatz zu dem, was man den Gläubigen sagte, sei das alles nutzlos für die Reinigung, die eine ausschließliche Wirkung des Glaubens bleibe. Dieser Eifer birgt außerdem die Gefahr, daß man auf die Tatsache vertraut und sich ihrer gewiß ist, daß man „gut" sei — was eine Illusion und eine Verkennung der Gnade Christi ist. Um dieser Gefahr zu entgehen, muß man sich daran erinnern, daß die Sünde erst vor der Macht des durch die Auferstehung verklärten Christus weicht. Wir sind nichts als „sündige, schwache, verderbliche" Kreaturen, unfähig, mit einem solchen Problem fertig zu werden, „das groß ist wie Gott"[10].

Dieser Orgelpunkt beginnt nun, einem Denken Halt zu geben, dessen ganze Gewalt in der Überzeugung liegt, daß Christus selbst sich der Sünden jedes einzelnen angenommen hat. Christus wirkt in der Seele durch den Glauben auf eine solche Auffassung hin — das ist das Evangelium. Diese Konstruktion besticht zunächst durch ihre Logik. Sie ist nicht frei von mystischen Anklängen, aber der Gesichtspunkt ist streng theologisch, sogar abstrakt, wie ein Theorem. Die Einführung des psychischen oder gefühlsmäßigen Faktors würde zu einer Auseinandersetzung zurückführen, die Luther ja gerade ausschließen wollte. Seine Beweisführung impliziert die Zurückweisung jedes anderen Vorgehens gegen die Sünde außer dem Vorgehen Christi, und sein Handeln war abhängig von ihm und seiner Gnade.

Eine solche Position mußte eine unwiderstehliche Anziehungskraft ausüben auf diejenigen, die keinen ausdrücklichen Grund hatten, sich zurückzuhalten. Luther verkündigt dem Christen die vollständige und sichere Reinigung von Sünde vor Gott. Er macht Christus zum Zentrum des christlichen Lebens jedes einzelnen und gibt den Texten über Christus, die aus der Schrift, aus der Tradition und der Liturgie am allervertrautesten waren, unerwartete Tiefe. Der Glaube wird zum Hauptwort; seine Lehre führt aus, was man davon oft nur latent und noch öfter überhaupt nicht wahrgenommen hatte. Nun ist aber der Glaube eine persönliche Initiative des Individuums (unter dem Walten des Heiligen Geistes) und als solche unabhängig vom Funktionieren der Institution Kirche. Die lutherische Lehre macht daraus das Prinzip einer größeren Autonomie jedes einzelnen auf dem Gebiet der Religion. Sie findet, was sie braucht, in einer bestimmten Lektüre der Heiligen Schrift, deren Aussagen unter Luthers Zugriff plötzlich viel mehr sagen. Die „Lutherbibel" ist charakterisiert durch Schlüsselpassagen, die wir allmählich schon gut kennen: Hebr. 1, 3; Eph. 3, 17; Apg. 15, 9; Jes. 9, 6; Röm. 1, 1—4; 1, 17; 8, 32 usw. Oder im Kontext, 1. Kor. 1, 30: „Von welchem auch ihr herkommt in Jesus Christus, welcher uns gemacht ist von Gott zur Weisheit und zur Gerechtigkeit und zur Heilung und zur Erlösung."

Luthers Einfluß ist auf die Vielfalt der Register zurückzuführen, die er mit seiner evangelischen Verkündigung zog. Jeder Aspekt berührte eine Kategorie von Individuen. Was sein Geheimnis geblieben zu sein scheint, ist das Sprechen selbst. Seine Schüler leiteten daraus „lutherische" Lehren ab, in denen er sich nicht wiedererkannte. Sehr schnell fehlte den Lutheranern der „Boden" der reichen Erfahrung ihres Meisters, die von seiner klösterlichen Ausbildung nicht weniger getränkt war als von der Schrift; ohne diese Erfahrung tendierten seine Prinzipien dazu zu verkümmern oder gar dürr zu werden wie die Pflanzen in einem Herbarium.

Die Interpretation von Hebr. 1, 3 führt die zentrale Intuition der Christologie Luthers unter dem Blickwinkel der Reinigung von Sünde vor. Meist zeigt Luther gleichzeitig die Vergebung der Sünden und den *Erwerb der Gerechtigkeit*. Die Theologie unterschied zwischen beiden Fragen; Luther hat über die eine so viel zu sagen wie über die andere.

Der Traktat *Von der Freiheit eines Christenmenschen* vereint die beiden im Thema vom *fröhlichen Wechsel*, dem *admirabile commercium* der Weihnachtsliturgie, angeregt von Sermonen Leos des Großen und hier von Luther umgeformt. Die zugrunde liegende Vorstellung ist diese: Christus hat unsere menschliche Natur angenommen und läßt uns im Gegenzug teilhaben an seiner Göttlichkeit. Das menschliche Streben, auf die eine oder andere Weise Zugang zum Göttlichen zu gewinnen, erklärt den Erfolg dieses Themas, bei dem ein Einfluß des Platonismus nicht ganz ausgeschlossen ist. Im Neuen Testament bleibt die Vorstellung von der Vergöttlichung des Gläubigen innerhalb der Grenzen des jüdischen Denkens — die aber der christliche Hellenismus nicht anerkennen wird. Luther verschiebt dieses Schema im Hinblick auf seine Vorstellung vom Evangelium, indem er die Begriffe *Menschlichkeit* und *Göttlichkeit* ersetzt

durch „Gerechtigkeit Gottes" und „sündige Verfassung des Menschen".
Für ihn nimmt Christus *unsere Sünden* auf sich (er nimmt sie nicht nur
hinweg, er macht sie *zu seinen eigenen*) und teilt uns dafür seine Gerechtigkeit mit. Diese Lehre kann sich auf die „tropologische" Interpretation
der Allegorie von Eph. 5, 23 ff. stützen, wo von der Ehe Christi mit der
Kirche die Rede ist[11]. Man bezieht in diesem Fall auf die gläubige Seele,
was im Text von der Kirche gesagt ist. Besonders in jener Epoche war
diese Exegese durchaus legitim[12]. Sie verweist auf die juristische Kategorie
der Ehe unter der Herrschaft der Gemeinschaft. Unter dieser Herrschaft
legen die Verheirateten alles zusammen; was der eine beiträgt, gehört auch
dem anderen und umgekehrt. Christus legt also mit der Seele seine
Gerechtigkeit zusammen und teilt mit ihr die sündige Verfassung:

Nicht allein gibt der Glaube so viel, daß die Seele dem göttlichen Wort
gleich wird, aller Gnaden voll, frei und selig, sondern vereiniget auch die
Seele mit Christo wie eine Braut mit ihrem Bräutigam; aus welcher Ehe
folget, wie St. Paulus sagt, daß Christus und die Seele ein Leib werden; so
werden auch beider Güter, Fall, Unfall und alle Ding gemeinsam, so daß,
was Christus hat, das ist eigen der gläubigen Seele; was die Seele hat, wird
eigen Christi. So hat Christus alle Güter und Seligkeit: die sind der Seele
eigen; so hat die Seele alle Untugend und Sünde auf sich: die werden
Christi eigen. Hier erhebt sich nun der fröhliche Wechsel und Streit. Dieweil Christus ist Gott und Mensch, welcher noch nie gesündigt hat, und
seine Frommheit unüberwindlich, ewig und allmächtig ist, so er denn der
gläubigen Seele Sünde durch ihren Brautring, das ist der Glaube, sich
selbst zu eigen macht und nicht anders tut, als hätte er sie getan, so
müssen die Sünden in ihm verschlungen und ersäuft werden. Denn seine
unüberwindliche Gerechtigkeit ist allen Sünden zu stark. Also wird die
Seele von allen ihren Sünden nur durch ihren Mahlschatz, das ist des
Glaubens halber, ledig und frei und begabt mit der ewigen Gerechtigkeit
ihres Bräutigams Christi. Ist nun das nicht eine fröhliche Wirtschaft, da der
reiche, edle fromme Bräutigam Christus das arme, verachtete, böse Hür-
lein zur Ehe nimmt und sie entledigt von allem Übel, zieret mit allen
Gütern? So ist's nicht möglich, daß die Sünden sie verdammen, denn sie
liegen nun auf Christo und sind in ihm verschlungen. So hat sie so eine
reiche Gerechtigkeit in ihrem Bräutigam, daß sie abermals wider alle Sünden bestehn kann, ob sie schon auf ihr lägen. Davon sagt Paulus, I. Kor.
15, 57: „Gott sei Lob und Dank, der uns hat gegeben eine solche Über-
windung in Christo Jesu, in welcher verschlungen ist der Tod mit der
Sünde."[13]

Das Zitat 1. Kor. 15, 57 ist übrigens ein weiteres Beispiel für die erstaunliche Erneuerungsarbeit, die Luther an der ganzen Fassade der Schrift vornimmt. Texte, die man schon gar nicht mehr wahrgenommen hatte,
gewinnen wieder Tiefe und Farbe. Würde der Schrift ... Andere Schriften

Luthers bringen reichhaltige theologische Rechtfertigungen seiner Vorstellung von Christus für uns: die Einleitung zum Römerbrief, der Sermon über die doppelte Gerechtigkeit (1518) oder manche Abschnitte im zweiten Psalmenkommentar[14]. Aber man weiß nun schon genug über die Art und Weise, wie er eine neue christliche Erfahrung begründen will, die ihren Mittelpunkt in der lebendigen Gegenwart Christi in uns durch den Glauben hat. Diese Lehre ist sogar in der *Bewegung* des paulinischen Denkens fest gegründet. Der Protestantismus lebt seit bald fünf Jahrhunderten von dieser theologischen Schöpfung, die ein neuer Schritt in der Durchdringung des Christentums war.

Das war nicht die Meinung der Verantwortlichen der Kirche. Der zu Beginn zitierte Text läßt die Spannung zwischen ihnen und dem lutherischen Denken aufscheinen. War die Entwicklung des Mittelalters so weit in einer anderen Richtung gegangen, daß man die Authentizität eines solchen Sprechens vom Glauben nicht mehr erkennen konnte? Mußte Luther zahlen für den Fehler des Bruchs mit Byzanz 1054? Dieses Schisma hatte die abendländische Kirche ärmer gemacht um das brüderliche Korrigieren durch die östliche Tradition und hatte sie den Dämonen ihrer Völker ausgeliefert: dem Rechtsfetischismus, dem Moralismus, der Magie, der Furcht, der Willkür der Macht. All dies, nicht weniger als die Buchgelehrsamkeit, machte sie taub gegenüber dem *tolle lege* (nimm, lies!) des neuen Augustinus.

2. Einer von uns

Die beste Antwort auf die These vom „abgefallenen Mönch" (Maritain) ist diese: daß Luthers Jahre im Kloster ihn Christus finden ließen. In den Evangelien sind diejenigen, welche zu Christus kommen, nicht ausweglos dem Verfall preisgegeben, so armselig sie auch immer sein mochten. Luther hatte die Gnade, den Elan der evangelischen und apostolischen Zeiten wiederzufinden — sogar für die Person des Herrn. Er spricht von ihm gewöhnlich wie Paulus, der Christus im Fleische auch nicht gekannt hatte. Aber Siggins macht auch darauf aufmerksam, wie Luther durchdrungen ist vom Denken des Johannes, dem er Hunderte von Predigten gewidmet hat[15].

Diese Ausrichtung bedeutet einen außergewöhnlichen Sinn für die Realität der Menschwerdung, das Geheimnis des menschgewordenen Gottessohnes. Luther hatte keine Verwandtschaft zum Arianismus, obwohl man ihn als einen neuen Arius behandelte. Nicht nur hat ihm die Göttlichkeit Christi niemals den geringsten Zweifel bereitet, sondern dieser Aspekt der Christologie war wahrlich niemals eine „Frage" für ihn. Im Gegenteil; es kam ihm im höchsten Maße darauf an, das herauszustellen, was für uns die Menschlichkeit des Gottessohnes ausmacht, und sie gegen diejenigen zu verteidigen, deren Lehre einen Graben auftat zwischen dem Christen und seinem Erlöser.

Diese Linie seines Werkes ist mir einst in katholischen Kirchen in Deutschland zur Weihnachtszeit aufgegangen — vor dem Konzil. Das katholische Repertoire dieser Zeit des Kirchenjahres umfaßt auch Lieder von Luther — Luther hat nämlich auch Kirchenlieder geschrieben. Dieser Luther der Weihnachtszeit ist mindestens ebenso wahr wie der des Karfreitags, auf den ich weiter unten noch zu sprechen kommen werde. Er spricht nicht weniger von der Gottesmutter als Bernhard, einer seiner Lieblingsautoren. Im Einklang mit der ältesten Tradition, nämlich der, die im Apostolischen Glaubensbekenntnis ihren Ausdruck findet, war Maria für ihn die Garantie, daß Christus wirklich Mensch geworden ist — denn er ist aus einer Frau geboren[16].

Man mußte damals gegen den Geschmack der Geistlichen und der Bevölkerung für das Wunderbare angehen. Das Gleichgewicht des Mysteriums Christi, Gott und Mensch, ist jedesmal von neuem schwer zu bewahren, wenn die Erfindungen der Theologie und der Frömmigkeit, aber auch der Kultur und des politisch-sozialen Systems, nicht in Beziehung gesetzt werden zur wunderbaren Synthese der Evangelien. Christus ist für Luthers Zeitgenossen so, wie ihn die Kunstbände oder die historischen und literarischen Studien beschreiben. Was ihm fehlt, was jedoch im Neuen Testament klar gezeigt ist: *zu sein wie jedermann* — einer von uns. Luther läßt in dieser Tendenz, sich vom Realismus zu entfernen, das ewige Bedürfnis des Menschen erkennbar werden, das Göttliche auf seine Weise neu zu gestalten, um sich gegenüber Gott seiner Autonomie besser zu versichern. Die erste Bedingung seines Sprechens von Christus war ja in seinen Augen, dem ausdrücklichen Willen, der sich schon in den ersten Zeilen des Evangeliums manifestiert, sein ganzes Gewicht zu geben: „Das Wort ist Fleisch geworden und hat unter uns gewohnt" (Joh. 1, 14).

Siggins stellt auf zwei Seiten typische Erklärungen Luthers über Jesu wahre Menschlichkeit zusammen. Man kann sagen, schreibt er im wesentlichen nach Luther, daß Jesus Christus wahrer Mensch ist, weil man ihn hören und mit eigenen Augen sehen kann, daß er wie ein menschliches Wesen spricht. Er ließ sich ansehen und anfassen. Er hat gegessen, getrunken, geschlafen, gearbeitet, gelitten und ist wie jedes andere menschliche Wesen gestorben. Er hatte Augen, Ohren, Mund, Nase, Brust, Bauch, Hände und Füße, wie Sie und ich. Er trank an der Brust seiner Mutter, die ihn umsorgt hat, wie jedes andere Kind auch umsorgt wird. Dreißig Jahre lang war sein Leben absolut normal. Sein Verhalten war in seiner Kindheit wie das eines jeden kleinen Jungen. Er schlief, wachte auf, wurde müde. Er war traurig und fröhlich. Er weinte und lachte. Er hatte Hunger und Durst, er fror und schwitzte, plauderte, arbeitete und betete. Er kannte Sorge, Schwäche und Furchtsamkeit. Er wurde arm, gebrechlich und demütig. Er litt die Schrecken der Furcht, der Traurigkeit, der Wut und des Hasses. Er wurde von Beklemmung erfüllt angesichts des nahen Todes und fühlte sich elend, einsam und verlassen, als seine eigenen Freunde und Gott selbst ihn verließen in diesem äußersten Augenblick. Als er erwachsen war, mußte er für seinen Unterhalt sorgen, war ein Bürger wie andere, machte eine irdische Karriere als Prediger, war der beste Freund für seine Schüler und führte sich im allgemeinen auf wie jedes andere menschliche Wesen — mit einer Ausnahme: er blieb frei von jeder Sünde[17].

Solche Zitate erlauben es, Luthers „unnachgiebige" Haltung zu verstehen: Man durfte ihm Christus nicht nehmen! In Augsburg vor dem päpstlichen Legaten wie in Worms vor dem Kaiser sah er immer diesen konkreten Christus, dessen Gegenwart ihm sein „spezieller" Glaube erfahrbar gemacht hatte. Widerrufen? Um auf der Stelle einen Kardinalshut zu bekommen? Und außerdem war er ein Deutscher: Es brauchte schon mehr als so grobes Geschütz, um ihn von seinem Posten zu verdrängen, trotz aller Furcht.

Nach dem Bruch mit Rom mußte er sehen, wie sich eine neue Front eröffnete — in seinem eigenen Lager. Die „Sakramentierer" oder „Schwärmer" widersetzten sich der Realpräsenz Christi in der Eucharistie. Sind das in der Messe geweihte Brot und der Wein Fleisch und Blut des Herrn oder nicht? Eine im Detail unendlich komplizierte Frage[18]; doch ließen die Kontroversen niemals Luthers Einsatz in Vergessenheit geraten: „Die Schwärmer erwürgen Christus meinen Herrn", „Wie Christus sagt: Das ist mein Leib, so ist sein Leib da, durch das Wort und durch die Kraft des Heiligen Geistes"[19]. Er hielt sich an sein Prinzip, daß „das Wort Gottes wahr ist". Das Christentum, das dem Buchstaben der Schrift verpflichtet ist, enthält das „Sakrament", in dem der Mensch Christus leiblich begegnet wie Maria, Simeon und die Hirten. Der im Glauben lebende Christus ist der Auferstandene, der sich uns gibt, wie ihn seine Zuhörer kannten. Ihn zu „spiritualisieren", kam nicht in Frage. In Luthers Lehre steht der Geist dem „Fleisch" entgegen, das heißt der Sünde, er ist nicht die Quintessenz der menschlichen Wirklichkeit, frei von jedem körperlichen Element[20].

Trotz einiger offensichtlicher Widersprüche, die aber leicht aufzulösen sind, handelt es sich hier um genau denselben Kampf, den Luther führt, um aus dem durch die Predigt ausgeteilten *Wort* ein neues Lebensbrot zu machen. Anläßlich des Vaterunser erklärt er schon im Advent 1518 Kindern und Leuten aus dem Volke: „Nun siehst du, wie es sich hier verhält mit diesem täglichen Brot, daß Christus wahrhaftig dies Brot ist (nämlich das Brot des Wortes). Aber er ist dir nicht nutz, kannst sein auch nicht genießen, Gott mache ihn denn zu Worten, daß du ihn hören und also erkennen kannst. Denn daß er im Himmel sitzt oder unter des Brots Gestalt ist, was hilft dir das? Er muß ausgeteilt, angerichtet und zu Worten werden durch das innerliche und äußerliche Wort; sieh, das ist dann wahrhaftig Gottes Wort. Christus ist das Brot, Gottes Wort ist das Brot, und doch ein Ding, ein Brot. Denn er ist in dem Wort und das Wort in ihm, und glauben in dasselbe Wort, das heißt essen das Brot, und wem Gott das gibt, der lebet ewiglich.«[21] Zur gleichen Zeit erhebt er sich gegen den Brauch der stillen Messen, *ohne Predigt*, die das vernachlässigen, „wofür die Messen eingerichtet worden sind: die Predigt". Er macht geltend, daß das Wort den Leuten zur Kenntnis bringt, was sie durchs Sakrament niemals begriffen hätten. Ohne das Wort wird die Messe zu einem leeren, sterilen Ritus, zu einem Gegenstand der Verachtung. Die Leute kehrten aus der Messe „beraubt" zurück, „ohne Christus und sich selbst zu kennen". Auch muß man beten, daß Gott gute Prediger schicke. — Es ist bekannt, daß sich diese Lehre im Protestantismus fortgepflanzt hat als ein Insistieren auf dem Kult des Wortes, zum Schaden der Eucharistie. Luthers Gedanke war das sicherlich nicht[22].

Diese Bedeutung der Gegenwart Christi im Wort hat ihn dazu geführt, die *Sprache* zu erforschen, ohne welche das Sprechen über den Glauben nicht möglich ist. Seine Schriften sind eine fortwährende Aktualisierung der traditionellen Sprache des Katholizismus, welcher davon keine Notiz genommen hat, bis es schließlich zu der Situation kam, die wir gegenwärtig haben. Aber wenn Luther auch wenig Gebrauch gemacht hat vom Wortschatz der „Gnade" und „Transsubstantiation", der ihm zu sehr vom Aristotelismus gezeichnet war, hatte er doch ein scharfes Auge für die unvergänglichen Formeln. Anläßlich von Nestorius fragte er sich beispielsweise, ob man eigentlich richtig gesehen habe, worin die Häresie dieses Patriarchen von Konstantinopel bestanden habe, der 431 auf dem Konzil von Ephesos verdammt wurde. Er merkt an, daß Nestorius die Göttlichkeit Christi nicht bezweifelte und nicht wirklich zwischen Gott und Mensch trennte. Seine Schwierigkeit war, daß er nicht wollte, daß man Maria als die Mutter *Gottes* bezeichnete. Nun ist aber diese Sprache unabdingbar für die Verkündigung des christlichen Mysteriums, und indem die Kirche die göttliche Mutterschaft Marias proklamierte, verteidigte sie nur ihr Recht, den Glauben so zum Ausdruck zu bringen, wie sie ihn verstand und wie es das Wohl der Gläubigen erforderte[23].

Eng vereint mit Christus durch das Wort und durch den Glauben, ist der Christ als solcher „Priester und König". In diesem Sinn entwickelt Luther in der *Freiheit eines Christenmenschen* das Thema vom fröhlichen Wechsel. Insbesondere erschien ihm das Priestertum als erste Gabe jeder christlichen Existenz. Er meinte, daß, indem man es den Gläubigen „wegnahm", um es den Priestern vorzubehalten, „alles Verständnis der Gnade, der Freiheit, des christlichen Glaubens und all dessen, was wir Christus schuldig sind, ja Christus selbst", verlorengegangen sei. Der Priester sei als ein „neuer Christus", *sacerdos alter Christus*, angesehen worden, was nach Luthers Meinung eben die Definition eines Christen ist. Denn die Praxis des Glaubens kommt wieder zum Leben, indem ich „gegen meinen

Nächsten auch werde ein Christen, wie Christus mir worden ist"[24], indem er am Ende das Gotteswort zur Erscheinung bringt.

Die Frage des „dienenden" Priestertums bleibt ein schwieriger Punkt zwischen Rom und den Erben Luthers. Er hängt zusammen mit der für den Katholizismus entscheidenden Frage: Hat Luther die der Menschheit Christi eigene Heilswirksamkeit verstanden? Ist das Heil das Werk des Menschen Jesus Christus oder *einzig* das Werk Gottes, der „durch ihn" handelte?[25]

3. Christus nimmt unsere Sünden auf sich. Die Theologie des Kreuzes

Die Texte zeigen, daß die klassische Frage der Verdienste Christi (die Tatsache, daß Jesus uns das Heil durch den Gehorsam seines *menschlichen* Willens erworben hat) für Luther erst *nach* der grundlegenden Beschäftigung mit der Frage, inwiefern Christus für uns und einer von uns sei, kommt. Daß der Sohn Gottes Mensch geworden und wahrer Mensch nicht weniger als wahrer Gott gewesen sei, bezweifelt Luther keinen Moment. Dort, wo sich seine Christologie vom wahren Glauben zu entfernen scheint, kann man sicher sein, daß seine Absicht ist, daß man sich ans Credo von Nicäa hält[26]. Über das Verdienst Christi hat er ja *a priori* nicht mehr und nicht weniger zu sagen als jeder andere Theologe auch[27]. Aber in seinen Augen zeugt schon das Faktum, daß man über die Menschlichkeit Gottes „als solche" spekulierte, wie es die Scholastik zu tun pflegte, von schlechter Theologie. Das Werk Christi ist zu verstehen, indem man von der vollständigen Realität Christi im Glauben oder zur Zeit des Evangeliums ausgeht, Sohn Gottes und Sohn der Maria.

Das Interesse für die moralische Vollkommenheit Jesu ist im übrigen für Luther eine Art des Ausweichens vor der Frage, die dem Problem des Heils zugrunde liegt. Nichts ist verständlicher, als daß der „Mensch" gewordene Sohn Gottes ein *vollkommener* Mensch war. Aber der Mensch ist in Wirklichkeit ein *Sünder*. Die erlösende Menschwerdung kann also nicht einzig vom Begriff des Menschen her erklärt werden. Es handelte sich für Christus darum, die *sündige* Menschlichkeit anzunehmen.

Der lutherische (und augustinische) Realismus, der den Menschen unter dem Blickwinkel seiner „sündigen" Verfassung sieht, würde einen modernen Menschen nicht überraschen, denn die Zeitungen weisen die Existenz des Bösen viel besser auf, als theologische Bücher es tun. Jeder ist sich außerdem der „weniger guten" Aspekte seines Lebens bewußt, für die er sich selbst verantwortlich fühlt oder die er anderen vorwirft, oder auch den Umständen ... Es dürfte also nicht sehr schwierig sein, Luthers Frage zu verstehen: Hat sich der Sohn Gottes, indem er Mensch geworden ist, uns bis ins Innerste des menschlichen Elends verbunden? Hat er diese Stunden gekannt, in denen wir an uns selbst, an Gott und an allem verzweifeln?

Das ist eine ungewöhnliche Frage für das Christentum aller Zeiten. Denn nach seiner Erfahrung erkennt der Christ Christus spontan den Grad von Reinheit zu, den er selbst nicht erreichen zu können meint. Wenigstens Christus ist rein, und das beginnt damit, daß wir ihn als Herrn und Meister anerkennen. Die Theologie sieht in ihm den Sohn Gottes und das unendliche Verdienst seines Opfers. Die Sünde hat also keinen Teil an ihm. Aber ist er dann wirklich solidarisch mit uns und mit der Dunkelheit, von der wir umfangen sind? Ist er nicht nur ein Wohltäter, der einen Nachmittag lang die Elendsviertel besucht, um ein bißchen Geld und Versprechungen auszuteilen, und der dann in ein anderes Leben zurückkehrt, das einer aus dem Elendsviertel niemals kennenzulernen hoffen kann?

Luther ist überzeugt davon, daß alles, was man über Christus sagt, nichtig ist, wenn man vergißt, daß er es *für uns* ist. Aber Christus ist für uns nur, wenn er einer von uns ist, das heißt — so oder so — *ein Sünder wie wir*. Das kann undenkbar erscheinen, da Christus ja die Unschuld selber ist. Es deutet jedoch alles darauf hin, daß Luther den Gekreuzigten mehr und mehr als ein Opfer der Sünden angesehen hat, die er auf sich genommen hat. Er wurde dazu ermuntert durch die Schrift nicht weniger als durch sein Vertrauen ins Evangelium. „Denn er hat den, der von keiner Sünde wußte, für uns zur Sünde gemacht, auf daß wir würden in Ihm die Gerechtigkeit, die für Gott gilt", 2. Kor. 5, 21. Diese Aussage ist von Paulus, Luther brauchte sie nicht zu erfinden. Sie bedeutet für ihn, daß uns Christus nicht einfach erlöst, indem er die Möglichkeit unendlicher menschlicher Verdienste schafft durch seine Menschwerdung und seinen Tod, seinen Gehorsam und seine Leiden, sondern indem er dergestalt mit der Sünde gleich wurde, *daß sein Tod zum Tod der Sünde selbst wurde.*

Es handelt sich hier um eine andere als die geläufige Theologie. Ein neues Sprechen vom Glauben, das Luther *Theologie des Kreuzes* nennt. „Des Kreuzes", weil er sein Denken an die Tatsache des Kreuzes, des Gekreuzigten, knüpft. Eine schockierende Theologie, wenn man sich vorstellt, daß man Jesus zumutet, der Versuchung unterworfen zu sein. Aber ohne alle Kühnheiten des so wenig sorgfältigen Theologen, für den man Luther hielt, rechtfertigen zu wollen, darf man doch nicht vergessen, daß Paulus als erster vom Ärgernis und von der Torheit des Kreuzes spricht (vgl. 1. Kor. 1, 18—26).

Die Vorstellung von einem mit den Sündern vereinten Christus verhindert wenigstens den Gedanken, daß der gute Gott seinen unschuldigen Sohn für die Schuldigen verderben ließ. *Insofern er Schuld trug, ist Jesus gestorben.* Er ist nicht für uns eingesprungen (wie einer, der für die anderen zahlt), sondern ist uns *ähnlich* geworden — wie P. de Montcheuil, der während seiner Ferien als Professor am „Institut catholique" die Seelsorge in einer Widerstandsgruppe in Vercors versah und mit den anderen erschossen werden wollte, obwohl die deutschen Behörden anerkannt hatten, daß er kein Widerstandskämpfer war. In analoger Weise wollte Jesus mit uns und für uns Sünder sein, sie wir es alle sind. Und weil er selbst unschuldig war, sind die Sünde und der Tod, der die Sünde getroffen hatte — denn der Tod ist der Sünde Sold — an seiner Reinheit gescheitert, und *wir sind befreit worden.*

Luther erklärt das alles in einem sehr langen Kommentar zu Gal. 3, 13: „Christus hat dafür bezahlt, uns vom Fluch des Gesetzes zu befreien, indem er selbst für uns zum Fluch geworden ist, denn es steht geschrieben: Verflucht sei, wer am Holze hängt!"[28] Das ist also ein Werk seiner reifen Zeit. Zu dieser Zeit (1531—1535) ist er sich seines Fortschritts bewußt: „In meinem Herzen herrscht nur ein einziger Artikel, der Glaube Christi. Von dort fließt mein ganzes theologisches Denken aus, dort geht es durch und dort mündet es Tag und Nacht in seinem Hin- und Wiederfließen; ohne hohe, breite und tiefe Weisheit bin ich dazu gekommen, mehr zu begreifen als nur einige brüchige und ärmliche Anfänge und Kleinigkeiten ..."[29] Die entscheidende Kleinigkeit war das Wagnis, sich vorzustellen, daß Christi wahre Menschlichkeit darin bestand, sich zu denen zu gesellen, die jeder (einschließlich der Religion) verdammt. Luthers Christus ist nicht der „schöne Gott" der Kathedralen[30].

Diese Interpretation wurde ihm durch seine eigene *Anfechtung* eingegeben[31]. Sein Sinn für das Geheimnis Christi macht in der Tat Fortschritte — parallel zur Abklärung seiner inneren Auseinandersetzung. Er hatte nur deshalb eine Öffnung zur Seite Gottes hin gefunden, weil er erfaßte, daß der Sünder Gott nicht finden kann, weil er *verborgen* ist. Die Sünde ist etwas so Schweres, daß man sie nicht abwischen kann, wie man eine Tafel abwischt. Gott rettet uns, indem er das Gefühl in uns verstärkt, schlecht zu sein[32], seinem Zorn ausgeliefert. In diesem Sinn steht im Römerbrief (Kap. 1), daß alles durch die Verkündigung der Sünde beginnt. Für Luther besteht Fortschritt schon sehr bald nicht darin, daß wir unsere Fehler verschwinden sehen, sondern darin, daß wir die Schwere des Bösen, das wir fortwährend begehen, besser einzusehen beginnen. Diese Bewußtwerdung ist begleitet von dem Gefühl, daß Gott mehr und mehr verärgert wird und daß wir immer weniger Chancen haben, uns mit ihm zu vereinigen. Am Ende des Weges steht die *Hölle,* die ewige Trennung von Gott und seinem Paradies.

Der Ausweg: an die Gerechtigkeit glauben, die Gott dem verleiht, der an Christus glaubt, denn Christus kommt ja gerade, um diese neue Haltung des Glaubens mit Bezug auf *Gott* zur Entstehung zu bringen.

Christus selbst hat auf dem Höhepunkt seines Leidens seinerseits geschrien: „Mein Gott, warum hast du mich verlassen?" (Mk. 15, 34) Für Luther ist das der Schrei des Menschen, der bedrängt wird vom Bewußtsein der Sünde. Im Fall Christi ist dieses Bewußtsein das der Sünden der Menschen, nicht einfach der Sünden, die er auf sich genommen hat, sondern der Sünden, die er zu seinen eigenen gemacht hat, als ob er an ihnen selbst schuld wäre. Luther zögert nicht, im Kommentar zu Ps. 21 zu schreiben, daß Christus die Hölle in dieser Form gekannt hat, und zwar bis zu dem Punkt, Gott gegen sich bis zum Tode verärgert zu finden, insofern er ein Sünder war, und ihm gegenüber zu spüren, was unsererseits geradezu blasphemisch wäre[33]. Ein solcher Gedanke — abgesehen davon, daß diejenigen, die noch nicht entwöhnt sind, sich so starken Weins am besten enthalten[34] — ist gegen jede Logik — außer der des Evangeliums. Der offensichtliche Sinn des Evangeliums ist der, daß Christus alles für uns zu tun bereit ist. Außerdem ist das Evangelium die Wahrheit. Wenn Christus, um wahr und glaubwürdig zu sein, bis zum Ende seiner Begegnung mit dem Menschen gehen, ja mit uns in die Sphäre der Sünde eintauchen mußte, kann man sicher sein, daß er es getan hat. Das ist jedenfalls die unveränderliche Linie von Luthers Lehre.

Seine Theologie des Kreuzes wurde eigentlich erst im 20. Jahrhundert entdeckt. Der frühere Protestantismus hatte daraus die abenteuerliche These von der „Kenose"[35] entwickelt, ohne sich auf diese Weise das eigentliche evangelische Sprechen zu eigen zu machen. Die Forschungen, die seit einigen Jahrzehnten sehr zahlreich geworden sind, machen es sich oft zu leicht mit den Paradoxen, die bei jedem Schritt auf diesem wesentlich dialektischen Weg auftreten. Aber mit dem Buch von J. Moltmann: „Der gekreuzigte Gott"[36] ist ein bemerkenswerter Versuch gemacht worden, im Kreuz Christi im Anschluß an Luther „Grund und Kritik christlicher Theologie" zu zeigen. Die Theologie des Kreuzes erscheint insbesondere als Antwort auf das Ärgernis des *Bösen*, das Zweifel an Gott aufkommen läßt (in dem Sinn, wie man sagt: „Wenn es einen guten Gott gäbe, hätte all das nicht passieren können."). Ohne für sich allein schon die ganze Theologie zu sein, liefert sie doch das Kriterium jeder Wahrheit und die Kritik des falschen Scheins. Der Gekreuzigte ist für den christlichen Glauben und für die Kirche der „radikalste Befreier aus Lüge und Eitelkeit, aus Machtstreben und Angst" (S. 8). Von daher vermag die Theologie des Kreuzes die Regel einer befreienden *Praxis* des Menschen zu werden.

So also hat sich das mit Luther zugetragen, zumindest in bezug auf die *Kirche* und den Katholizismus seiner Zeit. Indem er sich im Namen des Evangeliums der Verherrlichung des durch seine Werke mächtigen Menschen und der Machtausübung durch den Klerus entgegenstellte, wollte er die Gemeinschaft der Christen zurückführen zur Strenge des Kreuzes, das nur den Glaubensakten des Schächers und des Hauptmanns Raum bietet. Und dies im Interesse der Person und ihrer Freiheit.

Moltmann bemerkt jedoch, daß Luther kaum über das persönliche „Heil" hinausgesehen hat oder über die Befreiung im Rahmen der *kirchli-*

chen Gesellschaft. Er blieb bekanntlich unzugänglich für die politisch-soziale Befreiungsbewegung der Bauernschaft[37]. Dem Fürsten hat er die Macht über die Kirche zuerkannt, die er dem Papst verweigerte. Sein Denken gewährt der kritischen Funktion des Kreuzes wenig Raum im Hinblick auf die bürgerliche Gesellschaft. Sein Verhalten seit der Zeit des Bauernkrieges wird heute gar als Verleugnung seines Evangeliums denunziert. Hat er denn nicht den Aufständischen schlicht und einfach gepredigt, sich zu unterwerfen, und durch seine Verwünschungen zur Unterdrückung aufgerufen? Der Bischof, der seine aus der Hand der Aufständischen zurückeroberte Diözese mit dem Henker auf den Fersen durcheilte, um zügiger für das Recht zu sorgen, tat nicht mehr als das, was der Reformator in seinen Flugschriften von 1525 verlangt hatte.

In Anbetracht dieser Tatsache gibt es hier sicher Material für einen Prozeß gegen Luther, den er vor der Geschichte nicht gewinnen könnte. Aber seine Unfähigkeit, seinen „kleinbürgerlichen", ordnungsliebenden und gegenüber dem niederen Volk argwöhnischen Konservativismus zu überwinden, ist nicht die einzige Erklärung für seine Parteinahme. Man muß die Ursache dafür tiefer suchen, in seiner Leidenschaft, das Evangelium gegen alle Beeinträchtigungen oder gar nur gegen zu menschliche Betrachtungsweisen zu verteidigen. Zwei Auszüge aus der *Ermahnung zum Frieden auf die zwölf Artikel der Bauernschaft in Schwaben,* die seinen anfänglichen Standpunkt in diesem Konflikt beschreibt, können hilfreich sein, um diese Bemerkung zu verstehen. Der erste erinnert an das Ideal, das Luther am Anfang der Reformation hatte, nämlich die Dinge *einzig* durch die Verkündigung des Gotteswortes voranzutreiben. Der zweite ermahnt die Bauern dazu, die Theologie des Kreuzes zu praktizieren:

Nun, womit hab ichs dahin gebracht, daß, je mehr Papst und Kaiser getobet haben, je mehr mein Evangelium fort ist gegangen? Ich habe nie kein Schwert gezückt, noch Rache begehrt; ich habe kein Rotterei noch Aufruhr angefangen, sondern der weltlichen Obrigkeit, auch der, so das Evangelium und mich verfolget, ihr Gewalt und Ehre helfen verteidigen, so viel ich vermocht. Aber dabei bin ich geblieben, daß ichs Gott gar heimgestellet und allzeit auf seine Hand trotzlich mich verlassen habe. Darum hat er mich auch zu Trotz beiden, Papst und allen Tyrannen, nicht alleine bei dem Leben erhalten, welchs viele, und billig, für ein groß Wunder ansehen und ich selbst auch bekennen muß, sondern mein Evangelium immer lassen mehr und weiter zunehmen. Nun fallet ihr mir drein, wollet dem Evangelio helfen und sehet nicht, daß ihrs damit aufs allerhöchste hindert und verdrückt. (...)
Nicht, daß ich damit die Obrigkeit in ihrem unerträglichen Unrecht, so ihr leidet, rechtfertigen oder verteidigen wollte — sie sind und tun greulich Unrecht, das bekenne ich —, sondern das will ich: wo ihr euch beides Teils

nicht wolltet lassen weisen, und, da Gott vor sei!, aneinander setzet und treffet, daß da auf keinem Teil Christen genennet werden sollen; sondern, wie sonst der Welt Lauf nach ein Volk mit dem andern streitet, und, wie man spricht, daß Gott einen Buben mit dem andern strafet: solcher Art und Namens will ich euch gerechnet haben, wenns zum Streit käme, das Gott gnädiglich wende!, daß die Obrigkeit wisse, wie sie nicht wider Christen streite, sondern wider Heiden; und ihr wiederum auch wisset, daß ihr nicht als die Christen, sondern als die Heiden wider die Obrigkeit streitet. Denn Christen, die streiten nicht für sich selbst mit dem Schwert, noch mit Büchsen, sondern mit dem Kreuz und Leiden; gleichwie ihr Herzog Christus nicht das Schwert führet, sondern am Kreuze hanget. Darum stehet auch ihr Sieg nicht im Obliegen und Herrschen oder Gewalt, sondern im Unterliegen und Unkraft; wie S. Paulus sagt 2. Korinth. 10, 4: „Unsrer Ritterschaft Waffen sind nicht leiblich, sondern gewaltig in Gott"; und abermal: „Kraft wird durch Unkraft vollkommen."[38]

Wie bei vielen anderen Problemen läuft auch hier für Luther wieder alles auf das Paradox der *Schwäche Gottes* hinaus, der über das Böse siegreich bleibt im Gekreuzigten. Er hat sein ganzes Leben lang gelehrt, daß man einzig durch Christus Gott auf diese Weise, auf die einzig heilbringende, kennenlernen kann. Die Übersteigerung der göttlichen Vollkommenheit durch die Theologie und die offizielle Religion ist eine Reaktion auf das Verlangen des Menschen, der selbst besessen ist von Ruhm, Reichtum und Macht. Gott, der Gott Jesu Christi, ist nicht der, der in allem seinen Vorteil liebt und sucht. Er sucht mit Vorliebe, was nichtig und wertlos ist, um es neu zu machen; er nimmt als vollkommen an, wen er liebt, und nimmt keinen aus[39]. Darauf kommt es dem tiefsten und zugleich dem allen Strömungen der Reformation gemeinsamen Streben an: *daß Gott Gott sei.*

Luther wollte glauben, daß diese Lehre den Bauern helfen könnte, ihre Probleme anders als mit Gewalt zu regeln. Aber hat er selbst genügend geglaubt und glauben wollen, daß er die Papstkirche trotz des von ihm entdeckten Unglaubens *lieben* könnte — und sie reformieren, ohne sie zu deformieren?[40] Diese Frage, die unvermeidbar ist seitens eines Katholiken, der dazu erzogen wurde, *a priori* an die Kirche zu glauben, wie sie nun einmal ist, stellt die Gültigkeit von Luthers Evangelium nicht *mehr* in Frage, als es die Flugschriften gegen die Bauern tun. Aber sie will dazu ermuntern, sich näher anzuschauen, wie und warum ein solches Evangelium zum Bruch zwischen Kirche und Reformation führen konnte.

VI. WAS FÜR EINE REFORM?
DIE KIRCHE UND DAS EVANGELIUM

Wir kommen nun zu der Frage, die sich *für die Kirche* durch den Glauben Luthers stellte[1]. Das Evangelium Christi gewann in seinem Leben nur deshalb eine so große Bedeutung, weil er direkt auf das Klima in der Kirche reagierte — und das war zur Zeit Alexanders VI., Julius' II. und Leos X. wenig evangelisch. Möglicherweise hätten seine Forschungen nur einige Schüler interessiert. Aber die Frage des Evangeliums *in der Kirche* ist zur Frage einer ganzen Generation geworden, und dadurch wurde im christlichen Abendland eine Debatte eröffnet, die noch immer nicht abgeschlossen ist.

Es geht um eine entscheidende Frage, mit Sicherheit die tiefste der ganzen Reformationsgeschichte[2]. Aber auch um diejenige, die am weitesten reicht — in der Tat bis zur noch immer unüberbrückbaren Trennung zwischen Katholiken und Protestanten. Wie konnte eine Bewegung zugunsten des Evangeliums in eine solche Sackgasse führen, aus der man auch mehrere Jahrhunderte nach den Ereignissen noch keinen Ausweg findet?

Die Gründe für diese Situation sind nicht ausschließlich religiöser Natur[3]. Aber an dem Punkt, wo wir heute angelangt sind, *nach dem 2. Vatikanischen Konzil*, läuft das Problem auf die Suche nach der christlichen Einheit und die damit verbundene Umkehr hinaus. Die getrennten Kirchen sind nicht mehr in der Lage, die Aufgaben der Evangelisation jede für sich zu meistern. Vom katholischen Standpunkt aus würde es sich darum handeln, ob Rom den Widersinn (mit Bezug auf das *Evangelium*) des Katholizismus erkennen kann, so wie wir ihn aus dem Mittelalter übernommen haben. Rom scheint nie zugegeben zu haben, daß der Zustand der Kirche am Anfang des 16. Jahrhunderts nach einem Luther schrie, das heißt nach einem Advokaten des Evangeliums. Nun haben wir aber gesehen, daß selbst Luther das Problem nicht gänzlich erfaßt hatte. Dort, wo er nichts suchte als die Gerechtigkeit Gottes, deutet heute alles darauf hin, daß er Grund gehabt hätte, sich mit der Gerechtigkeit *in der Welt* auseinanderzusetzen. Er und die Seinen haben jedenfalls die Spannung deutlich gemacht zwischen den revolutionären Anforderungen des Evangeliums und dem traditionellen Katholizismus — bis zum Bruch mit dem Papsttum. Die Beschäftigung mit der Einheit kann den katholischen Forscher nur dazu antreiben, sich mit dem Einspruch gegen seinen Glauben zu beschäftigen, den der Mönch von Wittenberg mit seinen Fragen erhoben hat und der durch das Bestehen des Protestantismus fortwährend erhoben wird.

In Übereinstimmung mit dem Vorangehenden nehme ich mir vor, diese Auseinandersetzung mittels einiger Texte und der Geschichte zu untersuchen. Ich möchte aber damit beginnen, die Gegebenheiten zu beschreiben, wie sie sich mir darstellen.

1. Die Frage des Evangeliums in der Kirche

Das Schema „Evangelium" — „Kirche" entspricht zwei Etappen der Krise des 16. Jahrhunderts: Erscheinen des *Evangeliums* durch Luther, Reaktion der *Kirche* auf dem Konzil von Trient. Luther sprach, seine Lehre zusammenfassend, von „dem Evangelium", wie man in Rom „die Kirche" sagt. Diese Stilisierung eines komplexen historischen und theologischen Sachverhalts mag zu Einwänden Anlaß geben[4]. Sie will den Akzent legen auf die grundsätzliche Frage, die Luther in der Kirche wachrief, und die Bedeutung der Weigerung Roms, eine solche Frage zuzulassen[5].

Luther zielte nicht auf die Kirche im allgemeinen, sondern auf die römische oder *päpstliche* Kirche, auf die Kirche also, die vom Papst abhängt als dem Nachfolger Petri, dem Christus die Gewalt über die christliche Welt übertragen hat. Dieses Dogma vom Primat des Papstes hatte Tradition im Abendland. Es mußte in diesem Konflikt zwischen Rom und der Reformation auf dem Spiel stehen.

Das Evangelium der Rechtfertigung durch den Glauben rief innerhalb der Kirche zwei entgegengesetzte Reaktionen hervor: die der Anhänger des Reformators und die offizielle des Konzils von Trient (1545—1563). Viele schlugen sich auf die Seite des „Evangeliums" — ohne Rücksicht auf die 1521 erfolgte Verurteilung Luthers, seiner Lehre und seiner Schüler. Die neue Kraft des Evangeliums war so groß, daß es sich mit oder ohne Rom durchsetzen mußte. Nachdem Luther verurteilt war, kam sie in der ganzen Kirche zum Ausbruch und führte zu „Reformen", welche die traditionelle Religion bis zur Unkenntlichkeit veränderten. Das Konzil von Trient setzte der Verwirrung ein Ende, indem es den „Katholizismus" stärkte, die Verurteilung der Protestanten und des Protestantismus bestätigte und in der Kirche jede Entwicklung „evangelischen" Typs blockierte. Der Glaube Luthers schien danach mit dem katholischen Glauben definitiv unvereinbar.

Man konnte aber das Weiterbestehen der durch die Reformation aufgeworfenen Fragen nicht leugnen. Diese in einem kritischen Moment in der Geschichte der römischen Tradition entstandenen Fragen hatten die Ereignisse ins Rollen gebracht und die Einberufung eines Konzils unabdingbar gemacht. Obwohl die Christenheit am Ende des 16. Jahrhunderts geteilt war, war sie als Ganze „reformiert", was das Laterankonzil (1512—1517) nicht zustande gebracht hatte. Luther hatte sich über die Bedeutung seines Kampfes nicht getäuscht, als er so weit ging, zweimal den Widerruf zu verweigern. Er hatte die Sache richtig gesehen, als er sich zunächst an die Bischöfe und dann an den Papst gewandt hatte, denn das Problem des Evangeliums in der Kirche läßt sich nicht regeln, indem man die Hierarchie ausklammert. Aber die erste römische Entscheidung war, den Mönch zum Schweigen zu bringen. Die zweite war das *Nein* Trients zu allem, worauf Luther Hoffnung geweckt hatte.

Das Konzil von Trient hat die stark verfahrene Situation wieder in Ordnung gebracht — vom katholischen Standpunkt aus gesehen. Aber indem es die Brücken zur Reformation abbrach, hat es einen gewaltsamen Stand der Dinge geschaffen, der sich bis in unsere Tage erhalten hat, diese Trennung zwischen Katholiken und Protestanten, die — jeder auf seiner Seite — dasselbe tun, nämlich Christen sind. Konnte man eine so breite religiöse Strömung einfach für „außerhalb des *Glaubens*" erklären, die doch aus dem Leben des Katholizismus selbst hervorgegangen war? Rom fiel lange Zeit nichts anderes ein, als die Protestanten aufzufordern, „in den Schoß der Kirche zurückzukehren", was für sie hieß, auf eine religiöse Haltung zu verzichten, deren Wert man durch Luther entdeckt hatte. Der tridentinische Katholizismus rechtfertigte nur zu sehr ihre Überzeugung, daß die Reformatoren die Sache Christi und des Gotteswortes verteidigt hatten. Die noch fortbestehende Trennung ist nur das folgerichtige Ergebnis der unversöhnlichen Standpunkte, auf die man sich in der Schärfe der Krise versteifte.

Die Christen von heute sind die Erben dieser Situation, indem sie nun auf einmal in „getrennte" Kirchen hineingeboren werden, aber sie können heute nicht mehr auf dieser Trennung bestehen.

Ohne Komplexe schließen sich Katholiken und Protestanten überall ein wenig zusammen. Das ist gegen alle Prinzipien. Aber die Einsicht, daß wir auf dieser und auf jener Seite nichts anderes sind als Schüler des Evangeliums, ist stärker als der dogmatische Gegensatz. Die Problematik, die infolge des Tridentinums vorherrschte und die darin bestand, die „Wahrheit" als ein abstraktes Absolutum auf die Spitze zu treiben, verliert unaufhörlich an Boden. Nicht, daß man auf die Forderung der Wahrheit verzichtet hätte oder daß die Unterschiede nicht mehr dieselbe Bedeutung hätten. Aber vor allem sind die Christen durch die Welt der Gegenwart herausgefordert: Können sie über ihre Streitigkeiten hinweggehen, um das Evangelium gemeinsam in die Tat umzusetzen?

Die Lutherforschung stößt beständig auf die Rivalität zwischen Katholizismus und Protestantismus. Die katholischen Einwände gegen den Reformator und sein Werk richten sich vor allem auf die Kirchenspaltung. Dieser Prozeß wird niemals ein Ende finden, solange der Bruch noch besteht. Indem Denifle glaubte, den Schlußpunkt unter die Diskussion um Luther zu setzen, hat er sie nur wieder kräftig in Gang gebracht. Ein Dreivierteljahrhundert später sind wir immer noch nicht soweit. Aber weil uns diese Diskussion noch betrifft, sind wir in der Lage, die Dinge heute besser zu überblicken als die Konzilsväter von Trient, die ersten Protestanten oder Luther selbst. Was sie gesät haben, ist aufgegangen; wir können versuchen, die Spreu vom Weizen zu trennen. Der zeitliche Abstand erlaubt es, eine Antwort auszumachen, welche den Lauf der Ereignisse in günstigem Sinn verändert hätte, und sogar einen Ausweg aus dem Konflikt, in dem wir noch stehen, zu ahnen.

Sorgfältig erwogen, läßt sich die Frage des Evangeliums in der Kirche in einigen Punkten zusammenfassen:

— *Die Debatte betrifft in erster Linie die römische Tradition des Christentums,* und zwar mehr als die Anfänge des Protestantismus als solche[6] oder die Irrtümer Luthers. Dieser letztere hat sein Evangelium als Antwort auf eine Krise der römischen Kirche ausgearbeitet, ohne die man ohne Zweifel nie von ihm sprechen gehört hätte. Die große Reichweite des Phänomens Reformation entspricht einer großen historischen Veränderung der abendländischen Kirche. Sie war eine späte Folge des Bruchs mit dem Orient, durch welchen das Papsttum ohne ein Gegengewicht dem Einfluß des feudalen Europa ausgeliefert worden war.

— *Es handelte sich um eine vitale Frage* (nicht einfach um „Reformen"), die nicht mehr aufgeschoben werden konnte und sich auch nicht mehr von selbst löste. Es ging um die Stichhaltigkeit der damals gängigen theologischen Interpretation der Offenbarung: das Bestehen auf dem Gesetz und der eigenen Macht des Menschen, sich vor Gott Verdienste zu erwerben. Noch heute bleibt der Standpunkt des Katholizismus bezüglich des Zusammenhangs von Gesetz und Evangelium die Grundlage der Debatte, obwohl sich die Diskussionen oft um konkrete Fragen drehen wie Mischehe, gemeinsame Kommunion oder die Anerkennung von Predigern. Das Auftreten einer solchen Schwierigkeit eröffnete ein neues Kapitel in der Kirchengeschichte. Nichts konnte die Entwicklung mehr verhindern; man wird niemals mehr dahinter zurück können. Gegenwärtig kann man dem Problem der Trennung der Christen nicht entkommen — aus Gründen, die auf die Kontroversen des 16. Jahrhunderts zurückgehen.

— *Das entscheidende Faktum ist die päpstliche Weigerung, das Evangelium Luthers in Betracht zu ziehen,* eine Weigerung, die in Trient bestätigt wurde und bis in unsere Tage aufrechterhalten wird[7]. Es wäre dem Papst zugekommen, sich eines Problems anzunehmen, das für die Kirche entscheidend geworden war. Das evangelische Versagen der *Papst*kirche ließ keine andere Wahl, als das Heilmittel ohne Papsttum zu suchen. Rom gestand aber nur die Notwendigkeit von Reformen zu, nicht die radikale Frage des Evangeliums.

— *Es war eine Wirkung dieser Weigerung, daß die Problematik dieser Frage verfälscht wurde.* Sie hat verhindert, daß man das sah, was die Vereinigung der kraftvollen römischen Tradition mit dem nicht weniger kraftvollen evangelischen Streben, das sich im Protestantismus fortgesetzt hat, hervorgebracht hätte. Die evangelische Reformation hat sich *ohne* und *gegen* die römische Kirche durchgesetzt. Das hat dann die katholische sog. Gegenreformation hervorgerufen, die sich als Verteidigung der *Kirche* verstand, ohne Konzessionen an das lutherische Evangelium — wenn nicht an das Evangelium überhaupt. Kirche und Evangelium wurden *zwei absolute* Gegensätze, zwei Formeln christlichen Lebens. Das Evangelium der Rechtfertigung wurde fortan in der traditionellen Kirche nicht mehr zur Sprache gebracht, was zur Herausbildung neuer Kirchen führte[8]. Eine Seite denunzierte jeweils auf der anderen das Fehlen der Kirche beziehungsweise des Evangeliums.

— *Die Weigerung des Papstes in der Frage des Evangeliums ist die Ursache für die Blockade,* welche die sichtbare Wiederherstellung der Einheit der Christen verhindert. Im 16. Jahrhundert konnte man nicht über die religiöse Trennung des Abendlandes in Katholiken und Protestanten hinauskommen. Durch die anfängliche Weigerung Roms waren die Gläubigen auf zwei verschiedene Bahnen gestoßen worden: einerseits das Evangelium (außerhalb der „Kirche"), andererseits die Kirche (ohne „Evangelium"). Das gegenwärtige Gespräch um die Einheit hängt an unversöhnlichen Dogmen, die *als Konsequenz* dieser Problematik fixiert wurden, einer Problematik, die schon von Anfang an verfälscht war[9]. Aber die Logik der Teilung kann nicht die der Einheit sein. Statt die dogmatischen Barrieren niederzureißen, bewirkt ein Gespräch auf dieser Basis nur, daß sie aufrechterhalten werden.

— *Rom wird nicht vermeiden können, sich des Problems der nicht-evangelischen Aspekte der katholischen Orthodoxie anzunehmen.* Das war die Frage von 1517, und das ist auch heute noch der einzig gangbare Weg. Es gibt keinen anderen Ausweg aus der Sackgasse, in welche sich das christliche Abendland seit der Verurteilung Luthers durch den strategischen Irrtum des Papsttums, der am Anfang stand, verrannt hatte. Das evangelische Ideal, wie es von Luther im Hinblick auf die Erneuerung der *ganzen Kirche* definiert wurde, gibt dem Protestantismus nicht alles, was es vermöchte. Auf der anderen Seite hört der Katholizismus nicht auf, von denen getrennt zu sein, welche das evangelische Streben der christlichen, abendländischen Seele am stärksten verkörperten. Es müßte nun geschehen, was von allem Anfang an gefehlt hat: daß der Papst den Katholizismus auf den Weg der evangelischen Umkehr bringt, auf dem die Protestanten im Namen derselben Tradition des Glaubens ihm seit Jahrhunderten auf ihre eigene Weise vorangehen.

Die ökumenische Bewegung und das 2. Vatikanische Konzil haben in neuer Weise die Frage des Evangeliums in der Kirche aufgeworfen: Der Protestantismus sucht die sichtbare Einheit der Kirche im Blick auf die Verkündigung des Evangeliums, die *Mission;* der konziliare Katholizismus sucht das Evangelium zur Erneuerung der Kirche. Davon müßte man ausgehen . . .

Stellt man sie so, geht es bei der durch den Glauben Luthers in der Kirche aufgeworfenen Frage um die Wirklichkeit des evangelischen *Versagens*, das Luther im Katholizismus feststellte, und um die Berechtigung der hartnäckigen Weigerung Roms, den Weg der „Reform" zu betreten. Was hat es mit der Untreue und dem Widerstand des römischen Glaubens gegenüber dem Evangelium auf sich?

Ich werde mich bemühen, die Forschung in dieser Richtung voranzutreiben. Wir werden zuerst sehen, in welcher Weise Luther die Frage einer Reform der Kirche durch das Evangelium stellte, sowie die Antwort darauf, welche in der *Confessio Augustana* (1530) gegeben wurde, dem ersten Bekenntnis einer gemäß dem Evangelium erneuerten Kirche. Ein letztes Kapitel wird sich um das Verdikt des Konzils von Trient drehen, um das *non possumus;* es wird versuchen, in Kürze aufzuzeigen, was eine evangelische Reform der römischen Kirche sein könnte, die weder Gegenreformation noch schlicht und einfach Protestantismus wäre.

2. Eine Frage auf Leben und Tod

Am Ende seines großen Werkes zugunsten der Realpräsenz wollte Luther seinen Glauben bekennen. Zu diesem Zeitpunkt (März 1528) genas er von einer langen Krankheit, und Wittenberg erholte sich von einer Pestepidemie. Ohne Zweifel hat ihm der Gedanke an den Tod dieses Glaubensbekenntnis diktiert, wobei er unterstreicht, daß er es bei völliger Klarheit des Verstandes und im Besitz seiner Kräfte abgelegt habe.

Diese Erklärung ist die eines Gewissens, das fest entschlossen ist, seinen Glauben zu bekennen, eines Denkens, das angesichts der Kirche alles auf eine Karte setzt. Der Rahmen der Darlegung ist das *Credo*. Er erlaubt Luther, zuallererst seinen Glauben an Gott, dann an Jesus Christus zu bekennen. Aber an Christus glauben, heißt dem Evangelium von der Vergebung der Sünden allein durch den Glauben anhängen, und das zieht dann eine heftige Kritik des freien Willens und der Mönchsgelübde nach sich, die Luther zufolge typische Ausdrucksformen der Werkgerechtigkeit sind. Von hier aus entwickelt sich sein Nachdenken zu einer grundlegenden Revision des Katholizismus seiner Zeit, auf der Basis des Evangeliums und in Anwendung des *sola scriptura*-Prinzips: Was gegen die Schrift ist, muß zurückgewiesen werden; was nicht in der Schrift steht, ist nicht unbedingt nötig.

Der sehr ausführliche Text erübrigt es, andere „reformatorische" Schriften von Luther heranzuziehen. Er hat den Vorteil, die Polemik nicht zu überziehen, die anderswo zuweilen die evangelische Dominante überdeckt. Man wird die Kontinuität mit dem Vorangehenden unschwer erfassen, ohne daß es nötig wäre, sehr viele Anmerkungen zu machen.

Luthers Glaubensbekenntnis[10]

Weil ich sehe, daß des Rottens und Irrens je länger je mehr wird, und kein Aufhören ist des Tobens und Wütens des Satans; damit nicht hinfort, bei meinem Leben oder nach meinem Tod, etliche zukünftig sich mit mir behelfen und meine Schrift, ihren Irrtum zu stärken, fälschlich führen möchten, wie die Sakraments- und Taufschwärmer[11] anfingen zu tun, so will ich mit dieser Schrift vor Gott und aller Welt meinen Glauben von Stück zu Stück bekennen, darauf ich gedenke zu bleiben bis in den Tod, darinnen (des mir Gott helfe) von dieser Welt zu scheiden und vor unsers Herrn Jesu Christi Richtstuhl zu kommen. Und ob jemand nach meinem Tod würde sagen: wo der Luther jetzt lebte, würde er diesen oder diesen Artikel anders lehren und halten; denn er hat ihn nicht gnugsam bedacht etc., dawider sage ich jetzt als dann und dann als jetzt, daß ich von Gottes Gnade alle diese Artikel habe aufs fleißigst bedacht, durch die Schrift und wieder herdurch oftmals gezogen, und dieselbigen so gewiß wollt verfechten, als ich jetzt habe das Sakrament des Altars verfochten. Ich bin jetzt nicht trunken und unbedacht. Ich weiß, was ich rede, fühle auch wohl, was mirs gilt auf des Herrn Jesu Christi Zukunft am Jüngsten Gericht[12], darum soll mir niemand Scherz oder Narrenteiding draus machen. Es ist mir ernst; denn ich kenne den Satan von Gottes Gnaden: ein groß Teil kann er Gottes Wort und Schrift verkehren und verwirren, was sollt er nicht tun mit meinen oder eines andern Worten?

Gott, Dreieinigkeit und Schöpfer

Erstlich glaube ich von Herzen den hohen Artikel der göttlichen Majestät, daß Vater, Sohn, Heiliger Geist drei unterschiedliche Personen, ein rechter, einiger, natürlicher, wahrhaftiger Gott ist, Schöpfer Himmels und der Erden, aller Dinge, wider die Arianer, Makedonier, Sabelliner und dergleichen Ketzereien, 1. Moses 1[13], wie das alles bisher in der römischen Kirche und in aller Welt bei den christlichen Kirchen gehalten ist.

Der menschgewordene Sohn Gottes

Zum anderen glaub ich und weiß, daß die Schrift uns lehret, daß die Mittel-Person in Gott, nämlich der Sohn, allein ist wahrhaftiger Mensch worden, von dem Heiligen Geist ohn eines Mannes Zutun empfangen und von der reinen heiligen Jungfrau Maria als von einer rechten natürlichen Mutter geboren, wie das alles S. Lukas klärlich beschreibt und die Propheten verkündigt haben. Also daß nicht der Vater oder Heilige Geist sei Mensch worden, wie etliche Ketzer gelehret. Auch daß Gott der Sohn nicht allein den Leib ohne die Seele (wie etliche Ketzer gelehret), sondern auch die Seele, das ist eine ganze völlige Menschheit, angenommen und als rechter Same oder Kind Abraham und David verheißen und als natürlicher Sohn Mariä geboren sei, in aller Weise und Gestalt ein rechter Mensch, wie ich selbst bin und alle andern, nur daß er ohn Sünde allein von der Jungfrau durch den Heiligen Geist gekommen ist. Und daß solcher Mensch sei wahrhaftig Gott, als eine ewige, unzertrennliche Person aus Gott und Mensch worden, daß also Maria die heilige Jungfrau sei eine rechte wahrhaftige Mutter nicht allein des Menschen Christi, wie die Nestorianer lehren, sondern des Sohnes Gottes, wie Lukas spricht: „Das in dir geboren wird, soll Gottes Sohn heißen", das ist mein und aller Herr, Jesus Christus, Gottes und Marien einziger, rechter, natürlicher Sohn, wahrhaftiger Gott und Mensch.

Der Retter und Erlöser

Auch glaube ich, daß solcher Gottes- und Mariensohn, unser Herr Jesus Christus, hat für uns arme Sünder gelitten, sei gekreuzigt, gestorben und begraben, damit er uns von Sünde, Tod und ewigem Zorn Gottes durch sein unschuldig Blut erlöset und daß er am dritten Tage sei auferstanden vom Tode und aufgefahren gen Himmel und sitzet zur rechten Hand Gottes, des allmächtigen Vaters, ein Herr über alle Herren, König über alle Könige und über alle Kreatur im Himmel, auf Erden und unter der Erden, über Tod und Leben, über Sünde und Gerechtigkeit; denn ich bekenne und weiß aus der Schrift zu beweisen, daß alle Menschen von einem Menschen Adam gekommen sind und von demselbigen durch die Geburt mit sich bringen und erben Fall, Schuld und Sünde, die derselbe Adam im Paradies durch des Teufels Bosheit begangen hat, und also samt ihm allzumal in Sünden geboren, leben und sterben und des ewigen Todes schuldig sein müssen, wenn nicht Jesus Christus uns zur Hilf gekommen wäre und solche Schuld und Sünd als ein unschuldigs Lämmlein auf sich genommen hätte, für uns durch sein Leiden bezahlet und noch täglich für uns stehet und tritt als ein treuer barmherziger Mittler, Heiland und einiger Priester und Bischof unserer Seelen.

Gnade Christi und freier Wille

Hiemit verwerfe und verdamme ich als eitel Irrtum alle Lehre, so unseren freien Willen preiset, als die stracks wider solche Hilfe und Gnade unsers Heilands Jesu Christi strebt[14]. Denn weil außer Christo der Tod und die Sünde unsre Herren und der Teufel unser Gott und Fürst ist, kann da kein Kraft noch Macht, kein Witz noch Verstand sein, womit wir zur Gerechtigkeit und zum Leben uns könnten schicken oder trachten, sondern müssen, verblendet und gefangen, des Teufels und der Sünden eigen sein, zu tun und zu denken, was ihnen gefället und Gott samt seinen Geboten zuwider ist.

Die Erbsünde

Also verdamme ich auch beide, neue und alte Pelagianer, so die Erbsünde nicht wollen lassen Sünde sein, sondern solle ein Gebrechen oder Fehl sein[15]. Aber weil der Tod über alle Menschen geht, muß die Erbsünde nicht ein Gebrechen, sondern allzu große Sünde sein, wie S. Paulus sagt: „Der Sünde Sold ist der Tod", und abermal: „Die Sünde ist des Todes Stachel"[16], so spricht auch David Psalm 51, 7: „Siehe, ich bin in Sünden empfangen, und meine Mutter hat mich in Sünden getragen." Er spricht nicht: Meine Mutter hat mit Sünden mich empfangen, sondern: Ich, Ich, Ich bin in Sünden empfangen, und meine Mutter hat mich in Sünden getragen, das ist, daß ich im Mutterleib aus sündlichem Samen bin gewachsen, wie das der hebräische Text vermag.

Die Ordensgemeinschaften, eine Erfindung des Teufels

Demnach verwerfe und verdamme ich auch als eitel Teufels Rotten und Irrtum alle Orden, Regel, Klöster, Stifte und was von Menschen über und außer der Schrift ist erfunden und eingesetzt, mit Gelübden und Pflichten verfasset, obgleich viele große Heilige drinnen gelebt und als die Auserwählten Gottes zu dieser Zeit dadurch verführet[17] und doch endlich durch den Glauben an Jesum Christ erlöset und entronnen sind. Denn dieweil solche Orden, Stifte und Sekten der Meinung gelebt haben und dafür gehalten werden, daß man durch solche Wege und Werke wolle und könne selig werden, der Sünde und dem Tod entlaufen, so ists eine öffentliche, greuliche Lästerung und Verleugnung der einzigen Hilfe und Gnade unsers einigen Heilands und Mittlers Jesu Christi[18]; denn es ist uns sonst kein Name gegeben, durch welchen wir sollen selig werden ohn dieser, der da heißt Jesus Christus, und ist unmöglich, daß mehr Heilande, Wege und Weisen seien, selig zu werden[19] ohn durch die einige Gerechtigkeit, die unser Heiland Jesus Christus ist und die er uns geschenkt hat, für uns vor Gott gestellet als unser einiger Gnadenstuhl. Röm. 3, 25.

Wohl wäre es fein, so man Klöster oder Stifte der Meinung hielte, daß man junge Leute drinnen lehrte Gottes Wort, die Schrift und christliche Zucht, wodurch man feine geschickte Männer zu Bischöfen, Pfarrern und anderlei Dienern der Kirche, auch zu weltlichem Regiment tüchtige gelehrte Leute und feine züchtige gelehrte Weiber, so hernach christlich haushalten und Kinder aufziehen könnten, zurichtet und bereitet. Aber einen Weg der Seligkeit da suchen, das ist Teufels Lehre und Glaube. 1. Tim. 4, 1 ff.

Die von Gott eingesetzten Orden: Priesteramt, Ehestand, weltliche Obrigkeit

Aber die heiligen Orden und rechten Stifte von Gott eingesetzt sind diese drei: das Priesteramt, der Ehestand, die weltliche Obrigkeit. Alle die, so im

Pfarramt oder Dienst des Worts gefunden werden, sind in einem heiligen, rechten, guten, Gott angenehmen Orden und Stand, als die da predigen, Sakramente reichen, dem gemeinen Kasten vorstehen, Küster und Boten oder Knechte, so solchen Personen dienen etc. Solche sind eitel heilig Werk vor Gott. Also wer Vater und Mutter ist, sein Haus wohl regiert und Kinder zieht zu Gottes Dienst, ist auch eitel Heiligtum und heilig Werk und heiliger Orden, desgleichen wo Kinder oder Gesinde den Eltern oder Herren gehorsam sind, ist auch eitel Heiligkeit, und wer darinnen gefunden wird, der ist ein lebendiger Heiliger auf Erden. Also auch Fürst oder Oberherr, Richter, Amtleute, Kanzler, Schreiber, Knechte, Mägde und alle, die solchen dienen, dazu alle, die untertäniglich gehorsam sind: alles ist eitel Heiligtum und heilig Leben vor Gott, darum daß solche drei Stifte oder Orden in Gottes Wort und Gebot gefasset sind. Was aber in Gottes Wort gefasset ist, das muß heilig Ding sein, denn Gottes Wort ist heilig und heiliget alles, das an ihm und in ihm ist.

Der Orden der christlichen Liebe

Über diese drei Stifte und Orden ist nun der gemeine Orden der christlichen Liebe, darin man nicht allein den drei Orden, sondern auch insgemein einem jeglichen Dürftigen mit allerlei Wohltat dienet, als: speisen die Hungrigen, tränken die Durstigen etc., vergeben den Feinden, bitten für alle Menschen auf Erden, leiden allerlei Böses auf Erden etc. Siehe, das heißt alles eitel gute heilige Werk. Dennoch ist kein solcher Orden ein Weg zur Seligkeit, sondern es bleibt der einzige Weg über diesen allen, nämlich der Glaube an Jesum Christum; denn es ist gar viel ein anderes, heilig und selig sein. Selig werden wir allein durch Christum, heilig aber beides, durch solchen Glauben und auch durch solche göttliche Stifte und Orden. Es mögen auch Gottlose wohl viel heilige Dinge haben, sind aber drum nicht selig drin; denn Gott will solche Werk von uns haben zu seinem Lob und Ehren, und alle die, so in dem Glauben Christi selig sind, die tun solche Werk und halten solche Orden. Was aber vom Ehestand gesagt ist, soll man auch vom Witwen- und Jungfraustand verstehen, denn sie gehören doch zum Haus und zum Haushalten etc. So nun diese Orden und göttlichen Stifte nicht selig machen, was sollen dann die Teufelsstifte und -klöster tun, so leer, ohn Gottes Wort, aufgekommen sind und dazu wider den einzigen Weg des Glaubens streben und toben?

Der Heilige Geist

Zum dritten glaube ich an den Heiligen Geist, der mit Vater und Sohn ein wahrhaftiger Gott ist und vom Vater und Sohn ewiglich kommt, doch in einem göttlichen Wesen und Natur ein unterschiedliche Person. Durch denselbigen als eine lebendige, ewige, göttliche Gabe und Geschenk werden alle Gläubigen mit dem Glauben und andern geistlichen Gaben gezieret, vom Tode auferweckt, von Sünden gefreit und fröhlich und getrost, frei und sicher im Gewissen gemacht; denn das ist unser Trotz, so wir solchs Geistes Zeugnis in unserem Herzen fühlen, daß Gott will unser Vater sein, Sünde vergeben und ewiges Leben geschenkt haben.

Die Dreieinigkeit und wir

Das sind die drei Personen und ein Gott, der sich uns allen selbst ganz und gar gegeben hat mit allem, das er ist und hat. Der Vater gibt sich uns mit Himmel und Erde samt allen Kreaturen, daß sie dienen und nütze sein müssen. Aber solche Gabe ist durch Adams Fall verfinstert und unnütz geworden. Darum hat darnach der Sohn sich selbst auch uns gegeben, all seine Werk, Leiden, Weisheit und Gerechtigkeit geschenkt und uns dem Vater versühnet, damit wir wieder lebendig und gerecht auch den Vater mit seinen Gaben erkennen und haben möchten. Weil aber solche Gnade niemand nütze wäre, wenn sie so heimlich verborgen bliebe und zu uns nicht kommen könnte, so kommt der Heilige Geist und gibt sich auch uns ganz und gar. Er lehret uns solche Wohltat Christi, uns erzeigt, hilft sie empfangen und behalten, nützlich brauchen und austeilen, mehren und fördern und tut dasselbige beides, innerlich und äußerlich: innerlich durch den Glauben und andre geistlich Gaben, äußerlich aber durchs Evangelium, durch die Taufe und das Sakrament des Altars, durch welche er als durch drei Mittel oder Weisen zu uns kommt und das Leiden Christi in uns übet und zu Nutz bringet der Seligkeit.

Taufe und Eucharistie

Darum halt und weiß ich, daß gleich wie nicht mehr denn ein Evangelium und ein Christus ist, also ist auch nicht mehr denn eine Taufe, und daß die Taufe an sich selbst eine göttliche Ordnung ist, wie sein Evangelium auch ist. Und gleich wie das Evangelium drum nicht falsch oder unrecht ist, ob es etliche fälschlich brauchen oder lehren oder nicht glauben, also ist auch die Taufe nicht falsch noch unrecht, ob sie gleich etliche ohne Glauben empfingen oder gäben oder sonst mißbrauchten, derhalben ich die Lehre der Wiedertäufer und Donatisten und wer sie sind, so wiedertaufen, gänzlich verwerfe und verdamme. Ebenso rede ich auch und bekenne das Sakrament des Altars, daß daselbst wahrhaftig der Leib und das Blut im Brot und Wein werde mündlich gegessen und getrunken, obgleich die Priester, so es reichen, oder die, so es empfangen, nicht glaubeten oder sonst mißbrauchten. Denn es stehet nicht auf Menschen Glauben oder Unglauben, sondern auf Gottes Wort und Ordnung, es wäre denn, daß sie zuvor Gottes Wort ändern und anders deuten, wie die jetzigen Sakramentsfeinde tun, welche freilich eitel Brot und Wein haben; denn sie haben auch die Wort und eingesetzte Ordnung Gottes nicht, sondern dieselbige nach ihrem eignen Dünkel verkehret und verändert.

Die Kirche

Demnach glaube ich, daß eine heilige christliche Kirche sei auf Erden, das ist die Gemeine und Zahl oder Versammlung aller Christen in aller Welt, die einige Braut Christi und sein geistlicher Leib, des er auch das einige Haupt ist[20] und die Bischöfe oder Pfarrer nicht Häupter, noch Herren, noch Bräutigame derselbigen sind, sondern Diener, Freunde und (wie das Wort Bischof sagt) Aufseher, Pfleger oder Vorsteher. Und dieselbige Christenheit ist nicht allein unter der römischen Kirche oder Papst, sondern in aller Welt, wie die Propheten verkündiget haben, daß Christi Evangelium sollte in alle Welt kommen (Ps. 2, 7 ff., Ps. 19, 5), daß also unter Papst, Türken, Persern, Tattern und allenthalben die Christenheit zerstreuet ist leiblich, aber versammelt geistlich in einem Evangelio und Glauben unter einem Haupt, das Jesus Christus ist. Denn das Papsttum ist gewißlich das recht endchristliche Regiment oder die rechte widerchristliche Tyrannei, die im Tempel Gottes sitzt und regiert mit Menschengeboten, wie Matth. 24, 24 Christus und 2. Thess. 2, 4 Paulus verkündigen, wie wohl auch daneben der Türke und alle Ketzereien, wo sie sind, auch zu solchem Greuel gehören, so „in der heiligen Stätte zu stehen" geweissagt ist; aber dem Papsttum nicht gleich.

Vergebung der Sünden, Beichte, Ablaß

In dieser Christenheit, und wo sie ist, da ist Vergebung der Sünden, das ist ein Königreich der Gnade und des rechten Ablasses. Denn daselbst ist das Evangelium, die Taufe, das Sakrament des Altars, darin Vergebung der Sünde angeboten, geholet und empfangen wird. Und ist auch Christus und sein Geist und Gott daselbst, und außer solcher Christenheit ist kein Heil noch Vergebung der Sünden, sondern ewiger Tod und Verdammnis. Obgleich großer Schein der Heiligkeit da ist und viel guter Werk, so ists doch alles verloren. Solche Vergebung der Sünden aber ist nicht auf einmal in der Taufe zu erwarten, wie die Novatianer [21] lehren, sondern so oft und vielmal man derselbigen bedarf bis in den Tod.

Aus dieser Ursache halt ich viel von der heimlichen Beicht, weil daselbst Gottes Wort und Absolution zur Vergebung der Sünden heimlich und einem jeglichen sonderlich gesprochen wird, und, so oft er will, darin solche Vergebung, aber auch Trost, Rat und Bericht haben mag, daß sie gar ein teuer, nützes Ding ist für die Seelen, sofern daß man niemand dieselbigen mit Gesetzen und Geboten aufdringe, sondern lasse sie frei sein einem jeglichen für seine Not, wenn und wo er will, derselbigen zu gebrauchen, gleichwie es frei ist, Rat und Trost, Bericht oder Lehre zu holen, wenn und wo die Not oder der Wille fordert, und daß man nicht alle Sünden aufzuzählen oder zu berichten zwinge, sondern welche am meisten drücken oder welche jemand nennen will, allerdinge, wie ich im Betbüchlein habe geschrieben[22]. Der Ablaß aber, so die päpstliche Kirche hat und gibt, ist eine lästerliche Trügerei. Nicht allein darum, daß sie über die gemeine Vergebung, so in aller Christenheit durch das Evangelium und Sakrament gegeben wird, eine sonderliche erdichtet und anrichtet und damit die gemeine Vergebung schändet und vernichtet, sondern darum, daß sie auch die Genugtuung für die Sünde stellt und gründet auf Menschenwerk und der Heiligen Verdienst, so doch allein Christus für uns gnug tun kann und getan hat.

Das Gebet für die Toten und die Anrufung der Heiligen

Für die Toten (weil die Schrift nichts davon meldet) halt ich, daß es aus freier Andacht nicht Sünde sei, so oder desgleichen zu bitten: „Lieber Gott, hats mit der Seele solche Gestalt, daß ihr zu helfen sei, so sei ihr gnädig." Und wenn solchs einmal geschehen ist oder zweimal, so laß es gnug sein; denn die Vigilien und Seelenmessen und jährlichen Begängnisse sind kein nutz und ist des Teufels Jahrmarkt[23]. Wir haben auch nichts in der Schrift vom Fegfeuer (und ist freilich auch von den Poltergeistern aufgebracht). Darum halt ich, daß nicht not sei, eines zu glauben, wiewohl Gott alle Dinge möglich sind, er auch wohl könnte die Seelen peinigen lassen nach dem Abschied vom Leibe. Aber er hats nicht lassen sagen noch schreiben, drum will ers auch nicht geglaubt haben. Ich weiß aber sonst wohl ein Fegfeuer[24], aber davon ist nichts in der Gemeine zu lehren, noch dawider mit Stiften und Vigilien zu handeln.

Die Heiligen anzurufen haben andre angegriffen ehe denn ich, und mir gefället es und glaubs auch, daß allein Christus sei als unser Mittler anzurufen. Das gibt die Schrift und ist gewiß. Von Heiligen anzurufen ist nichts in der Schrift, darum muß es ungewiß und nicht zu glauben sein.

Letzte Ölung, Ehe und Sakramente

Die Ölung, so man sie nach dem Evangelium hielte, Mark. 6, 13 und Jak. 5, 14, ließe ich gehen. Aber daß ein Sakrament draus zu machen sei, ist nichts. Denn gleich wie man anstatt der Vigilien und Seelenmessen wohl möcht eine Predigt tun vom Tod und ewigen Leben und also bei dem Begräbnis beten und unser Ende bedenken (wie es scheinet, daß die Alten getan haben), also wäre es auch wohl fein, daß man zum Kranken ginge, betete und vermahnte, und so man daneben mit Öle wollt ihn bestreichen, sollt es frei sein im Namen Gottes.

Also darf man auch kein Sakrament aus der Ehe und dem Priesteramt machen. Sie sind sonst heilige Orden an sich selbst gnug[25]. So ist ja die

Buße nichts andres denn Übung und Kraft der Taufe. Daß die zwei Sakramente bleiben, Taufe und Abendmahl des Herrn, neben dem Evangelium, darinnen uns der heilige Geist Vergebung der Sünden reichlich darbeut, gibt und übet.

Der Greuel der Messe und die Mönchsgelübde

Vor allen Greueln aber halt ich die Messe, so für ein Opfer oder gut Werk gepredigt und verkauft wird[26], darauf denn jetzt alle Stifte und Klöster stehen, aber, so Gott will, bald liegen sollen. Denn wiewohl ich ein großer, schwerer, schändlicher Sünder bin gewesen und meine Jugend auch verdammlich zugebracht und verloren habe[27], so sind doch das meine größten Sünden, daß ich so ein heiliger Mönch gewesen bin und mit so viel Messen über 15 Jahr lang meinen lieben Herrn so greulich erzürnt, gemartert und geplagt habe. Aber Lob und Dank sei seiner unaussprechlichen Gnade gesagt in Ewigkeit, daß er mich aus solchem Greuel geführt hat und noch täglich mich, wiewohl undankbaren, erhält und stärket in rechtem Glauben.

Demnach ich geraten habe und noch rate, die Stifte und Klöster samt den Gelübden zu lassen und sich herauszugeben in die rechten christlichen Orden, auf daß man solchen Greueln der Messe und lästerlichen Heiligkeit, als der Keuschheit, Armut, Gehorsam, dadurch man sich vornimmt heilig zu werden, entlaufe. Denn so fein es gewesen ist im Anfang der Christenheit, Jungfraustand zu halten, so greulich ists jetzt, daß man dadurch Christi Hilfe und Gnade verleugnet; denn man wohl als Jungfrau, Witwe und keusch leben kann ohn solche lästerlichen Greuel.

Bilder und Kultgegenstände

Bilder, Glocken, Meßgewand, Kirchenschmuck, Altarlichter und dergleichen halt ich frei. Wer da will, der mags lassen, wiewohl Bilder aus der Schrift und von guten Historien ich sehr nützlich, doch frei und willkürig halte, denn ichs mit den Bilderstürmern nicht halte.

Die Auferstehung

Am letzten glaube ich die Auferstehung aller Toten am Jüngsten Tage, beides, der frommen und bösen, daß ein jeglicher daselbst empfange an seinem Leibe, wie ers verdienet hat, und also die Frommen ewiglich leben mit Christo und die Bösen ewiglich sterben mit dem Teufel und seinen Engeln. Denn ich halte es nicht mit denen, so da lehren, daß die Teufel auch werden endlich zur Seligkeit kommen.

Das ist mein Glaube; denn also glauben alle rechten Christen und also lehret uns die Heilige Schrift. Was ich aber hie zu wenig gesagt habe, werden meine Büchlein gnugsam Zeugnis geben, sonderlich die zuletzt sind ausgegangen in vier oder fünf Jahren. Des bitte ich, alle frommen Herzen wollten mir Zeugen sein und für mich bitten, daß ich in solchem Glauben feste möge bestehen und mein Ende beschließen. Denn (da Gott vor sei) ob ich aus Anfechtung und Todesnöten etwas anders würde sagen, so soll es doch nichts sein, und will hiemit öffentlich bekannt haben, daß es unrecht und vom Teufel eingegeben sei. Dazu helfe mir mein Herr und Heiland Jesus Christus, gebenedeiet in Ewigkeit. Amen.

Man kann glauben, daß diese glühenden und gewichtigen Seiten den wahren Luther zum Ausdruck bringen. Sie zeigen, wie seine Seele dem Evangelium Christi, der einzigen Rettung für den sündigen Menschen, unterworfen ist, und wie diese Überzeugung eine „Praxis" der *Kirchen*reform nach sich zog.

Der Katholik mag entrüstet sein über die Anhäufung von Kritikpunkten gegen so viele Aspekte seines Glaubens, die ihm noch immer wesentlich sind: der freie Wille, die Berufung der Ordensleute, der Primat des Papstes, die Messe und die Sakramente, die Heiligenverehrung, das Gebet für die Toten. Man hat seit der Reformation nicht davon abgelassen, diesen Aspekt der Akte „Luther" auszuschlachten. Die Polemik wollte nicht zur Kenntnis nehmen, was hier so klar erscheint, nämlich, daß die Kritik Luthers am Katholizismus aus den Forderungen des Evangeliums hervorgeht. Am schwerwiegendsten ist letzten Endes nicht der skandalöse Charakter dieser oder jener Behauptung, sondern die befremdliche Leichtigkeit, mit der Luther — mit einem Wort — Dogmen und Gebräuche, die bis dahin unbeanstandet waren, liquidiert. Die Geschichte der Reformation zeigt, daß das Evangelium der Rechtfertigung durch den Glauben die Wirkung hatte, die Augen zu öffnen für das, was in der Kirche dem Absolutum der Gnade widerspricht, außerhalb des menschlichen Fassungsvermögens liegt oder alles das, was tendenziell den Sinn für die Mittlerposition Christi verdunkeln kann: das Dazwischentreten der Heiligen, die Macht der Geistlichkeit, die Gnadenwirksamkeit, die man eher den Riten, ja geweihten Gegenständen als dem Wort Gottes zuerkennen wollte. Daher das Gefühl, daß man die Gläubigkeit der Gläubigen mißbraucht hatte, und die Behauptung, die römische Kirche sei unter der Herrschaft des Nicht-Evangeliums, des Antichristen. Das Schriftprinzip erwies sich als in allen Punkten im Widerspruch stehend zum päpstlichen Prinzip und den „menschlichen Lehren".

Es war noch nicht einmal zehn Jahre her, daß man solche Fragen zu diskutieren begonnen hatte. Die Entdeckung des Evangeliums war begleitet vom Nachlassen des Sinnes für die römische Tradition, insofern sie authentischer Ausdruck des apostolischen Glaubens war. Dieses Phänomen, das an das plötzliche Verschwinden der Anhänglichkeit an die Monarchie nach der Französischen Revolution von 1789 erinnert (1792 schon sprach man nur noch von „Tyrannen"), ist ebensowenig verständlich. Eine solche Polarisierung machte aus der Frage des Evangeliums in der Kirche eine Frage von Leben und Tod für die römische Institution, aber ebensosehr für diejenigen, die sich durch ihren Anschluß an den durch Luther enthüllten Glauben an Christus dem Scheiterhaufen aussetzten.

3. Für eine evangelische Kirche

Für die Zeitspanne 1520—1530 könnte man sich noch fragen, ob nicht die Folgen Luther am Ende recht gaben. Die Reformation drang in die Sitten und Gebräuche ein, sie führte zu dauerhaften politischen Veränderungen in Deutschland, in der Schweiz und in Skandinavien[28]. Sie hatte auch schon ihre Martyrer gefunden[29]. Aber religiöser Pluralismus war damals ebenso undenkbar für die Staatsmänner wie für die Theologen; man kannte immer noch nur eine einzige Kirche. Die 1521 ergriffenen Maßnahmen waren von geringer Wirkung, man hatte sich an die Situation gewöhnt und sich in einem Wartezustand eingerichtet. Wie konnte man wissen, welche der beiden Parteien, deren jede der anderen nicht weichen wollte, den Sieg davontragen würde? Nach dem kurzen Zwischenspiel des Pontifikats Hadrians VI.[30] zeigte sich das Papsttum ebenso unfähig, der lutherischen Bewegung Einhalt zu gebieten, wie ihr die Initiative der Reformen zu nehmen. Die Interessen des römischen Glaubens nahm nun Kaiser Karl V. in die Hand, der sich für ein Konzil einsetzte, auf dem man die Differenzen miteinander begleichen könnte. Am schwierigsten war der Papst zu überzeugen, denn Rom fürchtete das Konzil wie die Pest[31]. 1527 lieferte der Sacco di Roma das Papsttum der Gnade des Kaisers aus. Acht Tage lang konnten die lutherischen kaiserlichen Landsknechte ungestraft Kirchen entweihen und Klöster und Konvente schänden, während die spanischen Söldner Priester folterten, um ihnen ihr Geld abzunehmen. Wenigstens war Karl V. von nun an in der Lage, seine Kirchenpolitik durchzusetzen.

Während er auf eine Entscheidung des Papstes Clemens VII. wartete, der versuchte, die Dinge in die Länge zu ziehen, entschloß sich der Kaiser, im Rahmen seiner Staaten zu handeln. Er rief den Reichstag in Augsburg zusammen und lud die Vertreter der verschiedenen religiösen Richtungen ein, sich vor ihm und untereinander zu erklären.

Die Lutheraner kamen mit einer „Confessio" hervor, die von Luthers Glaubensbekenntnis abgeleitet war[32]. Sie wurde auf dem Reichstag am 25. Juni 1530 öffentlich verlesen und dem Kaiser zugestellt. Sie gab sich als „Confessio oder Bekenntnus des Glaubens etlicher Fürsten und Städte" des Reiches und war kein Schreiben eines privaten Gelehrten, noch weniger ein Anschlag auf die römische Autorität, sondern eine politische Handlung. Die zuständigen Autoritäten der interessierten Territorien definierten die Neuerungen, die man aufrechterhalten wollte, als Kirchenreform im Einklang mit dem Evangelium. Der Text[33] war eingeteilt in 28 Artikel, 21 davon die Lehre betreffend, die übrigen betrafen die „Mißbräuche, die abgeschafft worden sind"[34]. Die Unterzeichner stellten sich als Stimme der ehrwürdigen Tradition der Kirche dar, gegen die Entwicklungen des mittelalterlichen Katholizismus. Obwohl ihr Vorgehen nicht ohne Berechnung war, muß doch ihre Absicht, „die notwendigen Punkte aufzuzählen" und nichts anzunehmen, „was der Schrift oder der allgemeinen christlichen Kirche zuwider ist", in Betracht gezogen werden. Die *Confessio Augustana* ist eine gewissenhafte Bilanz von zehn Jahren Kirchenreform im Namen des Evangeliums.

Sie interessiert uns hier, weil man an ihr sehen kann, wie Luthers Evangelium als Norm einer Reform der Kirche funktionierte. Die Lehre von der Rechtfertigung durch den Glauben wird in der Tat in den ersten sechs Artikeln herausgestellt, die dann in der Folge als Kriterium einer Reihe von Klarstellungen zu den Lehren und Gebräuchen des Katholizismus dienten[35].

Das Denken ist das von Luthers Glaubensbekenntnis, welches zuweilen wörtlich aufgenommen wird. Die Darstellung des Sprechens vom Glauben dieses Reformators verdient es, näher untersucht zu werden, denn in dieser Form bestimmt das Denken Luthers auch heute noch den Glauben der lutherischen Kirchen[36].

Die erste wichtige Tatsache ist, daß auf den Artikel über *Gott* direkt die Lehre von der Erbsünde folgt. Die Frage des *Menschen* kommt gleichfalls noch vor dem Artikel 3 über den Sohn Gottes. Der Mensch, heißt es im Anschluß an die Bibel, wird voll von schlechten Begierden oder Anlagen geboren, ohne Gottesfurcht und unfähig, wirklich an Gott zu glauben[37]. Diese „angeborne Seuch"[38] ist *Sünde* im strengen Sinn; sie weiht diejenigen dem ewigen Tode, die nicht neugeboren werden durch die Taufe und durch den Heiligen Geist. Diese Lehre verurteilt die „Pelagianer", welche leugneten, daß die Erbsünde *in uns* eine wirkliche Sünde sei und dem Menschen die Fähigkeit zusprachen, vor Gott aus eigener Kraft gut zu sein: was soviel heißt wie, daß es nicht absolut unabdingbar ist, *von Christus* gerettet zu werden.

Die Unfähigkeit des Menschen, ohne Christus wirklich an Gott zu glauben, ist eine Voraussetzung der ganzen reformatorischen Lehre. Sie schließt aus, daß man Gerechtigkeit durch die Erfüllung des Gesetzes erlangen kann und läßt nichts Raum außer dem Glauben. Wir haben schon beim Glaubensbekenntnis Luthers gesehen, daß das eine bestimmte Vorstellung vom Menschen einschließt. In der nominalistischen Theologie, von der Luther abhängig ist, ist das Wirkliche das konkrete Einzelne. Die Rechtfertigungslehre muß also ein Fundament des *individuellen* Heils schaffen, und zwar *durch Christus*. In diesem Sinn heißt es hier, daß Christus ein Sühneopfer[39] ist, „nicht allein für die Erbsünde, sondern auch für alle andere Sünde". Er ist „aufgefahren gen Himmel, sitzend zur Rechten Gottes, daß er ewig herrsche über alle Kreaturen und regiere, daß er alle, so an ihn glauben, durch den heiligen Geist heilige, reinige, stärke und tröste, ihnen auch Leben und allerlei Gaben und Güter austeile und wider den Teufel und wider die Sünde schütze und beschirme". Luther sagt entsprechend (oben S. 125), daß alle Menschen „des ewigen Todes schuldig sein müssen, wenn nicht Jesus Christus uns zur Hilf gekommen wäre und solche Schuld und Sünd als ein unschuldigs Lämmlein auf sich genommen hätte, für uns durch sein Leiden bezahlet und noch täglich für uns stehet und tritt als ein treuer barmherziger Mittler, Heiland und *einiger Priester und Bischof unserer Seelen"*. *Täglich* also bewirkt Christus noch jetzt unser Heil, als ein „einziger Priester", der *ausschließlich Tätige* zur Vergebung der Sünden. Die Theologie machte dann Priester zu Mittlern zwischen Gott und den Menschen, und zwar wegen ihrer Gewalt, das Meßopfer zu feiern für die täglichen Sünden der Lebenden und der Toten. Das Konzil von Trient gab dem lutherischen Einwand nicht statt, daß eine solche Vorstellung von Messe und Priester der ausschließlichen Rolle Christi zuwiderlaufe. Aber es konnte nicht verhindern, daß der Protestantismus seinen Kampf darum fortsetzte, Christus wieder seinen Platz im Leben jedes einzelnen zu geben, *ohne daß das von einem Priester abhinge.*

Der Grund für diese Hartnäckigkeit ist die Auffassung von der *Rechtfertigung:* „Weiter wird gelehrt, daß wir Vergebung der Sünde und Gerechtigkeit vor Gott nicht erlangen mögen durch unser Verdienst, Werk und Genugtun, sondern daß wir Vergebung der Sünde bekommen und vor Gott gerecht werden *aus Gnaden* um Christus willen durch den Glauben, so wir glauben, daß Christus *für uns* gelitten habe und daß uns um seinen willen die Sünde vergeben, Gerechtigkeit und ewiges Leben geschenkt wird" (Artikel 4). Denn Gott will in einem solchen Glauben die Gerechtigkeit vor ihm sehen, er will sie uns „auferlegen", gemäß Paulus Röm. 3 und 4. Die ganze Idee eines menschlichen Anteils (sei es nun durch den Priester oder durch persönliches Verdienst) am Werk des Heils stößt sich an der göttlichen Gabe. Der sündige Mensch kann Gott nicht gefallen; Gott gewährt ihm nur in Anbetracht seines Glaubens an Christus Gnade.

Die Verkündigung (Artikel 5) ist das Mittel, durch das man zu einem solchen Glauben gelangt. Noch hier ist es Gott, der das Predigtamt gestiftet hat, dem die Verkündigung des Evangeliums und die Spendung der Sakramente anvertraut sind, damit wir zum Glauben gelangen. Das Wort und die Sakramente sind wie Instrumente, vermittels derer der Heilige Geist gegeben und vom Glauben hervorgebracht wird. Dieser ist *Antwort* auf das Evangelium, welches „lehrt, daß wir durch Christus Verdienst, nicht durch unser Verdienst, einen gnädigen Gott haben, so wir solches glauben"[40].

135

Der Glaube ans Evangelium muß viele gute Werke hervorbringen (Artikel 6), indem man dem Plan Gottes und seinen Geboten folgt. Aber ebenfalls aus Liebe zu ihm, nicht um seine Gnade zu verdienen. Wir dürfen kein solches Vertrauen in unsere Werke haben, denn wir sind unnütze Knechte (Luk. 17, 10). Gott hat angeordnet, daß wir durch den Glauben an Jesus Christus gerettet werden sollen, daß die Sünden durch den Glauben allein vergeben werden sollen, ohne Verdienst unsererseits[41].

Diese sechs Artikel definieren das Evangelium als einzige Botschaft, welche die Kirche den Menschen zu verkündigen hat. Man erkennt die Kirche an der Treue zu dieser Botschaft. Das ist der Tenor des Artikels 7, der mit der Versicherung beginnt, daß es die Kirche immer geben werde (*perpetua mansura sit*), aber aus ihr mit Luther „die Versammlung aller Gläubigen"[42] macht, „bei welchen das Evangelium rein gepredigt und die heiligen Sakramente laut dem Evangelium gereicht werden". Es ist so die Mission der Kirche, die Rechtfertigung ihrer Glieder durch die Verkündigung des Gotteswortes sicherzustellen. Nach zehn Jahren Reformation konzentriert sich der Anspruch, was die Kirche betrifft, auf diesen Punkt. Aber für Luther bedeutet — wie wir gesehen haben — die Definition der Kirche durch die Gemeinschaft der Gläubigen, daß *der Papst nicht das Kriterium der wahren Kirche* ist. Denn unter dem Papst können der Glaube, das Evangelium und die wahre Rechtfertigungslehre zugrunde gehen. Nicht, daß man den Papst in Augsburg abschaffen wollte (der Verfasser hüllt sich klugerweise über diese Frage in Schweigen), aber man verweigert ihm den Primat, indem man einer funktionalen Definition von Kirche den Vorzug gibt. Die Kirche Jesu Christi ist die Kirche des Glaubens an ihn als einzige Quelle des Heils.

Für die *Confessio Augustana* gewährleistet die Übereinstimmung über das Evangelium die Einheit der Kirche, ohne daß es nötig wäre, überall denselben *Gottesdienst* einzurichten[43]. Man denkt daran, den Gläubigen Sicherheit zu geben bezüglich der Spendung der Sakramente in der gerade herrschenden Situation: Priester im Bruch mit Rom, Anfechtung der römischen Lehre. Obwohl die Kirche eigentlich die Gemeinschaft der „Heiligen" ist, zählt sie hier unten in ihren Reihen viele Sünder[44]. Aber die von unwürdigen Priestern gespendeten Sakramente behalten ihre Gültigkeit, welche ihnen zukommt durch die Einsetzung durch Christus. Man träumt nicht von einer Kirche der Reinen[45].

Die Sakramentenlehre bleibt bei der Lehre Luthers, der nur Taufe und Eucharistie anerkannte. Aber man betont gegenüber Zwingli, daß das Sakrament *ein Zeichen göttlichen Wohlwollens* uns gegenüber ist, dazu bestimmt, den Glauben zu wecken und zu festigen[46]. Man muß sich also der Sakramente dergestalt bedienen, daß sie den Glauben an die Verheißungen Gottes hervorrufen, welche das Sakrament in konkreter Form erneuert[47].

Die Probleme des christlichen Lebens in der Welt, die irdische Beru-

fung des Christen, sind in Artikel 16 angesprochen. Die legitime Gesell-
schaftsordnung ist ein gutes Werk Gottes. Christen können öffentliche
Ämter annehmen, Recht vollstrecken (auch die Todesstrafe!), Krieg führen, Verträge schließen, Besitz haben, vor Behörden Eide leisten, heira-
ten. Diese Lehre verurteilt die Wiedertäufer, die alle Institutionen als dem
Evangelium zuwider ablehnten, aber ebenfalls diejenigen, welche die
evangelische Vollkommenheit im Kloster suchten, außerhalb des gemeinen Lebens, durch Werke, nicht allein durch den Glauben und die Furcht
Gottes. Das Evangelium befiehlt, den Willen Gottes auf allen Stufen der
Gesellschaft zu achten und tätige Nächstenliebe zu praktizieren, jeder
gemäß seinem Stand. Die Christen müssen den Regierenden gehorchen,
außer in dem Fall, wo man Gott mehr gehorchen muß als den Menschen
(Apg. 5, 29).

Die Lehre vom *freien Willen* (Artikel 18) entspricht der Luthers[48].
Artikel 20 weist ausführlich die Beschuldigung zurück, das Luthertum sei
gegen die guten Werke. Er bemerkt, daß die Gegner der Reformation
aufgehört haben, die Werke in den Vordergrund zu stellen, und jetzt
mehr vom Glauben sprechen[49]. Man zeigt, daß die Nachlässigkeit der
Prediger und die Not der Gläubigen es dringlich werden ließen, die Lehre
des Glaubens an Christus zu predigen. Dieser Glaube ist nicht einfach der
„historische" Glaube (die Zustimmung zu den Dogmen), welchen selbst
die Dämonen besitzen, sondern der wahre Glaube, „der da glaubet, daß
wir durch Christum Gnad und Vergebung der Sünde erlangen". „Und der
nun weiß, daß er einen gnädigen Gott durch Christum hat, kennet also
Gott ..." „Es ist aber der Glaube eine gewisse Zuversicht dessen, was
man hofft" (Hebr. 11, 1)[50].

Unabhängig von diesen Punkten der Lehre behandelt die *Confessio
Augustana* Artikel, gegen die Einwände bestehen, und Mißbräuche, die
abgeschafft worden sind. Dieser zweite Teil (Artikel 22—28), vernünfti-
gerweise länger als der erste, tritt ein für Freiheit, Frieden und Gewissens-
tröstung, indem er mit den Skandalen und Mißbräuchen streng ins
Gericht geht. Man kann davon die folgenden Einzelheiten festhalten, die
die Situation erklären, welche einen solchen Ausbruch des Evangeliums
provozierte:

— Die *Kommunion unter beiderlei Gestalt* ist ein Gebot Christi, deshalb soll man sich daran halten. Die Aufspaltung des *Zeichens* (Brot wird
ohne Wein gegeben) entstellt das Sakrament. Desgleichen haben die
Lutheraner die Sakramentsprozessionen abgeschafft, weil sie die Frömmigkeit auf das Brot fixieren[51].

— Die *Priesterehe* muß dem notorisch lasterhaften Lebenswandel der
Geistlichkeit ein Ende setzen, „so nicht vermochten, Keuschheit zu halten" — zum Schaden des jeweiligen Gewissens. Wurde nicht der Stand
der Ehe genau deshalb von Gott eingesetzt, um nämlich Zuchtlosigkeit zu
vermeiden? „Gottes Wort und Gebot durch kein menschlich Gelübde

oder Gesetz mag geändert werden". Die kirchliche Tradition des Zölibats war übrigens in Deutschland nicht älter als vierhundert Jahre. Papst Pius II. (1458—1464) meinte, daß „es einige gute Gründe gab, den Priestern die Ehe wegzunehmen, und daß es wohl noch schwerwiegender wäre, sie ihnen zurückzugeben" ...

— Die *Messe* wird nicht abgeschafft. Mit großer Sorgfalt will man die Gläubigen unterrichten und sie lehren, von ihr Gebrauch zu machen, „als nämlich die erschrockenen Gewissen damit zu trösten". Man verwendet das Deutsche anstatt des Lateinischen, „sintemal alle Zeremonien fürnehmlich dazu dienen sollen, daß das Volk daran lerne, was ihm zu wissen von Christo not ist". Man hat die stillen oder käuflichen Messen abgeschafft, die nur um des Geldes willen gelesen wurden. „Dabei ist auch der greulich Irrtum gestraft, daß man gelehrt hat, unser Herr Christus habe durch seinen Tod allein für die Erbsünde genuggetan und die Messe eingesetzt zu einem Opfer für die anderen Sünden ..." Das Sakrament ist nicht zu einem Sühneopfer eingesetzt worden — denn dieses Opfer wurde schon vollendet —, sondern um unseren Glauben zu wecken und unser Gewissen zu trösten[52].

— Das *Bischofsamt* besteht, insofern es ein Amt aus göttlichem Recht ist, darin, das Evangelium zu verkündigen, Sünden zu vergeben, über die Lehre zu richten, zurückzuweisen, was dem Evangelium entgegensteht, die Gottlosen aus der Kirche auszuschließen, deren Gottlosigkeit offenbar ist, ohne menschliche Gewalt, einzig durch das Wort Gottes. Die Bischöfe haben ihre Stellung mißbraucht, sei es durch Streben nach weltlicher Gewalt, sei es durch Lehren oder Einrichtungen, die dem Evangelium entgegenstehen. Man muß im Christentum die Lehre von der christlichen Freiheit aufrechterhalten, derzufolge die Knechtschaft des Gesetzes nicht nötig ist zur Rechtfertigung. Die Irrtümer haben sich in das Christentum eingeschlichen, weil man die Rechtfertigung durch den Glauben nicht mehr rein und unverfälscht lehrte und predigte. Man verlangt, daß die Bischöfe sich weigern, bestimmte ungerechte Anordnungen zu treffen, welche die alte Kirche nicht gekannt hat und die entgegen dem allgemeinen Brauch der christlichen Kirche eingeführt worden sind. Am Anfang konnten sie einige Gründe für sich haben, aber sie stimmen mit unserer Zeit nicht mehr überein ...

So sieht also in groben Zügen das „Programm" aus, bei dem man 1530 angelangt war, unter dem Gesichtspunkt, die Kirche zur Reinheit des Evangeliums zurückzuführen. Die Forderung des Gewissens, welche die römischen Interdikte überging, hatte keine Angst mehr davor, sich vor der kaiserlichen Gewalt öffentlich zu erklären. Sie stützte sich hauptsächlich auf die Schrift und auf die Tradition der alten Kirche — eine Reaktion

138

auf die Neuerungen der letzten Jahrhunderte. Offenkundig ist die Sorge, die Abspaltung zu rechtfertigen; man ist sich bewußt, über das hinausgegangen zu sein, was das Kirchenrecht zulassen konnte[53]. Aber die Fragen oder Einwände, welche die *Confessio Augustana* aufwirft, nehmen ihr nicht den Charakter eines Zeugnisses für den Glauben aller Zeiten. Unter den obwaltenden Umständen konnten die Unterzeichner keine andere Absicht haben. Die Tatsache, daß ihre Vorstellungen von einer evangelischen Kirche den Rahmen sprengten, erklärt sich in erster Linie durch die Neuheit der Fragen, die sie ohne Verzug lösen mußten. Die Frage des Papstes wird mit Schweigen übergangen, aber im *Credo* kommt er ja auch nicht vor[54]. Insbesondere aber gibt ja die *Confessio Augustana*, ebensowenig wie Luthers Glaubensbekenntnis, eine der wesentlichen Funktionen der Kirche und des Glaubens nicht auf — diejenige, Häresien zu denunzieren.

Als solche war die *Confessio Augustana* zunächst einmal ein Vorschlag an die ganze Kirche. Die Frage war, ob die Verbindung mit Rom halten würde, sei es auch in der Form eines schwierigen Dialogs. Die traditionellen Theologen, die ebenfalls in Augsburg zusammengerufen worden waren, nahmen eine entschieden feindliche und negative Haltung ein[55]. Obwohl die dogmatische Genauigkeit, welche das Konzil von Trient erst viel später entwickeln sollte, noch fehlte, konnten die Vertreter der Schulen keineswegs leichter dem „evangelischen" Glauben oder der Überzeugungskraft einer theologischen Meinung ihre Zustimmung geben. Die Unordnungen und *Häresien*, die er provozierte, nahmen den Reformatoren jede Autorität; das einzige, was man tun konnte, war, alles zu verhindern, was sie vorzuschlagen hatten. Das war schon 1520 im Hinblick auf Luther der Standpunkt der Verfasser der Bulle *Exsurge Domine* gewesen. Was die Lutheraner betraf: Sie hatten keine Forderung außer der, daß die ganze Kirche ihrer Meinung beipflichten sollte. Sie verlangten einfach die Freiheit, ihrer *Gewissen*überzeugung folgen zu dürfen. Man kann ihnen ohne Zweifel vorwerfen, sich keine Mühe gegeben zu haben, ihre antirömische Voreingenommenheit zu überwinden, um sich in die Sichtweise der Verteidiger der päpstlichen Thesen hineinzuversetzen. Aber wir haben ja schon gesehen, daß Luther das Verschwinden der Messe anstrebte, und es scheint, daß die Unterzeichner der *Confessio Augustana* geglaubt haben, daß die Zeit eine Entwicklung *in ihrem Sinn* herbeiführen würde. Allein Melanchthon hat zugegeben, daß man sich zusammensetzen müsse, was den Wünschen Karls V. entsprach, der immer begierig war, zur Einberufung eines Konzils zu gelangen. Doch inzwischen hatte sich die Situation dahingehend verändert, daß sich ein Bruch nicht mehr vermeiden ließ.

Weniger als ein Jahrzehnt später ist mit den *Schmalkaldischen Artikeln* (1537) dann der Punkt erreicht, an dem es kein Zurück mehr gab. Dieser Text, der auf die wichtigsten Theologen des Luthertums zurückgeht, war vom Kurfürsten von Sachsen angefordert worden, der sich davon eine

Diskussionsgrundlage erwartete, aus welcher die ausgeschlossenen Konzessionen und die möglichen Kompromisse hervorgehen sollten[56]. Man konnte sehen, wie sich in der Wirklichkeit bestätigte, was schon in Augsburg sichtbar wurde, nämlich Luthers Unnachgiebigkeit, die diesmal den Sieg über die konziliantere Einstellung Melanchthons davontrug. Seit 1530 sah Luther keinen Kompromiß mehr möglich zwischen Christus und „Belial". Er hatte klar erkannt, daß die beiden Strömungen unvereinbar waren[57].

Zu diesem Zeitpunkt sind Papst und Messe zur Kristallisationspunkten der beiden unterschiedlichen Auffassungen geworden[58]. Luther bezieht sich auf sein Glaubensbekenntnis von 1528 als Anhaltspunkt. Die Messe wird erneut zurückgewiesen, insofern sie ein Sühneopfer für die nach der Taufe begangenen Sünden ist, und ebenso wegen der Mittlergewalt, die sie dem Priester in die Hand gibt, da er sie ja feiert, *wann er will*. Luther betrachtet die Messe als Schlüssel zum Gewölbe des päpstlichen Systems, in dem die Ermessensgewalt verschlossen ist über Christus, die Gnade und die Gläubigen: „Dieser Artikel von der Messe wird's ganz und gar sein in Concilio; denn wo es möglich wäre, daß sie uns alle anderen Artikel nachgeben, so können sie doch diesen Artikel nicht nachgeben, wie der Campegius zu Augsburg gesagt: er wollt' sich ehe auf Stücken zerreißen lassen, ehe er wollt' die Messe fahren lassen. So werde ich mich auch mit Gottes Hilfe ehe lassen zu Aschen machen, ehe ich einen Messeknecht mit seinem Werk lasse meinem Heilande Jesu Christo gleich oder höher sein. Also sind und bleiben wir ewiglich geschieden und widernander. Sie fühlen's wohl: wo die Messe fället, so liegt das Papsttum. Ehe sie das lassen geschehen, so töten sie uns alle."[59]

Der Papst wird beschuldigt, sich an Christi Stelle zu setzen als Haupt der Kirche und das Dogma des päpstlichen Primats als *zum Heil notwendig* aufzuerlegen[60]. Die zur Stützung dieser radikalen und offen polemischen Thesen herbeigezogenen Argumente sind nicht ohne Interesse, und die religiöse Besorgnis ist nicht geheuchelt. Aber man kann sich des Eindrucks nicht erwehren, daß bei Luther am Ende seines Lebens die Perspektive des Evangeliums getrübt ist durch die *rabies theologica*, die Wut der Kontroverse. Man redet nicht mehr miteinander, und die Leidenschaften, so aufrichtig sie auch sein mögen, dienen nicht zur Erhöhung der Hauptsache, die jeder verteidigt. War die Reform der Kirche durch das Evangelium zu diesem Preis noch möglich — mußte sie *um jeden Preis* vollzogen werden?

Die *Schmalkaldischen Artikel* stehen schon in der Perspektive des Konzils, das alle kommen fühlten. Man konnte wirklich sonst nichts mehr machen. Obwohl das anglikanische Schisma schon seit 1534 vollzogen war[61], hatte es nie mehrere Kirchen gegeben. Calvin war noch nicht Herr von Genf. Aber die Kirche war in heillose Verwirrung geraten. Es gab keine andere Lösung mehr als das Konzil.

Die Politik Karls V., die darauf abzielte, den endgültigen Bruch zu vermeiden, trieb zur Annäherung und zur Versöhnung, indem sie in all diesen Jahren die Drohung der militärischen Niederwerfung der Protestanten über ihnen schweben ließ. Sie führte zu Religionsgesprächen[62], die nichts weiter vermochten, als zu zeigen, an welchem Punkt die Standpunkte unvereinbar waren. Alles, was die Katholiken zuzugestehen bereit waren, war die Priesterehe, die Kommunion unter beiderlei Gestalt und eventuell den Raub der Kirchengüter (Klöster), die schon enteignet waren. Aber Rom blieb unnachgiebig in der Frage der Priesterehe.

Der Mißerfolg der Religonsgespräche bewies zumindest das Bestehen einer festen Front, einig in ihrer Weigerung, in der Umgestaltung des Katholizismus so weit zu gehen wie die Protestanten. Dieser Widerstand kam von Männern, welche vor der Perspektive, die Tradition zu verletzen und zu verfälschen, zurückschreckten. Der Protestantismus vermochte nicht, von der Schädlichkeit dessen, was er ablehnte, zu überzeugen[63]. Zur selben Zeit drängte sich das Gefühl auf, daß das Spiel zu Ende sei und daß für die legitime Autorität nun die Zeit gekommen sei, mit allem abzuschließen.

VII. Der Glaube der Papstkirche

Die Lutherforschung hat kein wichtigeres Ziel, als zu einem *positiven* Ausgang der offenen Debatte über das 16. Jahrhundert zwischen der Papstkirche einerseits und Luther, der Reformation und dem Protestantismus andererseits beizutragen[1]. Die meisten Diskussionen werden gegenwärtig mit anderen Begriffen geführt als früher, und es wäre nicht interessant, in ein vergangenes Stadium zurückzufallen. Aber alles deutet darauf hin, daß die Kirche noch nicht wirklich mit Luther fertig ist.

Wir konnten sehen, was als Hintergrund des Phänomens „Luther" erschien: eine einzigartige, mit Sicherheit biblische, Empfänglichkeit für das im Glauben empfangene Evangelium Jesu Christi durch die Vermittlung des Wortes und die Gnade des Heiligen Geistes. In erster Linie darin liegt Luthers originaler Beitrag zu unserem Verständnis des christlichen Glaubens. Ob man ihm nun folgt oder nicht, zu Unrecht oder zu Recht — die Kirche war nach ihm nicht mehr dieselbe. Über die dem katholischen Glauben teure Gegenwart in der Eucharistie hinaus erweckte Luther die christliche Welt zur Realpräsenz des Wortes Gottes, dessen berufener Zeuge der Protestantismus ist.

Das ist zunächst einmal ein Fortschritt hinsichtlich der besseren Erfassung von Luthers Wahrheit. Wir sehen insbesondere, daß Luther nicht sein ganzes Leben lang niedergeschlagen war und in den Seelenzuständen steckte, die er uns anvertraut hat. Aus seinem aus der Bibel gespeisten Denken entwickelt sich die Kraft seines Handelns in der Kirche, nicht aus seinen Stimmungen.

Aber der Sinn der Geschichte Luthers war es, eine evangelische Erneuerung der Kirche am Ende des Mittelalters zu provozieren. Die *Confessio Augustana* zeigt, wie sein Handeln Gestalt angenommen hat; sie läßt ahnen, was sein Evangelium der Rechtfertigung durch den Glauben der römischen Kirche seit dem 16. Jahrhundert hätte bringen können. Aber es gab das Konzil von Trient und seine Verweigerung jeder Öffnung gegenüber den durch Luther — gewiß auf seine Weise, aber mit Sicherheit von der Bibel ausgehend — angedeuteten Perspektiven. Zum Schluß ist hier der Ort, dieser großen Debatte auf den Grund zu gehen, die weniger am Andenken Luthers als an der Sache der sichtbaren Einheit der Christen als Bedingung des Sichtbarwerdens des Evangeliums für die Menschen von heute interessiert ist.

1. Das Urteil des Konzils von Trient

Mit Paul III. (1534—1549) war ein neuer Typ von Papst in Erscheinung getreten, entschlossen, das Problem der Kirchenreform frontal anzugehen. Er rief eine Kommission ins Leben, die frei und schonungslos einen strengen Bericht erstellen konnte über die Unordnungen und Mißbräuche auf allen Ebenen der römischen Institution[2]. Dann setzte er sich für den Weg des Konzils ein, trotz der Unbequemlichkeiten und Besorgnisse, die mit einer solchen Lösung verbunden waren[3]. Nach so vielen ergebnislosen Diskussionen wollte man einfach der Verwirrung ein Ende setzen und die schreiendsten Mißbräuche beseitigen.

Das Konzil, das am 13. Dezember 1545, zwei Monate vor Luthers Tod, in Trient in Italien eröffnet wurde, ist ein Akt des Glaubens in der Papstkirche[4]. Selbst die Frage des *Papstes* ist in der Tat geregelt durch die bedingungslose Unterwerfung unter die Autorität des römischen Bischofs und seiner Legaten, was jede Diskussion über das päpstliche Dogma überflüssig macht. Man erwies der Institution des Konzils volles Vertrauen. Der Katholizismus machte sich nun auch (ein bißchen spät) an seine eigene Reform, auf der Grundlage der Tradition und seiner bewährten Methoden. Auf die individuelle Initiative der Reformatoren folgt nun das Gemeinschaftswerk der Bischöfe, die unterstützt werden von den Arbeiten der Theologen.

Die Zielsetzung ist, zum Besten einer Kirche Vorsorge zu treffen, die untergraben war durch eine Dekadenz, deren tragische Bilanz der von Paul III. angeforderte Bericht zog, und durch eine wilde und revolutionäre „Reform". Es handelte sich darum, die Autorität des päpstlichen und bischöflichen Amtes wiederherzustellen, eine dogmatische Klärung zu versuchen, deren Notwendigkeit die Kritik und die Neuerungen der Reformatoren gezeigt hatten, die Skandale, Unordnungen und Mißbräuche zu beheben, und zwar durch eine effektivere Reform als die des Laterankonzils. Obwohl die protestantische Reformation naturgemäß zu den erstrangigen Sorgen der Konzilsväter gehörte, ist es der katholische Glaube, den sie im Blick haben. Die von ihnen aufgegriffenen Probleme sind in hohem Maße die von Luther und der *Confessio Augustana* aufgeworfenen, aber man sucht darauf eine Lösung in der katholischen Deutung der Schrift, in der Tradition der Kirchenväter, Päpste und Konzilien, in der Lehre der in der Kirche anerkannten theologischen Schulen. Die in der Bulle *Exsurge Domine* ausgesprochenen Verurteilungen sind noch immer in Kraft; keiner denkt daran, die lutherischen Thesen zu verteidigen. Luther selbst wird in den Texten nicht namentlich aufs Korn genommen. Man weiht ihn dem Vergessen, und man will noch glauben, daß sich die Protestanten von ihm trennen werden, um in die Gemeinschaft der Kirche zurückzukehren.

Die Sitzungen der ersten Periode beschäftigen sich mit der Schrift und der Tradition, mit der Erbsünde, der Verkündigung, der Rechtfertigung, den Sakramenten, der Residenzpflicht der Bischöfe und der kirchlichen Disziplin. Nicht zufällig wird das Problem der Autorität der Schrift vorrangig behandelt. Das Schriftprinzip war durch die Reformation, welche den päpstlichen Primat in Glaubensdingen bestritt, der päpstlichen Autorität entgegengestellt worden. In dieser radikalen Form war die Frage neu. Die Autorität der Schrift war immer zugegeben worden, ohne daß man in ihr eine Beschränkung des päpstlichen Prinzips gesehen hätte. Das Nachdenken des Konzils dreht sich um die Beziehung zwischen Schrift und Tradition. Man bestreitet nicht den einzigartigen Wert der schriftlichen Offenbarung, aber man läßt dem Papst das letzte Wort in allen Diskussionen[5].

Das Dekret über die Erbsünde verteidigt die menschliche Natur und den freien Willen; es erkennt dem Menschen die Fähigkeit und die Verantwortlichkeit zu, aus freiem Willen gute Werke zu tun. Die alte Verurteilung des Pelagianismus wird erneuert, entgegen verschiedenen neueren theologischen Entwicklungen, die schon von Luther angegriffen worden waren. Aber im Gegensatz zu Luther sah man keinen Widerspruch zwischen dieser Verurteilung und der Fähigkeit des freien Willens zum Guten.

Die Geschichte der langen Debatten über die Rechtfertigung ist sehr bewegend[6], denn sie zeugt gleichzeitig von einer wirklichen Sensibilität für die dank Luther und der Reformation entdeckten Probleme und vom Widerstand der römischen Tradition gegenüber den Thesen, die ihre Macht über das Gewissen bedrohen. Man einigt sich schließlich auf diese Erklärung des Legaten Cervini: „Deswegen heißt es: ‚Wir werden durch den Glauben gerechtfertigt‘, weil der Glaube der Anfang des menschlichen Heiles ist, die Grundlage und die Wurzel jedweder Rechtfertigung, ohne den man ‚Gott nicht wohlgefällig sein kann‘ (Hebr.11, 6), noch zur Gemeinschaft der Söhne Gottes zu gelangen vermag."[7] Luther hätte das unterschrieben; man hat schon oft gesagt, daß die Reformation anders verlaufen wäre, wenn die tridentinischen Dekrete über die Rechtfertigung vom Laterankonzil verabschiedet worden wären. Aber man brauchte Luther, damit sich das römische Lehramt mit der Frage befaßte![8] Im übrigen blieben die Unterschiede zahlreich und beträchtlich, insbesondere insofern, als sich das Konzil von Trient auf die aristotelische Auffassung von der *Natur* des Menschen bezieht, wo Luther die Rechtfertigung der Person beschreibt, die zustande kommt durch gläubiges Anhängen an das Wort und das Versprechen Gottes in der Gnade[9]. Das Gewicht der mittelalterlichen Theologie ließ nicht zu, daß man in Trient der biblischen Theologie Luthers gerecht wurde, in der man einen schlechten Augustinismus sah (es wäre gar vieles zu sagen über die mehrdeutige Beziehung des Katholizismus zu seinem augustinischen Erbe). Die tridentinische Glaubenslehre ist die der Scholastik, die von Luther abgelehnt wurde.

Dieser stellte den Glauben über alles. Das Konzil begnügt sich damit, ihm „seinen Platz" wiederzugeben, indem es die Dinge „klarstellte"[10].

In der Frage des Meßopfers zieht sich Trient ohne große Mühe aus der Affäre. Die Messe ist „das Gedenken und die Vergegenwärtigung des Kreuzesopfers mit demselben Opfernden und demselben Opfer; beide Opfer unterscheiden sich nur in der Weise des Opfers."[11] Sie ist die Anwendung des Kreuzesopfers auf die Vergebung der Sünden. Obwohl diese Lehre die durch die Reformation angegriffene Theologie und Praxis bestehen läßt, konnte die Messe nach Trient ein Mittelpunkt der Inbrunst für Priester und hervorragende Seelen werden (das Volk fand sich oft nur damit ab). Man kann sich fragen, warum Luther glauben und glauben machen konnte, sie sei ein „Greuel" ...

Das Werk des Konzils von Trient, über das ich mich nicht verbreiten kann, hat weniger den Anschein des Neuen als vielmehr den einer „Strategie" zur Schulung der Kirche[12]. Die Einwände der Reformatoren sind nicht als solche aufgenommen. Die Methode besteht darin, die strittigen Fragen unter solchen Leuten zu diskutieren, die davon überzeugt sind, daß die katholische Wahrheit unverändert bestehen bleibt und daß es sich nur darum handelt, „das, was von allen überall und immer geglaubt worden ist", besser zu erklären und zu formulieren. Alles, was die Reformation leugnete, wird von neuem versichert und gerechtfertigt: der freie Wille und das Verdienst der Werke, die sieben Sakramente, das Meßopfer, die Ordnungsgewalt des Priesters, die Transsubstantiation und der Kult der Eucharistie, die Liturgie in lateinischer Sprache, die Mönchsgelübde, die Vermittlung der Heiligen. Die davon abweichenden Lehren werden als *Häresien* gebrandmarkt durch eine lange Reihe „Anathemata".

Mit dem Abschluß des Konzils 1563 kommt die römische Kirche, was sie selbst betrifft, zu einer Beendigung der durch das Erscheinen Luthers eröffneten Krise. Sie nimmt ihr Dogma und ihre Gläubigen, vor allem aber ihren Klerus wieder fest in die Hand[13]. Das protestantische Übel ist wirksam umschrieben, seine Entwicklung im katholischen Bereich unter Kontrolle gebracht. Das Prinzip einer glänzenden Wiedererstarkung ist aufgestellt und eine Reform von großer Tragweite in die Wege geleitet. Die Mißbräuche werden, um ehrlich zu sein, nicht so bald verschwinden; das Konzil wird erst auf lange Sicht überall „rezipiert" werden. Aber die ganze Kirche wird sich mehr und mehr nach der Glaubensregel und der Disziplin des Tridentinums ausrichten.

Die beiden nennenswerten Wirkungen dieses Konzils, die letzten Endes darauf hinauslaufen, für lange Zeit die religiöse Situation des Abendlandes zu bestimmen, sind erstens der Bruch der römischen Kirche mit allem, was nah oder auch nur von ferne an Protestantismus erinnert, und zweitens der Beginn des „tridentinischen" Katholizismus, der die Hypothek einer außer Kontrolle geratenen Reform losgeworden war; seine Kennzeichen waren seine strenge Disziplin und eine rigide Orthodoxie. Diese neue katholische Orthodoxie ist eine der spürbaren Früchte der Krise des 16. Jahrhunderts. Es bietet sich das Bild einer fest in ihrer Hierarchie, in ihrem Dogma und in ihrem Kult verankerten Kirche. Unter den Umständen eines Kampfes, der im Moment keinen anderen Ausweg ließ, stellt es ein Optimum dar, und man muß es den römischen Verantwortlichen hoch anrechnen, daß sie es verstanden haben, eine Form des Christentums zu bewahren, welche die Protestanten aufgaben. Es war unvermeidlich, daß man dazu kam, jeden dazu zu verpflichten, Partei zu ergreifen: entweder katholisch zu sein in dem in Trient neu definierten Sinn oder für den katholischen Glauben verloren zu sein. Diese Strategie erlaubte schnell, die (wenig wahrscheinliche) Möglichkeit einer Auflösung des römischen Glaubens in Protestantismus zu entkräften. Trient stellte unter Beweis, daß der Katholizismus vollkommen gangbar blieb, ohne in dem von Luther aufgezeigten Sinn „reformiert" zu werden. Übrigens hat die Zeit Luther weder hinsichtlich des Papstes, der Messe noch der Mönchsgelübde Recht gegeben[14]. Insbesondere konnte sich das päpstliche Prinzip bewähren als letztes Mittel gegen das Chaos der Lehren: Das Konzil von Trient verdankt alles dem Willen einiger Päpste. Im übrigen war die Diskussion der durch die Reformation aufgeworfenen Fragen *im Licht der traditionellen Lehre* geboten. Sie fehlt bei Luther. Nun aber müssen wir wissen, was die in Frage gestellte Kirche in jenem Augenblick auf die protestantischen Thesen antworten konnte, ungeachtet der Tatsache, daß sich diese Antworten noch oft als unabdingbar erwiesen für das Verständnis Luthers oder des Protestantismus[15].

Den Teilnehmern erschien das Konzil von Trient, offen gestanden, mehr als einmal als eine fruchtlose Anstrengung, ja selbst als ein Fehlschlag. Die europäischen Mächte zogen unzählige Fallstricke, wie es ihren Interessen gerade dienlich war, und nichts bot Gewähr dafür, daß Rom seinen Entscheidungen auch folgen würde, selbst denen, die auf sein Betreiben hin zustande kamen. Die Perspektive der Einigung mit dem protestantisch gewordenen Teil stieß auf eine wachsende Versteifung, in dem Maße, wie es allen bewußt wurde, daß sich unterschiedliche Auffassungen der Kirche gegenüberstanden, auf der einen Seite die päpstlich-klerikale, auf der anderen Seite die biblisch-gemeindliche oder -nationale. Der Erfolg bestand darin, daß zahlreiche Erneuerungsbewegungen Rom die Treue hielten, für die der 1534 gegründete Jesuitenorden als Symbol steht. Diese katholische Reformation lieferte die Menschen, die man auf dem Konzil brauchte und die seine Durchführung gewährleisteten. Der Katholizismus des 16. und 17. Jahrhunderts bietet das sonderbare Paradox von Legionen von Heiligen und großen Kirchenmännern, die einer Situation gegenüberstehen, deren beklagenswerten Charakter ihre Anstrengungen nur in sehr geringem Maße noch korrigieren können.

Das glückliche Ende des Konzils und die energischen Entscheidungen, welche die Päpste trafen, führten nichtsdestoweniger zu einem Wiedererstarken. Es konnte also so aussehen, als stünde alles zum Besten, jedenfalls vom Standpunkt des Lebens und der Zukunft des Katholizismus. Daher das Triumphgefühl einer Kirche, die sich wieder ihrer selbst gewiß geworden war, welches für uns noch erfahrbar wird im Prunk und in den Kühnheiten barocker Kunst...

Das große Problem der folgenden Jahrhunderte ist tatsächlich der katholische *Antiprotestantismus*. Dafür ist Trient im wesentlichen verantwortlich, auch wenn es weniger antiprotestantisch als vielmehr um Orthodoxie besorgt war. Indem der Katholizismus eine klare Vorstellung von seiner Identität im Kampf gegen die Reformation wiedergewann, wurde er unvermeidlich zur „Gegenreformation"[16], nicht zum mindesten dadurch, daß in der letzten Periode des Konzils der Calvinismus die Nachfolge des Luthertums antrat und der Kirche Frankreich wegzunehmen drohte, wie sie Deutschland schon verloren hatte. In England hatte die Thronbesteigung Elisabeths die Hoffnungen zunichte gemacht, die durch die blutige katholische Reaktion unter Mary Tudor geweckt worden waren. Alles trug in jenem Augenblick dazu bei, den römischen Glauben in die Defensive zu drängen. Andererseits führte das Bewußtsein, die volle katholische Wahrheit wiederhergestellt zu haben, zu der Illusion, daß der Protestantismus nichts Dauerhaftes sei und daß sich die Häresie schließlich aufreiben würde. Das ist die ruhige Gewißheit eines Bossuet im 17. Jahrhundert. Sie erklärt Gewalttaten wie die der Mary Tudor oder die Aufhebung des Edikts von Nantes durch Ludwig XIV. Wenn sich eine solche Hypothese bewahrheitet hätte, wäre heute sicher alles gesagt. Aber in Wirklichkeit ist der Protestantismus immer noch da. Das evangelische Streben hat nichts von seiner mysteriösen Fruchtbarkeit verloren, und es ist unmöglich, die Reformation für ein Nichts zu erklären. Das von Rom zurückgewiesene Evangelium der Rechtfertigung durch den Glauben an das Wort Gottes vermochte überall Kirchen aufzurichten und Völker zum Glauben zu führen, die andernfalls nicht evangelisiert worden wären. Denn ohne Luther und die Reformation wäre die Kirche beim Laterankonzil stehengeblieben, und der Paul III. unterbreitete Bericht zeigt, daß sie kaum in der Lage gewesen wäre, das zu tun, was zur selben Zeit die Reformatoren in die Tat umsetzten, indem sie sich aufs Evangelium stützten[17].

Die Religionsgeschichte des christlichen Abendlandes ist zu einer Geschichte zweier geschlossener Universen geworden, von denen jedes seines Rechtes gewiß ist, die sich gegenseitig ignorieren und lange diffamiert haben. Diese Jahrhunderte waren das goldene Zeitalter der Polemik und Apologetik, einer verbalen Konkurrenz, die in blutige Kämpfe ausarten konnte: Es gab in Frankreich protestantische Martyrer bis zur Französischen Revolution. Die Proselytenmacherei ließ die außereuropäischen Missionen blühen, obwohl die europäische Gesellschaft der Religion überdrüssig war und dem Rationalismus verfiel. Diese mehrdeutige, blockierte und auf ihre eigene Weise fruchtbare Situation darf nicht übersehen werden[18]. Die Krise hatte mindestens zwei fruchtbare Formeln christlichen Lebens hervorgebracht[19]. Aber wir finden heute noch immer eine in Katholizismus und Protestantismus zerrissene Kirche vor. Die geteilten Christen haben die Partie der Säkularisation verloren. Die Kirchen waren zu sehr mit der Vergangenheit beschäftigt und nicht imstande, die neuen Fragen zu sehen. Das Evangelium wurde in der ehemals christlichen Welt durch einen Messianismus verdrängt, der in engerem Kontakt mit der Wirklichkeit stand: durch den *Marxismus*.

Ein Auftauen bahnte sich an mit der ökumenischen Bewegung, die am Anfang des 20. Jahrhunderts in *protestantischen* Kreisen entstand aus der Entrüstung des Gewissens angesichts der fortbestehenden Trennung. Rom vermochte darin zunächst nichts anderes zu sehen als eine neue Form protestantischer Subversion. Aber es durfte diesem Erwachen eines Gespürs für die *sichtbare* Kirche, das Luther gefehlt hatte und das dem seinen doch schon sehr nahe ist, nicht gleichgültig gegenüberstehen. Seit dem 2. Vatikanischen Konzil hat die Annäherung Fortschritte gemacht und, was symptomatisch ist, in den Begriffen von einst: Während sich die protestantische Welt, die das Evangelium erbte, den Forderungen der Kirche öffnet, die sie seit Luther verkannt hatte, entdeckt die römische Kirche neue Wege des Evangeliums. Man kommt von daher auf die Ausgangsproblematik zurück, die älter ist als der Bruch, aber dies geschieht in einer neuen Form.

Nun ist die Trennung nicht weniger *unüberwindlich,* und die ökumenische Bewegung tritt auf der Stelle. Das Konzil von Trient konnte uns nur ein schlecht geregeltes Problem hinterlassen, und die Hoffnung auf eine bessere Lösung. Die Antwort des Katholizismus auf den Glauben Luthers konnte nicht so weit gehen, wie es die Situation erfordert hätte.

2. Von Trient zum 2. Vaticanum.
Das Nicht-Evangelium in der Kirche

Der Bruch zwischen der Dynamik, die Luther trug, und der Kirche, für die seine evangelische Verkündigung bestimmt war — ein Bruch, der dem römischen Lehramt anzulasten ist, welches Verschulden, welche Fehler und Irrtümer auch immer auf Luthers Seite vorliegen mögen —, hat die unwiderstehliche Kraft des Glaubens an die Rechtfertigung durch Christus umschlagen lassen in blinde Gewalt, weil sie ihres Ansatzpunktes, das heißt der traditionellen Kirche, beraubt worden war; sie allein wäre in der Lage gewesen, ihre ungestümen Leidenschaften einzudämmen.

Die Reformation offenbart, daß der schwache Punkt der Kirche in ihrem Verhältnis zum Evangelium liegt. Sie blüht oder verdirbt in Abhängigkeit von diesem Verhältnis: *wenn das Salz aber schal wird ...* Nun hat aber das Evangelium in der Kirche niemals an Boden gewonnen.

Das Konzil von Trient hat diese Lektion kaum begriffen. Man kann nicht leugnen, daß es etwas hatte, was einer ernsthaften evangelischen Besorgnis gleichkam. Aber es hat für lange Zeit einen Katholizismus des kalten Krieges geschaffen, der autoritär und tyrannisch auf dem Gewissen lastete und von dem Gedanken der Häresie besessen war. Im Schutz des dogmatischen eisernen Vorhangs, der die Katholiken daran hindern sollte, der Verlockung der protestantischen Sirenen nachzugeben (allein die Schrift, allein der Glaube, das Wort Gottes), wachte die römische Macht nach Trient eifersüchtig über den Glauben und die Sitten, durch die Inquisition, durch das *Sacrum Officium,* durch den Index und die Nuntien, um nicht Pfaffen zu sagen. Die „Anathemata" erlaubten, jede Abweichung als Häresie zu disqualifizieren, wenn nicht gar jede Opposition. Der freie und schöpferische Ausdruck der katholischen Wahrheit wurde nicht anders toleriert als in strenger Konformität mit der offiziellen Orthodoxie und Ideologie. „Forschung" ist suspekt. Der Kult der Eucharistie unterhält bei der Menge die Verehrung des Throns. Der Antiprotestantismus schreckt auch vor Verfolgung nicht zurück: Die Aufhebung des Edikts von Nantes (1685) mit ihren „Dragonnaden", die dazu bestimmt waren, die „letzten" Konversionen abzupressen[20], ist das sprechende Symbol des Sektierertums und des Fanatismus[21] einer Religion der Angst und der Einschüchterung, wobei heute viele zu ihrer Bestürzung erfahren, daß diese Religion weniger sicher war, als man sie glauben machen konnte[22].

Dieser Katholizismus ist übrigens in seinen lebendigen Kräften geschwächt. Die Kirche erholt sich nicht von der Amputation eines zu wichtigen Teils ihrer selbst, der nicht der am wenigsten eifrige war. Der protestantische Evangelismus setzt den spirituellen Traum der *Devotio moderna* fort, der sich schon innerhalb der verkrusteten Strukturen entfaltete[23]. Man spürt das Fehlen der Werte, die im Protestantismus Frucht trugen, aber im katholischen Milieu suspekt geworden waren, obwohl sie aus ihm hervorgegangen waren: der Glaube des Herzens, die christliche Freiheit, die biblische Frömmigkeit, das Studium der Heiligen Schrift in Schule und Familie[24].

Das ist die Kirche, die im 19. Jahrhundert „die Arbeiterklasse verloren hat", nach dem Wort von Pius XI. Während die Exzesse des Kapitalismus den Aufstieg des Marxismus provozierten, suchte das Papsttum das Heilmittel gegen die Übel des Zeitalters in einer neuen Versteifung der Lehre (dem *Syllabus*), der Verehrung des Papstes und der *marianischen* Frömmigkeit. Gegenwärtig suchen Christen im Sozialismus die Hoffnung auf eine bessere Welt, die sie von der Kirche nicht mehr erwarten.

Wenn man zum Beispiel eine Bilanz zieht alles dessen, was im französischen Katholizismus seit dem Buch *France, pays de mission?*[25] 1943 „entdeckt" worden ist, hat man Grund, bestürzt zu sein über all das, was die römische Orthodoxie im Lauf der Zeit „vergessen" konnte.

Man täte unrecht daran, sich darüber zu entrüsten. Schon seit dem Neuen Testament ist es klar, daß das Evangelium niemals größere Hindernisse finden wird als in der *Kirche,* denn die Konversion zum Wort Gottes ist um so peinigender, je mehr man sie ernst nimmt. Der Protestantismus konnte sich auch nicht auf dem Niveau halten, das nie zu erreichen er Rom vorgeworfen hatte. Die Kirche ist nicht weniger „sündig und gerecht" als ihre Glieder. Trotz ihrer Heiligkeit und Unfehlbarkeit bleibt sie immer reformbedürftig. Luthers Originalität bestand darin, daß er bemerkte, daß Reform nicht in erster Linie heißen konnte, Schwächen zu verbessern oder sich „anzupassen".

Es brauchte wahrhaftig Zeit, bis der Katholizismus erwachte und die Frage wahrnahm, die durch die Entwicklung der Kirche unter der Mentalität des Feudalismus und der aristotelischen Scholastik aufgeworfen worden waren. Die Forderung nach einer Reform am *Haupt* wie an den Gliedern zeigte an, daß das Übel von oben kam. Das Rom des Mittelalters und der Renaissance, lechzend nach Macht und Geld und gefangen in seinen Vergnügungen, konnte die Entwurzelung des Evangeliums nicht in vollem Ausmaß erkennen. Man bedurfte des Drucks der Ereignisse. Insbesondere bestand wenig Hoffnung, daß sich das Papsttum dessen annehmen würde, was Leo X. ein „Mönchsgezänk" nannte, denn es hatte gelernt, den evangelischen Radikalismus zu verabscheuen, der Zug um Zug neue Ordensgemeinschaften erweckte und mehr oder weniger revolutionäre Abspaltungen (Waldenser, Savonarola). Man kam eben von einem Konzil, das sich mit den Fragen, die der Luther der Ablaßthesen aufwarf, nicht aufgehalten hatte. Eine Verurteilung seiner Thesen schien um so mehr gerechtfertigt, als sie Zweifel weckten an der Reinheit seiner Absichten und als viele sie in antirömischem Sinn interpretierten. Die anschließende Kraftprobe gab der Forderung des Evangeliums dann den Anschein eines Vorwandes. Der römischen Kurie schien es, man wolle nun dem Papst an die Autorität. Diese bedauerliche Wendung der Sache entwickelte ihre eigene Logik, der man nun von Anfang bis Ende folgen mußte.

Das Konzil von Trient ereignete sich in einer Situation, die keine andere Wahl ließ, als zunächst einmal den Zusammenhalt der Kirche um den Papst und die Reinheit der Lehre wiederherzustellen. Es suchte die Stütze der Tradition. Aber die Sorge, den „Schatz der Offenbarung" zu bewahren, mußte verhindern, daß man den Beitrag des neuen Verständnisses der Bibel und der göttlichen Verheißung zur Erneuerung des Evangeliums und einer befreienden Kritik der Kirche anerkannte. Trient hatte die Methoden, Vorstellungen und Vorurteile der damaligen Theologie, und die Protestanten wußten die ihnen gebotene Gelegenheit nicht zu ergreifen, dorthin zu kommen und dort für die Sache des evangelischen Glaubens zu plädieren.

Das Ergebnis war dann, was damals objektiv möglich war in Anbetracht des Zustandes des Katholizismus, das heißt die Ausübung der hierarchischen Autorität im Einklang mit ihrem Auftrag, eine Reform, die einen Fortschritt darstellte gegenüber dem vorhergehenden Treibenlassen, und vor allem eine Bemühung um den rechten Glauben, die dem päpstlichen Amt zukommt. Das ist alles, was die römische Institution zu machen wußte aus der Frage, die aus der Entdeckung Luthers entstanden war, nachdem sich die Situation zum Konflikt verschärft hatte, und zwar weniger durch die „Revolte" des Mönchs als durch die Nachlässigkeit Leos X.

Man bemerkte auf dem Konzil von Trient nicht, daß sich die Zeiten geändert hatten, was sich in der individuellen Aneignung des Gotteswortes auf der durch Luther eröffneten Bahn ausdrückte: Der Christ wurde volljährig und wurde sich seiner Freiheit vor Gott bewußt. Der Anschluß ans Schriftprinzip bedeutete auch, daß der Sinn für die *Universalität* des Evangeliums geweckt wurde, deutlich wahrnehmbar in der lutherischen These von einer Kirche ohne Grenzen (eher als von einer „unsichtbaren" Kirche). Es gab da auch einen Protest gegen die Tatsache, daß das Papsttum nach dem Bruch mit Byzanz zum Kernstück des abendländischen politisch-religiösen Systems geworden war. Man entdeckte, daß die inspirierten Texte die Dogmen und Institutionen des mittelalterlichen Papsttums nicht bestätigten und daß sie von Realitäten sprachen, die dem Bewußtsein der Kirche seit langem entschwunden waren.

Indem der Katholizismus die Protestanten und das, wofür sie standen, ausschloß, hat er sich der Fähigkeit beraubt, solchen Problemen gegenüberzutreten. Die Öffnung der Kirche zur Welt, zu einer Welt, die sich unaufhörlich veränderte, hat sie für Jahrhunderte in Gefahr gebracht. Trient setzte auf den Humanismus der Renaissance, indem es Erasmus Luther vorzog, ohne zu sehen, daß die Kanonisierung des freien Willens und das Ideal der *individuellen* Vollkommenheit eine Entscheidung für die Elite und ein Prinzip zur Entfremdung der Massen war. Die Missionen verpflanzten diese Ideologie des nachtridentinischen katholischen Europa zu verschiedenen Völkern, oft zum Schaden der ganzen evangelischen Freiheit (Verurteilung der chinesischen Riten).

Ein berühmter Stich von Lukas Cranach illustriert diese Entfernung, die zurückzulegen dem Katholizismus niemals ganz gelungen ist: Man sieht linker Hand den katholischen Menschen, der bedrängt wird vom Gesetz und unterstützt durch die Vermittlung der Heiligen im Himmel. Im Kontrast dazu hat der protestantische Mensch nur den Blick auf Christus, der vorgestellt wird durch die eherne Schlange, die jungfräuliche Empfängnis, den Gekreuzigten, das Siegeslamm, den Auferstandenen, und empfängt alle Gnade direkt vom *Kreuz*.

Das Problem war ohne Zweifel zu neu, als daß man es im Zeitraum von ein oder zwei Generationen hätte ermessen können. Zu viele Dinge mußten wieder aufgenommen werden, wie wir es an Luthers Glaubensbekenntnis gezeigt haben, an der *Confessio Augustana* und an einigen Paragraphen über die Arbeit des Konzils von Trient. Eine so schwierige Aufgabe hat niemand wirklich gemeistert; die einen zogen aus dem Evangelium zu weitgehende Schlüsse, die anderen verhärteten das Prinzip der hierarchischen Kirche. Man brauchte eine viel längere Erfahrung dessen, was aus der Anforderung des Evangeliums für eine Kirche folgte, die sich seit Jahrhunderten in einem ganz anderen Geist entwickelt hatte. Man mußte abwarten, um zu sehen, wie die protestantischen Gemeinschaften ihre Lebensfähigkeit unter Beweis stellten. Die römische Kirche mußte sich dessen bewußt werden, was für eine Umbildung und Verarmung für sie die globale Ablehnung der Reformation nach sich zog. Erst mußte sich einmal die Chimäre eines gegenüber allen kulturellen Veränderungen unveränderlichen Katholizismus auflösen. Trient konnte nichts weiter sein als eine erste Antwort, die einer Fortsetzung bedurfte.

Erst mit dem 2. Vaticanum hat der Katholizismus begonnen, sich ohne Komplexe für die Kritik des Evangeliums zu öffnen. Papst Pius XII. hatte die Forschungen noch weiter zurückgedrängt, welche hier und dort aus den Forderungen einer von neuem in vollständiger Umwandlung befindlichen Welt hervorgingen (Teilhard de Chardin, Arbeiterpriester). Sein Nachfolger, der evangelische Johannes XXIII., der an einem besseren Platz stand als Luther, konnte tun, was sich der Reformator erträumt hätte: daß die Kirche *aus ihrer eigenen Bewegung heraus* die neue Bahn betrat: zurück zum Wort Gottes durch Beachtung der Bibel, zur evangelischen Armut und zum demütigen Gehorsam des Glaubens (Röm. 1, 5). Diese Tatsache wurde in protestantischen Kreisen nicht übersehen und hat einen dauerhaften Eindruck hinterlassen.

Mit einem Sinn für das neue Evangelium im Katholizismus hat sich das 2. Vatikanische Konzil einer weitreichenden Gewissenserforschung hinsichtlich der Kirche und ihres Auftrags ausgesetzt[26]. Man braucht eine erneuerte Auffassung von der Kirche als dem *Volk Gottes*[27] mit Betonung des allgemeinen Priestertums der Getauften. Diese Idee, die nicht weit entfernt ist von der „Gemeinschaft der Gläubigen" Luthers und der *Confessio Augustana*, erlaubte eine bessere Charakterisierung des *Dienstes* des hierarchischen Priesteramtes und hat einen neuen Geist geschaffen. Die Kirche nahm das Gesicht einer „bescheidenen und armen Dienerin an, die im Begriff ist, sich der königlichen Lumpen zu entledigen, mit der sie die Begehrlichkeit und Schlauheit der Menschen — einschließlich der Christen — ausgestattet hatten, um die Stimme des Evangeliums besser ersticken zu können"[28]. Der Sinn für die evangelische Armut hat eine Reaktion gegen den „konstantinischen" Triumphalismus eingeleitet (der in Wirklichkeit ein *römisch-germanischer* und tridentinischer ist) und eine spektakuläre Änderung des Stils im Klerus. Der päpstliche Absolutismus wurde gemäßigt durch die Anerkennung des eigenen Auftrags des Bischofsamtes. Denn das Wort Gottes gewann wieder an Boden unter den menschlichen Lehren, wie man es seit langem schon nicht mehr gesehen hatte. Die Feier der Liturgie in der Volkssprache gab der Evangelisierung eine solide Basis (hatte man doch nach Luther vierhundert Jahre warten müssen, um endlich Schluß damit zu machen, die Messe lateinisch zu lesen!) und hat eine Erneuerung der Verkündigung und Katechese begünstigt. Die Sorge für die Mission, in erster Linie auf christlichem Gebiet, das heißt *in der Kirche*, hat dazu geführt, daß man die Institutionen und den Klerus einer genauen missionarischen Prüfung unterzogen hat. Die gute Gesellschaft, die den Priester als einen Notabeln ehrte, wendet sich gegenwärtig von ihm ab, weil man ihn nicht mehr als Agenten der etablierten Mächte ansieht. Das 2. Vatikanische Konzil definierte gleichzeitig eine katholische Lehre der Ökumene mit einer vorher undenkbaren Öffnung. Man muß sehr weit in die Vergangenheit zurückgehen, um in der Kirche ein vergleichbares Bewußtsein zu finden für das, was Luther aufgegangen war: daß nämlich *die Kirche nichts ist ohne das Evangelium.*

Die verwirrte Situation nach dem Konzil erklärt sich, wie im 16. Jahrhundert, durch den Einbruch des Evangeliums in einen, *vom Standpunkt des Evangeliums* aus gesehen, mangelhaften Zusammenhang. Die Konversion zum Evangelium geht heute nicht mehr wie früher vor sich und nicht ohne Makel. Es bewahrheitet sich, daß jeder Wille, das Evangelium wiederaufzurichten, tief in die Strukturen der Kirche eingreift. Es tauchen wiederum auf: die Infragestellung des Klerikalismus, des Heiligen um des Heiligen willen, der theologischen Abstraktionen, des monarchischen Zuschnitts des Papsttums (der offensichtlich nicht ursprünglich ist), der eher juristischen als gemeindlichen Organisation der Kirche. Es kommt vor, daß gewisse Gruppen das Evangelium ohne Kirche suchen, aber die Lektion der Reformation war nicht vergeblich: Diesmal findet die evangelische Erneuerung des katholischen Glaubens *innerhalb der Kirche* statt.

Diese Umkehr stößt sich an den noch immer bedeutsamen Nachwirkungen der Gegenreformation. Bewegungen, die katholischer sind als der Papst, verurteilen die Veränderungen, die durch die Forderungen der Armut und der evangelischen Freiheit oder durch die Erfordernisse der Mission eingeleitet wurden. Alles, was von nah oder fern an Luther erinnert, wird mit den von Trient verurteilten Thesen in Zusammenhang gebracht. Im Namen der Unantastbarkeit des Glaubens will man das Leben in der Form eines vergangenen Stadiums zum Stillstand bringen, wobei man Tradition und Buchstaben, Ideal und Ideologie durcheinanderbringt. Man mißbraucht den bequemen Slogan der „Protestantisierung". Es bestand jedoch noch nie die geringste Gefahr, daß Rom protestantisch würde, und wir sehen jetzt auch, weshalb. Im Gegenteil stellt der gegenwärtige Widerstand gegen das Konzil unter dem Vorwand, der Häresie oder der Unordnung Einhalt zu gebieten, unter Beweis, daß das lange Rückzugsgefecht der Gegenreformation der Kirche geschadet hat und immer noch schadet.

... Was für eine Reform? Diese Frage, die sich schon viele ernsthafte Christen gestellt haben, forderte eine Antwort, wie sie weder der Protestantismus noch die Gegenreformation geliefert haben. Der erste, weil es sich nicht darum handelte, ohne Rom und an Rom vorbei eine Reform der römischen Kirche zu machen. Die zweite, weil sie zu schnell über das Problem des Evangeliums *in der Kirche* hinweggegangen ist. Die Wende des 2. Vaticanum erlaubt nun zu verstehen, um was für eine Reform es sich von allem Anfang an handeln mußte, nämlich darum, daß Rom selbst seine evangelische Reform durchführt, da es nun einmal kein Luthertum wollte. Auf der anderen Seite zeigen die oft abenteuerlichen Umwälzungen der Reformatoren an, daß die Kirche des 16. Jahrhunderts den Prozeß der Reform *ohne theologische Vorbedingung* praktisch nicht in Gang setzen konnte. Das war das Ziel Trients, und dabei blieb es. Die zweite Epoche, die vom 2. Vaticanum gebildet wird, konnte von den tridentinischen Klarstellungen profitieren, um den Sachen besser auf den Grund zu gehen. Man hätte nicht so lange warten können, wenn es nicht diese Besessenheit vom Antiprotestantismus gegeben hätte. Es hat der Gelegenheit einer zweiten historischen Wende bedurft, des Übergangs zum Atomzeitalter, das einmal mehr die politisch-sozialen Gegebenheiten erneuerte, in welche die Christen die ewige Botschaft des Evangeliums übersetzen müssen.

Übrigens eröffnet das 2. Vaticanum auch eine neue Periode der Debatte zwischen Katholizismus und Protestantismus, denn es schafft eine Alternative zu den enttäuschenden Diskussionen der Ökumene in ihrer gegenwärtigen Form. Diese Diskussionen, die der von Anfang an durch die Verurteilung Luthers verfälschten Diskussion Tribut zollen müssen, versanden genauso wie die fruchtlosen Religionsgespräche vor dem Konzil von Trient. Die theologischen Festlegungen Trients oder der protestantischen Orthodoxien lassen keine Konzessionen zu[29], und das theologische Verfahren zwischen den Kirchen hat heute noch weniger Verhandlungsspielraum als damals. Von einer „Revision" der Dogmen ist nichts zu erwarten. Rom macht Trient nicht rückgängig und tritt nicht in Luthers Fußstapfen[30].

Aber in Wirklichkeit sind die dogmatischen Formulierungen nicht *als solche* Hindernisse der Einigung. Sie sind unersetzbar, weil sie einem jeden zu wissen erlauben, was er als Christ ist und was er seiner eigenen Tradition verdankt. Die Schwierigkeit liegt vielmehr darin, daß keiner da ist, der fähig wäre, ihre Fruchtbarkeit *nach außen* freizusetzen — wie auch im Innern der Konfessionen, die sie verteidigen. Einen solchen geforderten Befreier hat sich der Katholizismus mit dem 2. Vaticanum gegeben. Wenn man die entscheidende Rolle bedenkt, die einst der Widerstand des Papsttums gegen die Reformation gespielt hat, kann der Umschwung Roms hinsichtlich des Gespürs für das Evangelium wirklich als nichts anderes erscheinen denn als das Element, das immer gefehlt hat.

Er widerlegt, daß die römische Tradition den Sinn für das Evangelium oder auch jede Fähigkeit, daraus neue Ansichten zu schöpfen, gänzlich verloren hätte, wie Luther und die Reformatoren glaubten. Vielleicht ist er die Wende der Einheit, denn er zeigt an, daß die katholische Kirche *dieselben Dogmen* verteidigen kann auf der Grundlage, die zur Ausarbeitung der protestantischen Dogmen geführt hat.

Die römische Synode über Evangelisation und die Ermahnung Pauls VI. *Evangelii nuntiandi* (1974/75) haben ein bißchen mehr von dem gezeigt, was der Katholizismus aus sich selbst machen kann, in seinem eigenen Stil und ohne seine Tradition und sein dogmatisches Erbe zu verleugnen[31], um auf die Fragen zu antworten, die von den Reformatoren entdeckt worden waren und die seitdem mit erstaunlicher Regelmäßigkeit wieder aufgetaucht sind, so daß sie durch nichts lange niedergehalten werden konnten. Diese nachkonziliare Erfahrung ist das Hauptthema der gegenwärtigen katholischen Literatur insgesamt. Die Sorge um die Kirche und um die Menschen vereinigt sich darin mit dem Eifer, für Jesus Christus Zeugnis abzulegen. Dabei fehlt es an einem größeren Verständnis für politische und soziologische, psychologische und auch ideologische Mechanismen, welche den Gegensatz zwischen der Institution und dem Evangelium formen ...

Dem konziliaren Katholizismus scheint noch kaum bewußt zu sein, was auf dem Spiel steht. Er verausgabt sich in jeder Hinsicht, um Antwort zu geben auf die Probleme der Menschen und der Welt, um *die anderen* zu bekehren. Aber er selbst hat noch einen weiten Weg vor sich. Es wird Zeit brauchen, dem Evangelium jenen Platz einzuräumen, der ihm in der Lehre zukommt, und es über das sicher machende Wiederholen der Texte der Tradition zu stellen, in welchen Formulierungen verewigt werden, die teilweise direkt der Situation der Gewalt entsprungen sind. Man macht weiterhin unendlich viele Gesetze, als ob nicht die Menschen von heute von der Kirche zu wissen erwarteten (ist sie nicht *für sie* da?), was sie Eigenes zu sagen hat, insofern sie *Christi* Kirche ist.

Nach der Erfahrung des Konzils von Trient und seiner Folgen stellt es sich so dar, daß das Kernstück der Verkündigung der Kirche nichts anderes sein kann als das Evangelium der Rechtfertigung durch den Glauben, trotz der einstigen Verurteilungen und entgegen dem Gefühl gewisser Exegeten (O. Kuss, G. Bornkamm). Luther hatte in dieser Formel „eine Lehre wiedergefunden, welche die Orthodoxie und die Orthopraxie der apostolischen Zeiten wirksam geschützt hatte"[32].

Zu seiner Zeit hat man ihm die Moral des freien Willens und der Werke entgegengestellt. Heute klagt man den Individualismus oder den geringen sozialen und politischen Eifer der Lutheraner an: „Lange hat sich die Polemik gegen die spirituellen Positionen der Reformation an zwei Fronten entwickelt: Der Katholizismus hat die Rechtfertigung gleichzeitig im Sinn einer Unterschätzung der menschlichen Möglichkeiten und als eine

155

Reduzierung des Heils auf eine rein innerliche Dimension, die das persönliche Verhalten nicht modifiziert, interpretiert; auf der anderen Seite haben Humanismus und Atheismus, die ohne Zweifel durch gewisse individuelle und kollektive Erscheinungsformen begünstigt wurden, darin häufig ein Prinzip des sozialen Absenteismus und die Quelle einer Moral des Mißlingens, der Trauer und des Verzichts gesehen, vor dem Hintergrund einer profanen Aktivität zur Bereicherung und einer strengen Einfachheit, welche die Entstehung des Kapitalismus begünstigte."[33] Das Heil liegt auch in der Gerechtigkeit in der Welt, versteht sich, und es ist wahr, daß Luthers Reformation keine soziale Reform war. Aber Luther holte sich seine Lehre im wesentlichen aus der Bibel (nicht nur aus Paulus). Im Licht der Bibel lud er den Christen ein, sich der Gnade zu überlassen und im Glauben Gott als ein Absolutes, die Barmherzigkeit des Erlösers Gott als Heilmittel gegen die Angst und als Quelle der Freiheit zu erkennen. Diese Überzeugungen sind die des Glaubens aller Zeiten[34]. Auf dieser Ebene entwickelte sich der Kampf der Reformation. Denn im Geheimnis der Freiheit der Person entscheidet sich die Tatsache, für die Christus gestorben ist: daß Gott Gott ist. Man muß hoffen, daß der Katholizismus noch klarer den Vorrang des Kampfes für das Evangelium in der Kirche gegenüber allen anderen Zielen der konziliaren Reform entdeckt. Auf diesem Weg könnte er brüderlich den Protestanten zur Seite gehen und auf für sie plausible Weise für diejenigen Lehren Zeugnis ablegen, als deren Träger er sich fühlt. Das ist eine ganz andere Aufgabe, als die Vergangenheit auszubessern oder das Unvereinbare aussöhnen zu wollen. Die Methode der Einheit: auf der Basis aufbauen, die immer gefehlt hat.

Ein Hindernis wird in allen Fällen der Widerstand der Menschen, der Kirchenmänner, aber nicht allein dieser, gegen das Wort Gottes bleiben. Luther selbst war weit von der Reinheit des einen oder anderen großen Heiligen seines Jahrhunderts entfernt.

Er bleibt der Mann, der die Kirche in den einzigen Kampf geführt hat, der in Wirklichkeit sein eigener war. Die Tatsache, daß er diesen (nach Lortz) „einseitig" geführt hat, nimmt ihm nicht das Verdienst, ein solches Problem wahrgenommen und die Aktionen in Gang gesetzt zu haben, die über alles Folgende entscheiden mußten. Er gehört zur universellen Kirche, weil sich in ihm, wie vielleicht in keinem anderen, die Sache des Evangeliums in der Kirche personifiziert.

Seine Texte behalten ihren Wert nicht nur für den Theologiehistoriker, sondern auch als kritische Analyse des Katholizismus in einer Menge von Fragen, die sich im Verlauf von vier Jahrhunderten kaum geändert haben. Vor allem aber weiß Luther auf unvergleichliche Weise im Evangelium die kostbare Perle zu zeigen, für die man gern alles übrige fahren läßt.

Der unverbesserliche Dogmatismus wittert in dem, was er „Evangelismus" nennt, etwas Vages und Suspektes. Aber wer sähe nicht das Künstliche dieses Unterschieds, den man zwischen „Glauben an Jesus Christus" und dem Glauben an die Orthodoxie machen will?[35] Es gibt keinen Glauben als den an Jesus Christus. Er ist unsere Wahrheit, unser Weg und unser Leben.

Wir wissen nun nur zuviel schon darüber; wir werden nicht mehr darauf zurückkommen. Bliebe zu sagen, wohin wir wollen.

3. Das Evangelium in der Kirche befreien

Die Sache des Evangeliums *in der Kirche* ist heute aktueller denn je. Nicht in der Welt geht das Evangelium zugrunde, sondern vor allem unter den Christen.

Umfragen alarmieren uns über den Niedergang des Glaubens. Aber „der Glaube kommt aus der Predigt" (Röm. 10, 17). Wenn die Christen nicht glauben, heißt das, daß die „Predigten" ihre Funktion nicht erfüllen. „Denn wer den Namen des Herrn wird anrufen, soll selig werden. Wie sollen sie aber anrufen, an den sie nicht glauben? Wie sollen sie aber glauben, von dem sie nichts gehört haben? Wie sollen sie aber hören ohne Prediger?" (Röm. 10, 13 f.)

Das christliche Sprechen wird oft durch seinen altmodischen Stil abgewertet oder durch das Suchen nach Neuerungen, die niemandem etwas helfen; es unterliegt übrigens zu oft dem wissenschaftlichen Terrorismus. Alle diejenigen, die im Funk reden oder in der Presse schreiben, die Profis der Werbung und der Verkaufsstrategien, scheinen kaum beeinträchtigt durch die Entdeckungen der Psychoanalyse, des Strukturalismus, der materialistischen Exegese usw. Aber man wagt kaum mehr, vom Evangelium zu reden und deutlich die Gerechtigkeit durch den Glauben an Christus zu verkündigen.

Die Kirche muß wieder zu einem konkurrenzfähigen Sprechen finden; darauf kann man nicht verzichten, will man die Botschaft vermitteln, die ihr eigen ist und die sie allein übermitteln kann: das apostolische und prophetische Sprechen, das anklagt und tröstet, ermutigt und befreit.

Befreiung des in seinem Wort gegenwärtigen Christus!

Die Gerechtigkeit beginnt mehr, als man denkt, durch Gottes Gerechtigkeit, trotz allem, was man Luther vorwerfen konnte. Slogans wie „Kirche der Armen", „dienende und arme Kirche" erfordern eine Theologie des Kreuzes, um die *Macht* in der Kirche abzubauen. Denn die Macht bringt überall die Armut hervor und unterhält die Ungerechtigkeit. Die Rechtfertigung als „Akt Gottes in der Geschichte" (Casalis) entsteht aus der Ohnmacht des Kreuzes. Die Kirche hat keine andere „Macht" als das Wort des Evangeliums.

Die Stunde ist auch gekommen für den Auszug der Kirchen aus der konfessionellen Sicherheit in das gelobte Land der evangelischen Gemeinsamkeit. Wir entdecken den Punkt, an dem alle christlichen Stämme *gemeinsam ein* Volk Gottes sind. Unsere Generation ist der Verwirklichung der Verheißungen näher als die, welche ihr vorangegangen sind. Die Vergangenheit kann uns nicht lähmen. Der Glaube ist mehr einigend als trennend für uns. Es wäre Zeit, tausend Jahre Geschichte abzuschließen, den konfessionellen Feudalismus zu erledigen und uns gemeinsam bewußt der Zukunft zuzuwenden.

Luther wird immer Sache der Spezialisten sein. Aber die Bemühung, seine zugänglichsten Texte bekannt zu machen, wird sich insofern aufdrängen, als er einer unserer besten Zeugen für die Beständigkeit des apostolischen Sprechens bleiben wird. Er hatte das Genie einer lebendigen Stimme des Evangeliums *(viva vox Evangelii).* Wie kein anderer weiß er zum Christen zu sprechen von dem, was ihn allein zu einem wahren Christen macht. Er hat das Geheimnis des Sprechens vom Glauben wiedergefunden, das sich an jeden einzelnen wendet, um ihn zu bekehren und gläubig zu machen. Mit einem sehr sicheren Sinn für das einzig Notwendige hat er auf den persönlichen Glauben an Christus gesetzt, den wir von Gott empfangen. An diesem Festhalten an Christus fehlt es in der Kirche immer am meisten.

Der Glaube an Christus macht offenbar, daß Gott kraft seiner Verheißung im Leben des Christen gegenwärtig ist durch seinen Sohn und seinen Geist. Er formt das Herz und das Wesen des Gläubigen durch sein Gesetz und vergibt die Fehler. Die Predigt des Evangeliums verkündigt allen dieses Werk der Gnade und weckt in den Herzen den lebenspendenden Glauben an die göttliche Verheißung. Diese Botschaft ist der eigentliche Stoff des Denkens und Lehrens des ersten der Reformatoren. Dieses Buch hat versucht, das zu zeigen. Man kann verwirrt sein über die Vielfalt der Anwendungen, die Luther daraus ableitet, entrüstet über seine Stellungnahmen, seine theologischen und sprachlichen Verirrungen, seine Widersprüche ... Aber wer hat nicht überall im menschlichen Leben unterscheiden gelernt zwischen dem ursprünglichen Elan und dem, was übrigbleibt? Luther hat nur gelebt, um in der Kirche für die neue Vereinigung in Christus zu plädieren.

Der Katholizismus ist vielleicht am Ende des 20. Jahrhunderts zum erstenmal in seiner Geschichte fähig, nach dem 2. Vatikanischen Konzil den Sinn der Berufung Luthers zu begreifen; er wurde von den Umständen berufen, sich zum Anwalt des Evangeliums in der Kirche zu machen, ohne sich durch Hindernisse und Einwände aufhalten zu lassen; und am Ende kann man nun daraus die richtigen Schlüsse für die Zukunft der Kirche und des gemeinsamen Glaubens ziehen.

Es war dringlich geworden, die christliche Öffentlichkeit mit dieser Debatte vertraut zu machen; denn sie neigt dazu, der institutionellen Kirche gegenüber in dem Maße gleichgültig zu werden, wie man aufhört, in der Kirche eine reine Schöpfung des Evangeliums zu sehen.

Anmerkungen

Einige Kürzungen dieser deutschen Übersetzung sind (insbesondere in der Einleitung und im VII. Kapitel) darin begründet, daß der Verlag es für wünschenswert hielt, das Werk für deutsche Leser einzurichten.

Einleitung

1 Zwar gab es mehrere große Krisen des Christentums: Der Arianismus leugnete die Gottheit Jesu Christi (4. Jh.); das „eiserne Zeitalter" mußte erleben, wie das Papsttum in Ausschweifungen versank (9.—11. Jh.); es kam zum Bruch zwischen Ostkirche und Westkirche (1054); während des „großen Schismas" gab es mehrere Päpste auf einmal (1378—1417). Aber allein die Krise der Reformation widerstand allen Lösungsversuchen.

2 Ich spreche hier gewöhnlich die Sprache des Katholizismus, ohne zum Beispiel präzisierend „die *römische* Kirche" oder „der *römische* Katholizismus" zu sagen und ohne die eigentlich notwendigen Unterscheidungen zwischen „Protestantismus", „Häresie" usw. zu treffen. Diese konfessionelle Sprechweise ist Ausdruck der Realität unserer Trennung und kann dementsprechend erst mit dieser selbst verschwinden.

3 Vgl. die jährliche Bibliographie des *Lutherjahrbuchs,* das seit 1919 erscheint (gegenwärtig in Göttingen).

4 Rede Kardinal Willebrands in Evian, in: *Documentation catholique* 1569 (6. Sept. 1970), S. 761—767. (Ein Auszug aus dieser Rede ist auch abgedruckt in *Daniel Olivier:* Le procès Luther 1517—1521, Paris 1971, S. 216—218; deutsch unter dem Titel „Der Fall Luther. Geschichte einer Verurteilung 1517—1521", Stuttgart 1972, S. 229—232.)

5 Vgl. *Richard Stauffer:* Le catholicisme à la découverte de Luther, Neuchâtel 1966; deutsche Ausgabe: Die Entdeckung Luthers im Katholizismus, Zürich 1968. (Dieses Werk und die anderen, die ich öfter heranziehe, werden im folgenden abkürzend nur mit dem Namen des Autors zitiert; in diesem Fall: *Stauffer*

6 Auf dem Augsburger Reichstag von 1530 wußte Johannes Eck vierhundert und mehr Häresien Luthers aufzuzählen! Das Beispiel war von oben gegeben worden: Ohne Erläuterung waren 41 Thesen Luthers in der Bulle *Exsurge Domine* (15. Juni 1520) angeprangert worden.

7 *J. Lortz:* Die Reformation in Deutschland, 2 Bände, Freiburg i. Br. 1939—40 (4. Aufl. 1962); Bd. I, S. 192. (Im folgenden als *Lortz* zitiert.) Ich konnte oft hören, wie Lortz diese Idee wieder aufnahm.

8 Vgl. *E. Iserloh:* Luther in katholischer Sicht heute, in: *Concilium* 2 (1966), S. 231—235. (*Iserloh* zitiert an dieser Stelle *J. Lortz:* Martin Luther. Grundzüge seiner geistigen Struktur, in: *E. Iserloh/K. Repgen* (Hg.): Reformata Reformanda. Festgabe für H. Jedin, Münster 1965; Bd. I, S. 216.)

9 *O. H. Pesch:* Der gegenwärtige Stand der Verständigung, in: *Concilium* 12 (1976), S. 534—543; S. 535. Dieser Artikel ist in Zusammenhang zu sehen mit einem anderen desselben Autors: Zwanzig Jahre katholische Lutherforschung, in: *Lutherische Rundschau,* Juli 1966, S. 392—406.

10 Des weiteren *Stauffer;* vgl. *W. Beyna:* Das moderne katholische Lutherbild, Essen 1969. *G. Ph. Wolf:* Das neuere französische Lutherbild, Wiesbaden 1974, Kap. 6. In der Zeitschrift *Concilium* 12 (1976). *Lutherjahrbuch* 1977 (passim), usw.

11 Vgl. *W. Michaelis:* Die Kontroversen um die Bann-Aufhebung in: *Concilium* 12 (1976), S. 525—533.

12 *H. Jedin,* zitiert von *Pesch,* in: *Concilium* 12 (1976), S. 539.

13 Ebendort.

14 Paul Vignaux verdanke ich, vermittelt durch seine Veranstaltungen an der „Ecole des Hautes-Etudes" (vgl. sein Werk „Luther, Commentateur des Sentences", 1935, und seine Aufsatzsammlung „De saint Anselme à Luther", Paris 1976), die Erfahrung der Lektüre Luthers im Licht der Theologie des 14./15. Jahrhunderts. Durch P. Congar bin ich in die „Lortz-Schule" am Institut für europäische Geschichte in Mainz gekommen.

15 Vgl. *A. G. Hamman:* Jacques-Paul Migne. Le retour aux Pères de l'Eglise, Paris 1975.

16 Dem Luther meines „Procès Luther" (1971; deutsch: „Der Fall Luther. Geschichte einer Verurteilung", 1972) kam das Bild zugute, das ich mir bei der Lektüre seiner Texte gemacht hatte. In einem derartigen Prozeß hat der Angeklagte notwendigerweise die dankbarere Rolle. Einige katholische Kollegen haben dieses Buch falsch beurteilt, und zwar etwas unfair, wie es schon anderen vor mir aufgefallen ist. Aber das Publikum hat sich nicht davon täuschen lassen.

I. Der Glaube aller Zeiten

1 Was wäre geschehen, wenn Luther am 18. April 1521 vor dem Forum Deutschlands widerrufen hätte? Was wäre die Geschichte der letzten Jahrhunderte gewesen ohne die „protestantischen" Nationen

Deutschland, Großbritannien, die Vereinigten Staaten, ohne ihre Politik und ihre Ideologie? Die Welt, in der wir leben, ist nicht vorstellbar ohne die Denker, die aus dem Protestantismus hervorgegangen sind: Rousseau, Kant, Hegel, Nietzsche, sogar Marx ... Luthers Reformation tilgte aus der Geschichte die Möglichkeit einer Moderne im Einflußbereich Roms und in der Einheit des Glaubens.

2 Vgl. in *Concilium* 12 (1976) (siehe Vorwort) die Einwände von Katholiken, Orthodoxen, Anglikanern, Protestanten, Lutheranern. Meine Untersuchung hat mich auch in die *Library of Congress* nach Washington geführt, wo man mir liebenswürdigerweise die Erlaubnis erteilt hat, in den immensen Bereich einzudringen, wo die Lutherliteratur steht. Ich konnte einen beträchtlichen Teil der Weltproduktion in die Hand nehmen, Altes und Neues. Das hat mich in der Überzeugung bestärkt, die Forschung auf Luthers Glauben selbst konzentrieren zu müssen.

3 Vgl. *Ph. Joutard et. al.:* La Saint-Barthélemy, ou Les résonances d'un massacre, Neuchâtel 1976.

4 Vgl. *Jean Delumeau,* in: 2000 ans de christianisme, Bd. V (1976), S. 5.

5 Vgl. *Pierre Chaunu:* Le temps des Réformes, 1975 (im folgenden *Chaunu* zitiert).

6 *J. Maritain:* Trois Réformateurs: Luther, Descartes, Rousseau, 1925 (3. Aufl. 1947), S. 12: „Es handelt sich um nichts weiter als um die alte Geschichte vom — gewagt formuliert — abgefallenen Mönch." (In den späteren Auflagen: „Handelt es sich um die alte Geschichte vom abgefallenen Mönch?" ...) In einem Brief vom Dezember 1964 sagte Maritain, er ziele vor allem auf „das innere Drama, das sich in Luthers Seele abspielte". Er nahm aber keineswegs zurück, was er über Luther in „Trois Réformateurs" geschrieben hatte.

7 „Die Reformation war keineswegs ein Aufstand gegen die katholische Frömmigkeit, sondern vielmehr ihre Vollendung, ihr Höhepunkt.": *E. G. Léonard:* Histoire générale du protestantisme, Bd. I (1961), S. 10 (im folgenden: *Léonard*).

8 „Die Reformation wurde verursacht durch die Auflösung der Grundprinzipien und Grundgestaltungen, die das Mittelalter trugen." *Lortz,* Bd. I, S. 7.

9 *Delumeau,* op. cit. S. 5 und 17. Ich ziehe im folgenden öfter vom selben Autor heran: Naissance et affirmation de la Réforme, Paris 1965 (3. Aufl. 1973). Vgl. in diesem Band (im folgenden: *Delumeau*) das Kapitel *Les causes de la Réforme* und in seinem anschließenden Werk: Le catholicisme entre Luther et Voltaire, Paris 1971, die Kapitel *Christianisation* und *Déchristianisation*.

10 Die Papstkirche hat es geschafft, die Reformationsgeneration zu dieser ausschließlichen Leidenschaft für den Glauben anzustacheln, ohne die selbst Luthers Botschaft der Teilnahmslosigkeit zum Opfer gefallen

wäre. Die Unordnung war nicht schlimmer als zu anderen Zeiten. Luther leistete (wenn es ihm auch nicht darum ging ...) gute Arbeit. Nicht die Mißbräuche als solche haben zum Aufstand gegen die Lehrautorität des Papstes geführt. Ihre Bedeutung liegt darin, daß die Kirche an dem Punkt, auf dem sie damals stand, auf die religiösen Bedürfnisse nicht mehr ausreichend einzugehen imstande war.

11 Vgl. *R. Esnault:* Luther et le monachisme aujourd'hui, 1964.

12 Das Geburtsdatum ist nur wahrscheinlich. „Zu seiner Zeit wurde man noch ohne Geburtsdatum geboren": selbst Erasmus „wußte nicht, wie alt er war": *C. V. Gheorghiu:* La jeunesse du Dr Luther, 1965, S. 12 f.

13 Gheorghiu schildert gut das Klima, in dem Luther aufwuchs.

14 Ostern 1507.

15 WA III—IV; LV—LVII.

16 Der Überlieferung zufolge soll er seine Thesen an der Schloßkirche zu Wittenberg angeschlagen haben, wo man dann an Allerheiligen die Reliquien verehren würde, um Ablaß zu gewinnen. Durch den Gang der Ereignisse wurden die 95 Thesen zu einer Kriegserklärung an die römische Kirche: Im kulturellen Zusammenhang der Zeit bedeutete eine derartige Herausforderung eine öffentliche Geste der Provokation. Aber E. Iserloh hat gezeigt, daß Luther niemals das Faktum des Thesenanschlags erwähnt. 1517 wollte er sich noch keineswegs gegen den Papst auflehnen. Seine *Disputatio contra scholasticam theologiam* (4. September 1517; WA I, S. 221—228) hatte in der öffentlichen Meinung kein Echo gefunden. Wie hätte er sich träumen lassen können, daß die folgenden Thesen die Massen in Wallung bringen würden? Ein „revoltierender" Luther hätte wohl die *Dunkelmännerbriefe* (1515—17) imitiert, jenes antirömische Pamphlet aus Humanistenkreisen.

In Windeseile wurden die 95 Thesen in der Öffentlichkeit bekannt. Die Drucker witterten das gute Geschäft. In wenigen Wochen waren die Thesen überall.

Iserloh hat zumindest erreicht, daß man die (für ihn „legendäre") Tradition des Thesenanschlags weniger geräuschvoll behandelt. Es bleibt aber beim 31. Oktober 1517 als dem Anfangsdatum für die Reformation wegen des Briefes, den Luther an diesem Tag an den Erzbischof von Mainz richtete und der das römische Verfahren in Bewegung bringen mußte. — Vgl. *E. Iserloh:* Luthers Thesenanschlag. Tatsache oder Legende?, 1962; Luther zwischen Reform und Reformation, 1966. *Kl. Honselmann:* Urfassung und Drucke der Ablaßthesen M. Luthers und ihre Veröffentlichung, 1966 (die Ergebnisse der Diskussion). *K. Aland:* Martin Luthers 95 Thesen, 1965 (die Quellen). *R. Bäumer:* Die Diskussion um Luthers Thesenanschlag. Forschungsergebnisse und Forschungsaufgaben, in: *A. Franzen* (Hg.): Um Reform und Reformation, 1968 (eine Bilanz unter anderen). *R.*

Blockx: L'affichage des 95 thèses de Luther. Etat de la question, in: RHE LXII, 3/4 (1967), S. 776—791. *H. Chirat:* Quelques contributions catholiques à l'histoire des origines de la Réformation, in: RevSR (April 1968), S. 123—156. *F. Lau,* in: Lj 1967.

17 *D. Olivier:* Der Fall Luther, Stuttgart 1972.

18 Andreas Karlstadt, Luthers Wittenberger Kollege, und Thomas Müntzer.

19 WA XVIII, S. 344—361. Vgl. *Friedrich Engels:* Der deutsche Bauernkrieg, Berlin 1946. Dieses 1850 geschriebene Werk eröffnet den marxistischen Prozeß gegen Luther, der für schuldig befunden wird, sich nicht von den politischen und sozialen Vorurteilen seiner Klasse freigemacht zu haben (S. 44). Vgl. auch das Theaterstück von *Dieter Forte:* Martin Luther und Thomas Müntzer, Berlin 1971. Allgemein: *P. Blickle:* Die Revolution von 1525, 1975.

20 Diese Heirat erschien den Katholiken als Skandal. Aber Luther war vorher noch durch Staupitz als seinen Generalvikar von den Ordensgelübden entbunden worden (Oktober 1518), womit ihn dieser vor den Angriffen aus dem Augustinerorden in Schutz nahm. Vor der Krise scheint Luther nicht daran gedacht zu haben, das Kloster zu verlassen (vgl. WA Tr IV, 4707; Juli 1539). Katharina von Bora war, wie es damals häufig geschah, von ihrer Familie zwangsweise ins Kloster gesteckt worden.

21 WA XVIII, S. 551—787.

22 Man schickte ihn, in Begleitung eines Mitbruders, nach Rom, um dort die Beschwerden gegen Staupitz vorzutragen. Die Mission endete erfolglos. Auf dem Rücken traf sich Luther mit Staupitz. Diese Reise ließ wohl vor allem wenig erbauliche Eindrücke vom päpstlichen Rom in ihm zurück.

23 Zu einem Ordenskapitel der Augustiner. Es lief gerade seine Amtszeit als (Vize-) Provinzial ab, wozu er 1515 gewählt worden war. Siehe die Thesen der Heidelberger Disputation (WA I, S. 350—374) zu den Themen Gnade, Werke, Willensfreiheit, Theologie des Kreuzes, Rechtfertigung. Vgl. *H. Strohl:* Luther jusqu'en 1520, Paris 2. Aufl. 1962 (im folgenden *Strohl* zitiert).

24 Begegnung mit Cajetan, dem päpstlichen Legaten. Luther weigerte sich zum erstenmal, zu widerrufen. *Olivier:* Der Fall Luther, S. 57—73.

25 Zu den Luther-Porträts siehe *E. G. Schwiebert:* Luther and his Times, 1950, S. 573 ff. Luther war von mittlerer Größe. 1519 bestand er nur aus Haut und Knochen. Er hatte eine klare Stimme, einen durchdringenden („dämonischen") Blick; er sprach gut, war sehr gut wissenschaftlich ausgebildet und wußte die Bibel auswendig. Er konnte leicht bissig werden, hatte aber sonst ein ausgeglichenes Naturell, war leutselig und angenehm im Umgang.

26 Kritische Ausgabe seiner lateinischen und deutschen Werke: D. Martin Luthers Werke. Kritische Gesamtausgabe, Weimar 1883ff. Vier Abteilungen: *Werke* (W oder WA), 58 Bände (die Bände LV und LVIII — Register — sind noch nicht fertig). — *Tischreden* (Tr), 6 Bände, 1912—21. — *Bibel* (B), 12 Bände, 1906—61, dokumentieren Luthers Beschäftigung mit der Bibel, wobei aber die Kommentare innerhalb der ersten Abteilung publiziert sind. — *Briefe* (Br), 14 Bände, 1930—70: Tausende von Briefen Luthers, an Luther und über Luther. — Über Neudrucke informiert das *Lutherjahrbuch*.

27 Die Ordensgemeinschaften gehören zu den lebendigen Kräften der Kirche. In der Savonarola-Episode kündigte sich schon an, daß die Reformen aus der Ordensbewegung kommen würden (unter den Reformatoren waren dann auch viele Ordensleute) und daß sie eine Revolution bedeuten mußten. Florenz war die Heimat des späteren Papstes Leo X. Er mußte vor der Diktatur des Dominikaners fliehen. Als 20 Jahre später Luther auftrat, sah Leo X. in ihm das Fünklein, das die Kirche von neuem in Brand zu stecken drohte.

28 „Die humanistische Lektüre der Schrift ist keine hinreichende Bedingung für den Aufbruch. Eine religöse Revolution kann nur entstehen, wenn die Wellen höher schlagen. Um die Bewegung zum Ausbruch und zum Platzen zu bringen, war mehr und Besseres nötig als die Wissenschaft des Erasmus, als das Fragen nach dem dogmatischen Fundament und der institutionellen Struktur der sichtbaren Kirche, dazu bedurfte es der Heilsangst, und es bedurfte, mehr als eines Reformators, eines Propheten": *Chaunu*, S. 362; vgl. *Léonard*, S. 17—28.

29 *O. de la Brosse et al.*: Latran V et Trente (Histoire des conciles œcumeniques 10), 1975; deutsche Ausgabe: Lateran V und Trient (Geschichte der ökumenischen Konzilien X), Bd. I Mainz 1978.

30 *P. Imbart de la Tour*: Les origines de la Réforme, Bd. III (1914), S. 32.

31 *F.-X. Kiefl*: Martin Luthers religiöse Psyche, in: *Hochland* 15, 1 (1917/18), S. 7—28.

32 Von Rom aus gesehen, erschien der Ablaßstreit als ein Wiederaufleben der hussitischen Ketzerei (siehe S. 24 und oben Anm. 27).

33 *H. Denifle*: Luther und Luthertum in der ersten Entwickelung quellenmäßig dargestellt, 2 Bände, Mainz 1904—1909. Denifle ist über dieser Aufgabe gestorben; das Werk wurde von P. *Weiss* O. P. zu Ende geführt (die vollständigen bibliographischen Angaben wären umfangreich und kompliziert).

34 *K. A. Meissinger*: Der katholische Luther, 1952, S. 276—281 (im folgenden: *Meissinger*). Luther regte schon 1517 eine „vollständige" Ausgabe seiner Werke an, vgl. *E. Wolgast*: Die Wittenberger Luther-Ausgabe, 1971. Er warnte seine Leser vor seiner „papistischen" Vergangenheit.

Siehe auch *L. Febvre:* Un destin. Martin Luther, Paris 1968, S. 14 (im folgenden: *Febvre*). Deutsche Ausgabe unter dem Titel: Martin Luther: Religion als Schicksal, Frankfurt, Berlin, Wien 1976.

35 *Stauffer*, S. 13. (*Denifle* Bd. I, S. 763 und S. 860).

36 Vgl. *Strohl* und *Febvre*, die mit der Geschichte des Umschwungs der Forschung seit dem Ende des 19. Jahrhunderts einsetzen.

37 Vgl. außer *Strohl, Febvre* und *Meissinger* das Meisterwerk von *H. Boehmer:* Der junge Luther (1925), 6. Auflage, Stuttgart 1971. Bis zum Ende des 19. Jahrhunderts „hatten alle protestantischen Arbeiten einen fertigen Mann vorgestellt, den Kämpfer, der zum Angriff gegen Mißbräuche übergeht, der ununterbrochen in Schriften von erstaunlicher Kohärenz und Sicherheit das Programm der Reformation ausarbeitet, an deren Spitze er sich stellt. Wie war dieser Charakter ausgebildet worden, wie war er zu seinen Überzeugungen gekommen? Das wußte damals noch niemand zu sagen; die Zeitgenossen Luthers hatten nicht die Muße gehabt, das aufzuklären, so wenig wie die folgenden Generationen die Mittel dazu gehabt hätten, diese Probleme aufzuhellen": *Strohl*, S. 3 (*Delumeau*, S. 284).

38 *H. Grisar:* Luther, 3 Bände, Freiburg i. Br. 1911/12 (3. Auflage mit Ergänzungen 1924/25). Grisar eröffnete einen jedenfalls im Ton, wenn nicht auch im Inhalt, „gemäßigten" Weg für die Interpretation Luthers auf katholischer Seite. Die Qualität seiner Dokumentation hat dazu geführt, daß man ihm weitgehend gefolgt ist. Man verdankt ihm auch die Popularisierung der (apokryphen? vgl. *Meissinger*, S. 303f.) Tatsache, daß Luther das Evangelium gefunden haben soll — als er auf dem bestimmten Örtchen saß. Er hielt es übrigens für gut, die Frage nach dem geistigen Gleichgewicht des Reformators aufzuwerfen.

39 Vgl. S. 12 die Bemerkung von *Lortz*. Lortz erinnerte auch an einen anderen Pionier der katholischen Neuinterpretation Luthers, an Sebastian Merkle, einen Zeitgenossen Kiefls. *Stauffer* stellt in seinem 4. Kapitel die Entwicklung der Historiographie in Deutschland dar. Der Gipfelpunkt dieser Entwicklung war 1939 das Erscheinen des Werkes von Lortz: Die Reformation in Deutschland. Diesen Namen muß man noch die von *A. Herte, J. Hessen* und, Frankreich betreffend, *Y. Congar* (Chrétiens désunis, 1937) hinzufügen. (Siehe auch oben die Anmerkungen zum Vorwort!) Außerhalb des Katholizismus war die Interpretation Luthers vielen Veränderungen unterworfen. Vgl. *H. Stephan:* Luther in den Wandlungen seiner Kirche (1907), 2. Auflage 1951. *E. W. Zeeden:* Martin Luther und die Reformation im Urteil des deutschen Luthertums, 2 Bände, 1950—52. *H. Bornkamm:* Luther im Spiegel der deutschen Geistesgeschichte, 2. Auflage 1970. *E. Iserloh et al.:* Wandlungen des Lutherbildes, Würzburg 1966. *G. Ph. Wolf:* Das neuere französische Lutherbild, 1974.

40 Vgl. das Zitat, das sich Kardinal Willebrands (vgl. oben Anm. 4 zur

Einleitung) von P. *Congar* borgte: „Ich weiß, daß Luther leider auch heute noch bei den Katholiken in einem sehr schlechten Ruf steht, außer vielleicht in Deutschland. Ich weiß, daß er einiges an sich hat, was diesen Ruf rechtfertigen könnte. Ich weiß aber auch, daß man ihm so nicht gerecht wird: weder seiner grundlegenden Absicht, noch auch nur seinem religiösen Denken. Ich weiß schließlich auch, daß unsererseits nichts Ernstliches in bezug auf den Protestantismus getan werden kann, solange man noch keine Schritte unternommen hat, Luther wirklich zu verstehen und ihm historisch gerecht zu werden, anstatt ihn einfach zu verdammen." (Vgl. *Y. Congar:* Chrétiens en dialogue, 1964, S. 123—139).

41 *R. Garcia-Villoslada:* Raices historicas del luteranismo, Madrid 1969.

42 Lortz spricht von Mitverursachung, Mitverantwortung und Mitschuld des ganzen Katholizismus am Drama der Reformation: *J. Lortz:* Wie kam es zur Reformation?, 1950, S. 79 ff.

43 Die katholische Orthodoxie ist festgelegt durch die Konzilien von Trient und das 1. und 2. Vaticanum. Vor diesen drei Konzilien waren viele Fragen in einem Maße kontrovers, das man sich heute nicht mehr vorstellen kann.

44 *Lortz,* Bd. I, S. 192.

45 Die am Ende des Kapitels erwähnten Werke geben die alten Ausgaben an. Für Deutschland handelt es sich um die „Erlanger Ausgabe" (19. Jahrhundert) mit dem Briefwechsel Luthers, herausgegeben von *L. Enders;* die Studienausgabe „Luthers Werke in Auswahl", 8 Bände, Berlin 1912 ff., veranstaltet von *O. Clemen.* Vgl. RGG, 3. Aufl., *Lutherausgaben (H. Volz);* Lj 1977. Übrigens sind die Schriften seiner katholischen Periode (bis 1517) lange vernachlässigt worden, und es kommt noch *Unveröffentlichtes* zum Vorschein.

46 Oft hat man sogar nicht einmal die Schriften Luthers verwendet. Der Pfarrer Johann Dobeneck, genannt Cochläus (1479—1552), hatte 1549 eine polemische Summe der Taten und Schriften Luthers veröffentlicht: *Commentaria de actis et scriptis Martini Lutheri,* von der *A. Herte:* Das katholische Lutherbild im Bann der Lutherkommentare des Cochlaeus, 3 Bände, 1943, nachgewiesen hat, daß sie die katholischen Bücher über Luther vom 16. Jahrhundert bis in unsere Zeit inspiriert hat.

47 „Das möchte ich gerne sehen (...), was man ihm zum Vorwurf machen könnte: sei es in bezug auf seinen Charakter, oder auf seine Lehre, oder auf die Rolle, die er — ohne Zweifel ohne es zu wollen — bei der schrecklichen Spaltung der Kirche gespielt hat. Während dieser Mann doch eines der größten religiösen Genies der ganzen Geschichte ist! In dieser Hinsicht stelle ich ihn in eine Reihe mit Augustinus, Thomas von Aquin und Pascal. Auf andere Art ist er sogar noch größer als diese. Er hat das ganze Christentum noch einmal von vorne

an durchdacht. Er hat eine neue Synthese und eine neue Interpretation des Christentums gegeben. Dieser Mann, der doch im Mittelalter verwurzelt war, hat das Mittelalter aufgehoben. Ganz anders als Calvin, der mehr Humanist und Jurist ist, war Luther ein Mann der Kirche; er hatte theologisches Format. Er war von einer zutiefst katholischen Spiritualität. Das alles wurde überlagert und aufgehoben durch seine immense schöpferische Energie": *Y. Congar:* Une vie pour la vérité. Jean Puyo interroge le P. Congar, 1975, S. 59. (Über Calvin als „Mann der Kirche" vgl. *A. Ganoczy:* Calvin théologien de l'Eglise et du ministère, 1964; Calvin et Vatican II. L'Eglise servante, 1968, S. 10f.).

48 Die „Luthervergessenheit" des gegenwärtigen Protestantismus vermittelt das Gefühl, daß die Lehre des Reformators unseren Problemen nicht mehr gerecht wird. Die Katholiken, welche den Katholizismus, von dem Luther ja spricht, aus der Nähe kennen (*J. Wicks:* Man Yearning for Grace, 1969, S. VIff.), finden ihn weniger überholt als die protestantische Öffentlichkeit. Sie suchen die Auseinandersetzung mit seinen Texten von einem Standpunkt aus, der schon der der nicht mehr geteilten Kirche ist. Vgl. *J. Wicks* (Hg.): Catholic Scholars Dialogue with Luther, Chicago 1970 (ein Lesebuch mit Arbeiten katholischer Autoren: *Lortz, Iserloh, Pesch, Hacker, McSorley, Manns). O. H. Pesch:* Luther 1967, in: Martin Luther. 450 Jahre Reformation, Inter Nationes 1967, S. 16ff.

49 Diese Aufstellung wurde vom Übersetzer im Einverständnis mit dem Autor durch einige Hinzufügungen stärker auf Europa als Ganzes ausgerichtet.

50 Die entsetzten Kommentare über die Gewalttätigkeit und Grobheit Luthers muß man nach dem Geschmack jener Epoche beurteilen, von dem man einen Eindruck aus den Texten und Stichen gewinnen kann. *Pastor* spricht davon, daß man einem Mönch vor dem Papst den Hintern versohlte: das wiegt wohl die Rede (in Luthers Pamphleten) von der Tiara, die zu einem Nachttopf geworden ist, auf. Der Dominikaner Tetzel brüstete sich damit, sein Ablaß könnte sogar einen Mann retten, der die Jungfrau Maria geschändet hätte. Luthers Gewalttätigkeit liegt über dem, was man bei einem Propheten toleriert, was man seinem Temperament zugute hält, was man dem Eifer für die heilige Sache zuschreibt. Aber jene Epoche billigte die Übertreibungen. Zum psychologischen Aspekt des Problems siehe S. 90 ff. und zu den anstößigen Einzelheiten *Denifle* (Anm. 33).

51 „Luthers Eintritt ins Kloster war das Ergebnis einer unabweisbaren Berufung, sich dem christlichen Leben in seiner strengsten Form zu widmen", schreibt *Strohl,* seine Studie über Luthers Berufung zum Mönch zusammenfassend (S. 23—42). Diese Berufung hat eine außergewöhnliche Geschichte. Im Verlauf eines Gewitters hatte der Blitz

nahe bei Luther eingeschlagen, und er hatte das Gelübde getan, ein Mönch zu werden. Er erfüllte es binnen zwei Wochen. Nach *E. H. Erikson:* Young Man Luther. A Study in Psychoanalysis and History, New York 1958 (deutsche Ausgaben: Der junge Mann Luther. Eine psychoanalytische und historische Studie, München 1958 und Reinbek b. Hamburg 1970), wollte sich der junge Mann der Hand seines Vaters entziehen, der mit dem Gedanken umging, ihn zu verheiraten. Vgl. *Strohl,* S. 37ff. und WA VIII, S. 573f. (Abhandlung Luthers über die Mönchsgelübde. Er erklärt, er sei *neque libens et cupiens* Mönch geworden. Seinem Vater hatte er versichert, einem so schreckenerregenden Ruf des Himmels nicht widerstehen zu können). Nach *P. Weijemborg* O. F. M. (vgl. die Bibliographie von *G. Ph. Wolf,* S. 364 [Vorwort, Anm. 10]) hätte Luther den Blitzschlag erfunden und ein Wunder daraus gemacht, dem sich der Vater beugen mußte. Diese *Lüge* hätte dann in der Folge sein ganzes Denken vergiftet und die Theologie der Reformation hervorgebracht: *R. Weijemborg:* Miraculum a Martino Luthero confictum explicatne eius reformationem? in: *Antonianum* 31 (1956), s. 247—300. Aber Weijemborg legt dem Luther von 1504 und der folgenden Jahre Absichten bei, die er aus späteren Quellen deduziert und die sich keinesfalls explizit vorfinden. Vgl. *Th. Süss:* A propos de l'entrée de Luther au couvent, in: PL 5 (1957), S. 284—295. *Lortz* (Bd. I, S. 157—162) erinnert daran, daß Luther am Ende seines Noviziats für tauglich zum mönchischen Leben befunden wurde. Im Laufe seiner Klosterjahre fand man ihm nichts vorzuwerfen außer seinen übertriebenen Kasteiungen und seinen Zweifeln. Sehr schnell vertraute man ihm Ämter innerhalb des Ordens an: Unterprior, Leiter der Klosterstudien, (Vize-)Provinzial. Seine Feinde konnten ihm niemals moralische Vergehen vorwerfen. „Wir geben also zu, daß er der vorbildliche Mönch war, als der er sich gern brüstete und als den ihn im allgemeinen selbst seine Gegner gelten ließen." *L. Cristiani:* Luther au couvent, in: RQH 48, Bd. 51 (1914), S. 14.
Bekanntlich ließ sich Erasmus von seinen Verpflichtungen als Mönch dispensieren, um das Leben eines Gelehrten zu führen (*Chaunu,* S. 336).
52 WA VII, S. 814—887. Zitiert nach der *Münchener Ausgabe,* Bd. III, 3. Auflage 1950/62, S. 14f.
53 WA XXXVIII, S. 133f. (1533).
54 Die Authentizität dieses Berichtes scheint nicht bestreitbar. Vgl. *Christof Schubart:* Die Berichte über Luthers Tod und Begräbnis (Texte und Untersuchungen), Weimar 1917. *Carolyn R. S. Lenz:* A Recently Discovered Manuscript Account of Luther's Last Prayer, in: ARG 66 (1975), S. 79—92. Von katholischer Seite hat man die Legende am Leben erhalten, Luther habe sich aufgehängt. Vgl. *P. Majunke:* Die

historische Kritik über Luthers Lebensende, Mainz 1889. Diese Legende ist widerlegt worden von *Grisar*, Luther, Bd. III, S. 851—855, dem auch *Daniel-Rops* (L'Église de la Renaissance et de la Réforme, 1957) und *Cristiani* (Luther tel qu'il fut, 1955) folgen.

55 Die Häresie, „verrückt gewordene Wahrheit", ist eine Entartung des Glaubens. Die zugrunde liegende Vorstellung ist diese, daß jede Änderung des vorgegebenen Glaubens der Verderbnis des ganzen Glaubens Vorschub leistet. Aus dieser Überzeugung erklärt es sich, daß die Religionskämpfe unter Christen so brutal ausgetragen wurden. Häresie ist immer mehr als einzelne „Irrtümer". Zu Luthers Zeiten mißbrauchte man diese Lehre, um jede Opposition gegen die Macht der Geistlichkeit mundtot zu machen. Es genügte, jemanden für die Häresie verdächtig zu erklären, um ihn in Schwierigkeiten zu bringen. Luther mußte sich, schon lange bevor seine Stellungnahmen oder seine Schriften Material zu einem Prozeß aufgrund von Fakten boten, gegen Häresieanschuldigungen zur Wehr setzen. Ein Aspekt der Häresiefrage ist auch dieser: Indem die Kirche jemanden als Ketzer verurteilt, gibt sie der Tendenz nach, sich abzuschließen und auf diejenigen Wahrheiten zu beschränken, auf die sie sich stützt.

56 Vgl. *A. Hasler:* Luther in der katholischen Schultheologie, in: *Concilium* 12 (1976), S. 522—525.

57 WA I, S. 229—238 (zitiert nach der *Münchener Ausgabe*, Bd. I, 3. Auflage, 1948/62, S. 35 f.). Der Ablaß ist ein Nachlaß zeitlicher Sündenstrafen durch die Kirche. Luther sah darin eine Karikatur der Gnade Gottes.

58 Vorlesung über den Römerbrief, WA LVI, S. 172 f.; Cl Bd. V, S. 224 f.

59 *J. Lortz:* Die Reformation als religiöses Anliegen heute, 1948.

60 Namentlich *E. Iserloh;* vgl. *Pesch,* in: *Concilium* 12 (1976), S. 539.

61 An dieser Stelle folgt im Original ein Inhaltsverzeichnis der französischen Lutherausgabe, auf dessen Wiedergabe hier in der deutschen Übersetzung verzichtet wurde.

62 Luther schrieb zu einer Zeit, als es noch nicht üblich war, Bibelverse zu numerieren; dazu ging man erst in der zweiten Hälfte des 16. Jahrhunderts über. Es ist also nötig, die Verweise auf die Bibel zu vervollständigen und eventuell zu berichtigen.

63 Die bibliographischen Hinweise wurden vom Übersetzer bearbeitet, eingreifend vor allem in den Abschnitten *Kirchengeschichte* und *Luther-Ausgaben.*

II. Das Evangelium (1522)

1 „Katholische wie evangelische Gelehrte machen aber auf der anderen
Seite darauf aufmerksam, daß es schwer ist, Luthers Gedanken genau,
erschöpfend und vor allem gleichmäßig wiederzugeben, nämlich so,
daß man der Vielfalt seiner Formulierungen, die ja von ihm nie eigentlich systematisch ausgeführt wurden, gerecht wird": Kardinal *Willebrands*, s. o. Einleitung, Anm. 4. Diese Rede gibt die religiöse Absicht
Luthers zu, aber ohne irgendwelche theologischen Konzessionen.
Rom scheint sich hinter den Divergenzen der Spezialisten verschanzen
zu wollen, um der direkten Auseinandersetzung mit der Lehre Luthers aus dem Weg zu gehen.

2 Luther hat zeit seines Lebens gegen Verfälschungen seiner Lehre
durch seine Anhänger gekämpft: gegen Melanchthon, der die Rechtfertigung aus dem Glauben juristisch verstand („forensische" Rechtfertigung, siehe S. 90); gegen die Wiedertäufer, welche die Erwachse-
nen aus *dem* Grund noch einmal tauften, weil Neugeborene zu einem
Akt persönlichen Glaubens unfähig sind; gegen Agricola, der
behauptete, daß der Glaube die Verpflichtung gegenüber dem Gesetz
aufhebe, usw. Vgl. die Werke von *Léonard, Lortz/Iserloh, Edwards*
(siehe Bibliographie S. 34 f., 37).

3 WA X, 1.

4 Die Predigten selbst sind nicht frei von Polemik (siehe S. 102).

5 Luther sprach vom „Anfang des Evangeliums", wenn er den Beginn
der Reformation meinte.

6 WA X, 1, S. 8—18. Textwiedergabe hier nach der *Münchener Ausgabe*, Bd. IV der Ergänzungsreihe (3. Auflage 1960), S. 11—16. Die
Zwischenüberschriften stammen vom Autor dieses Buches, wie auch
bei künftigen Luther-Texten.

7 Nicht in allen Fällen kennen die Christen heute die Bibel besser als zu
Luthers Zeiten. Die Paulusbriefe galten für schwierig; vom Alten
Testament kannten die Gläubigen lange Zeit nichts außer dem, was in
der Messe vorgelesen wurde.

Zur Anspielung auf die Vorreden des Hieronymus (347—420): In der
Vulgata, der offiziellen lateinischen Version der Bibel, waren die
Bücher der Heiligen Schrift mit Einleitungen versehen, die meist von
Hieronymus herrührten, der auch der Autor der lateinischen Übersetzung war. Wenn man Luther hier Glauben schenken will, machte man
kaum einen Unterschied zwischen der Bibel selbst und den Kommen-
taren verschiedener Autoren. Die Vorreden der verschiedenen Bibel-
ausgaben (vgl. *M. E. Schild*: Abendländische Bibelvorreden bis zur
Lutherbibel, Gütersloh 1970) hatten für das Volk den Sinn des Evangeliums verfälscht, vgl. Luthers *Vorrede auf das Neue Testament*
(1522).

8 Man hat aus der Lehre und aus dem Leben Christi immer Rezepte und Beispiele herausgezogen. Luther wird zeigen, daß Christus kein zweiter Moses (Gesetz!) ist und daß er mehr für die Gläubigen bedeutet als die Heiligen, die man gleichermaßen als beispielhaft betrachtet.

9 Das, was er „den ersten Artikel und das Fundament des Evangeliums" nennen wird.

10 Es geht auch um diejenigen, die, obwohl sie aufrichtig sind, keine wahren Christen sind. Sie täuschen sich über sich selbst und über ihre guten Absichten. Die Pharisäer des Evangeliums, die Christus als Heuchler behandelte (Mt. 23, 13—22), galten auch für über jeden Tadel erhaben.

11 „Denn das Evangelium fordert eigentlich nicht unser Werk, daß wir damit fromm und selig werden, ja, es verdammt solche Werk, sondern es fordert nur Glauben an Christo, daß derselbe für uns Sünde, Tod und Hölle überwunden hat und also uns nicht durch unsere Werk, sondern durch seine eigen Werk, Sterben und Leiden, fromm, lebendig und selig macht, daß wir uns seines Sterbens und Überwindens mögen annehmen, als hätten wirs selber getan": *Vorrede auf das Neue Testament,* zitiert nach der *Münchener Ausgabe,* Bd. VI (3. Auflage 1958), S. 82. — Die Identifizierung des Christen mit Christus spielt eine wichtige Rolle in der lutherischen Rechtfertigungslehre. Sie resultiert aus dem Glauben an das Wort und erklärt, daß wir gerecht werden und Gott gefallen können: Gott sieht uns nicht anders an als seinen eigenen Sohn. Die katholische Theologie ist bei der Vorstellung geblieben, daß die „Gnade" „der Seele eine *göttliche Begabung* mitteilt, die in sie eindringt, sich an sie heftet und sie in einen übernatürlichen Zustand erhebt; sie macht sie der Freundschaft Gottes würdig und läßt sie die ewige Glorie erben" — nach einer Predigt, welche Kardinal Mercier (1851—1926, 1906 Erzbischof v. Mecheln) zweimal im Jahr von der Kanzel verlesen ließ. Die Vorstellung ist dieselbe. Aber dort, wo man zum Lutheraner von Jesus Christus spricht, muß sich der Katholik mit Abstraktionen begnügen.

12 Das Wort „Apostel" kommt von griechisch *apostolos,* Gesandter.

13 In der *Freiheit eines Christenmenschen* (1520) erklärt Luther, daß die guten Werke des Christen Früchte des Glaubens sind. Aber nicht die Früchte machen den Baum (vgl. Mt. 7, 16—20; 12, 33) ... „ein Christenmensch lebt nicht in sich selbst, sondern in Christo und seinem Nächsten, in Christo durch den Glauben, im Nächsten durch die Liebe". (zitiert nach der *Münchener Ausgabe,* Bd. II, 3. Auflage 1948/ 62, S. 286).

14 Der Papst, in dem Luther den Feind des Evangeliums, den Antichristen, sah. Er wirft ihm vor, den Theologiestudenten anstelle des Evangeliums Texte des Papsttums zum Studium zu geben (gemeint sind die „Dekretalen"). Die Kirche war belastet mit Lehren und Bräuchen,

welche den Gläubigen den Inhalt der Schrift verstellten. Erasmus kritisierte diese Situation ebenso wie Luther.

15 Der beste Kommentar zu *Ein klein Unterricht* ist die Folge von Predigten, um deren Einleitung es sich hier handelt („Wartburgpostille",WA X, 1; *Münchener Ausgabe* Ergänzungsreihe Bd. IV und V). Zitat nach der WA X, 1. Abteilung, 2. Hälfte, S. 7 (Schreibweise modernisiert).

III. Das Problem des Heils. Wie Luther zu Luther geworden ist

1 Luther lehnte die Transsubstantiation als *Erklärung* für die Realpräsenz ab, weil sie erst spät entstanden (13. Jahrhundert) und nicht der Heiligen Schrift entnommen war.

2 „Zuletzt hub D. Staupitz an zu mir uber Tisch, da ich so traurig und erschlagen war, und sprach: „Wie seid Ihr so traurig, Frater Martine?" Da sagte ich: Ah, wo soll ich hin? Sprach er: „Ah, Ihr wisset nicht, daß Euch solche Tentatio gut und noth ist, sonst würde nichts Guts aus Euch!" Das verstand er selbs nicht, denn er gedachte, ich wäre gelehrt, und wenn ich nicht Anfechtung hätte, so würde ich stolz und hoffärtig werden. Ich aber nahm es an, wie Paulus sagt: „Mir aber ist ein Pfahl ins Fleisch gegeben, daß ich mich der hohen Offenbarung nicht überhübe." Darüm nehme ichs auf als ein Wort und Stimme des heiligen Geistes." (WA Tr I, Nr. 122, S. 50).

3 Ich halte mich soweit wie möglich bezüglich des jungen Luther an das, was auch andere Autoren zugeben. Über die Religion des jungen Luther vergleiche das Werk von *Gheorghiu* (oben Kap. I, Anm. 12).
Luthers Jugend kennt man vor allem durch seine zahlreichen autobiographischen Hinweise. Man hat nur wenige Dokumente, die auf der Stelle abgefaßt wurden. Luthers „Rückblicke" datieren spät (bis zu dreißig Jahren nach den Ereignissen), sie entstanden zufällig (Tischgespräche ...) und sind nicht frei von einer bestimmten Tendenz. Luther deutete seine „papistische" Jugend in polemischem Sinne um. Seine vertraulichen Mitteilungen sind nur mit größter Vorsicht zu interpretieren. In der Literatur hat man es in dieser Hinsicht zuweilen an der nötigen Kritik fehlen lassen. Man stellt manche Einzelheiten als verbürgte Fakten hin, über welche die Texte mehr als einen Zweifel offen lassen. *Michelet* hat im 19. Jahrhundert aus diesen Materialien einen Band „Memoiren" gemacht, der zwar sehr lebendig ist, den man aber unter Berücksichtigung der Fakten lesen muß (Mémoires de Luther, Paris 1974).
Die großen Luther-Biographien von *Köstlin, Scheel, Boehmer, Febvre,*

Garcia-Villoslada usw. bieten die bekannten Fakten und die Debatten zu ihrem Gegenstand.

4 Vgl. *Chaunu,* S. 181ff.; *J. Huizinga:* Herbst des Mittelalters, Stuttgart 11. Auflage 1975; *Delumeau,* S. 48ff.

5 Man ließ uns singen: „Ich habe nur eine Seele/ Sie muß gerettet werden/ Vom ewigen Feuer/ Ich will sie erhalten" (wiederholen).

6 Vgl. oben Kap. I, Anm. 51.

7 *Strohl,* S. 52f. und der ganze Zusammenhang. Denifle glaubte nicht an Luthers Zeugnis über sein Leben im Kloster. Trotz alledem hatte es Luther nicht nötig, das zu *erfinden,* was er bei so vielen Gelegenheiten und immer im selben Sinn sagte. Was man an diesem Punkt kritisch einwenden muß: Der alte Luther hatte die Tendenz, die „Krise" zu dramatisieren; er unterschied nicht zwischen verschiedenen Ebenen und Daten. Aber sein Pathos ist nicht ohne jeden Inhalt, selbst wenn er die berühmte „Lutherlegende" in die Welt gesetzt hat, von der man heute abgekommen ist.

8 Er mußte zugeben, daß er dem Bösen verhaftet blieb. Muß man daran erinnern, daß in der augustinischen Tradition „Konkupiszenz" (Triebhaftigkeit) nicht nur Ausschweifung bedeutet und daß im Evangelium „Unreinheit" nicht definiert ist durch den Auto-Erotismus der Jugendzeit, wie man es Seminaristen lange Zeit weismachen wollte? Luther sagte mindestens einmal, daß er als Mönch keine schweren fleischlichen Versuchungen kannte: „Monachus ego non sensi multam libidinem. Pollutiones habui ex necessitate naturae." (1531; WA Tr I, S. 47, 15; Nr. 121; vgl. Cl Bd. VIII, S. 14, 12/13). Die Forschungen über seine Verfehlungen auf dem Gebiet der Keuschheit sind mangels ausreichend gesicherter oder ausführlicher Texte kaum schlüssig. Vgl. *Erikson:* Der junge Mann Luther, S. 174—179.

9 *Erikson,* Kap. 2 und 5.

10 Man kann Luther glauben, was er über sein Leben im Kloster sagte (vgl. die Zusammenstellung seiner Äußerungen in WA LVIII, 1). Denifles Feindseligkeit gegen Luther führt ihn zu sehr scharfsinnigen Analysen, aber auch zu abenteuerlichen Deduktionen. Ohne jeden Unterschied führt er gegen Luther die Texte der Tradition, der Liturgie oder des Rechts ins Feld (Konstitutionen der Augustiner, Missale usw.). Aber die Texte der Kirche bringen die von Individuen und Gruppen *gelebte* Realität nur teilweise zum Ausdruck. Denifle hätte sich näher dafür interessieren müssen, wie es um den Katholizismus der Generation Luthers stand, als dafür, wie er in den Büchern dargestellt wurde.

11 Obwohl der Katholizismus die Existenz „läßlicher" Sünden lehrt, macht er doch die Aufnahme in den Himmel von einer vollständigen Reinigung im *Fegefeuer* abhängig. Die Seelen im Fegefeuer sühnen die Fehler ihres Lebens in ihrer Prüfung durch das *reinigende* Feuer. Die

Sünde hat so immer etwas *Schweres* an sich, weil sie den Zugang zum Himmel *absolut gesehen* verschließt. *Als solche* führt sie immer in die Hölle. Es ist kein Kompromiß möglich zwischen der Heiligkeit und dem Bösen. Luther hätte in den Unterscheidungen der Moralisten einen Ausweg aus seinem Dilemma finden können. Aber er mußte das Problem bei der Wurzel packen.

12 *De spiritu et littera*, VIII, 14 (MPL 44, 208). Ich beschränke mich darauf, an den Gedankengang zu erinnern. Luther hat ihn bei verschiedenen Gelegenheiten wieder aufgenommen, unter anderem in einer Glosse zu Röm. 7, 6. *J. Ficker* (Hg.): Luthers Vorlesung über den Römerbrief 1515/16, Bd. I, 1908 u. ö., 62, 17—27.

13 Luther zitiert in diesem Sinne gern 1. Mos. 4, 3—4: Kain und sein Bruder Abel bringen jeder ein Opfer. Gott ist einverstanden mit Abel und seinem Opfer, aber nicht mit Kain und seinem Opfer. Der Unterschied erklärt sich aus der jeweiligen Einstellung der beiden Brüder (vgl. 1. Mos. 4, 7).

14 Imbart de la Tour beschreibt diesen „katholischen" Moralismus hervorragend. Nachdem er gezeigt hat, wie Anselm, Abälard, Petrus Lombardus und Thomas von Aquin dem augustinischen Pessimismus abgeholfen haben, diskutiert er in aller Breite Luthers Einwände, um dann zu schließen: „Durch die Vorstellung von unserem moralischen Wert und unserer Eignung zum Guten hatte die Kirche eine bewundernswerte Übung zu untadeligen Handlungen geschaffen. Sie hatte uns zur Besserung durch die Reue aufgerufen und zur Wiedergutmachung durch unsere Handlungen. Und aus all den Krümeln unserer Verdienste, die manchmal für uns selbst zuviel waren, hatte sich ein Überschuß für die Ärmsten und die Enterbten gebildet aus Gebeten und Tugenden. Aufgrund dieser Übertragbarkeit waren der Heiligenkult und der Totenkult entstanden ... Wenn uns aber allein der Glaube rettet, wenn unsere Werke nichts ausrichten für uns und die anderen, wem hilft das dann? Der Mensch ist gar nichts mehr und Gott alles." Les origines de la Réforme, Bd. III (1914), S. 33—42. Diese Seiten sind typisch dafür, wie der Katholizismus lange Zeit mit Luther fertigwurde. Sie zeigen auch die beiden Fehler dieser Widerlegungen: Man systematisiert den katholischen Glauben bis zur Unkenntlichkeit und sucht bei Luther Texte, die nicht in dieses System passen. Aber es genügt, die von Imbart de la Tour gegebenen Zitate *im Kontext* zu lesen, um festzustellen, daß er das Wesentliche *des Sprechens* ausläßt, durch das Luther in jedem Fall erklärt, was er sagen will.

15 Wird man eines Tages aufhören zu schreiben, Luther habe eine falsche Vorstellung von Gott gehabt? Die Texte beweisen vielmehr, daß er sich von ihm eine schonungslose Vorstellung gemacht hat und jeder bequemen Lösung abgeneigt war. Sein strenger Gerechtigkeitssinn

(siehe weiter unten) hinderte ihn daran zu glauben, daß sich Gott unseren Unvollkommenheiten anbequemt. Von Augustinus hatte er den Satz behalten: „Unglücklich der Mensch, dessen Handeln ohne Barmherzigkeit gerichtet wird!" Mit ihm leitete er davon ab, daß, wenn wir uns jeden Tag Verstöße verzeihen lassen müssen, die Heiligkeit des Christen nie ohne Schatten ist. Gott allein ist heilig.

16 Der Historiker der mittelalterlichen Theologie kennt die Bedeutung der Debatten, die durch Duns Scotus und seinen „Voluntarismus" eröffnet wurden. Vgl. *P. Vignaux:* De saint Anselme à Luther, Paris 1976, beispielsweise S. 237—243. Luther litt stark unter dem Einfluß dieser Vorstellung von Gott, insbesondere durch die Folgerungen, welche der Nominalismus des 14./15. Jahrhunderts daraus für die Lehre vom persönlichen Heil ableitete.

17 *P. Vignaux,* (wie Anm. 16).

18 Vgl. diesen Rückblick: „Weißt du nicht, daß der Herr selbst uns befohlen hat zu hoffen? Durch dieses eine Wort ‚befohlen' wurde ich so gestärkt, daß ich erkannte, an die Absolution glauben zu müssen, wie ich es oft auch schon vorher gehört hatte, aber durch ein dummes Zaudern gehindert meinte ich nicht, dem Wort glauben zu müssen, sondern hörte es, als ob es mich nichts anginge." (WA XL, 2, S. 412, 23—26; aus dem Lateinischen übersetzt).

19 *R. Dalbiez:* L'angoisse de Luther, S. 57, 215. Siehe S. 90 ff.

20 Die Theologie unterschied zwischen diesen beiden Strafen. Aber sie betonte, daß es sich in beiden Fällen um ein „materielles" Feuer handele. Für die einfachen Leute bedeutete dieses Bild die unendlichen Schmerzen in den Flammen der Scheiterhaufen der Inquisition.

21 Dem Gesetz, den „Vorschriften", setzte er, wie wir gesehen haben, das Evangelium entgegen. Der Glaube seiner Jugend erschien ihm zunehmend verfälscht durch eine Vorstellung vom Gesetz Gottes, das einem „Nicht-Evangelium" gleichkam, ja der Negation des neuen Evangeliums. Er versicherte, daß Röm. 1, 17: „In ihm (dem Evangelium) wird die Gerechtigkeit Gottes offenbar" für ihn lange Zeit nichts anderes gewesen war als ein zusätzlicher Beweis für die Strenge des Gesetzes, die Paulus gerade an der Stelle aufrechtzuerhalten schien, wo man es am wenigsten erwartete, im *Evangelium* (vgl. S. 62 f.). Er bekam nie genug von seinen Sarkasmen gegen die Kirchenrechtler, die er in einen Topf warf mit den „Sophisten" (den Scholastikern). Aber er selbst behauptete, Christi Versicherung, „kein Jota wird vergehen vom Gesetze" (Mt. 5, 18) *wörtlich* zu nehmen. Er ging sogar so weit, aus dem Gesetz einen Henker zu machen, der von Gott das Recht bekommen hatte, Christus zu Tode zu bringen, insofern er schuldig war durch die Sünden der Menschheit, vgl. den Kommentar zu Gal. 3, 13 (WA LVII, 3. Abteilung, S. 81). (Das Thema *Gesetz-Evangelium* steht im Zentrum dieses Buches. Wir werden darauf noch ausführlich zurückkommen.)

22 *Dalbiez* weist jede „mystische" Erklärung zurück. Für ihn wollte Luther nichts weiter als *dem Selbstmord* entkommen! Aber wie kann man einen für krank und unverantwortlich halten, den seine Mitbrüder zwischen 1510 und 1515 mit einer Gesandtschaft nach Rom schickten, mit neunundzwanzig Jahren zum Doktor der Theologie machten und zum Distriktsvikar wählten?

23 *Strohl* bietet S. 64 ff. eine gute Untersuchung zu diesem Punkt. Vgl. auch die Register in WA LVIII, 1.

24 Das Datum der reformatorischen „Entdeckung" Luthers wird oft viel früher angesetzt, um 1513—16, ja sogar vor 1510. Siehe S. 66.

25 Das Gemälde des von seinen Zweifeln besessenen Mönches gründet sich auf eine wenig kritische Lektüre der Tischreden, in denen Luther (oder jedenfalls die Verfasser) über das Mönchsregiment herzieht.

26 Man konnte im vorangehenden Kapitel feststellen, daß Luther vom Evangelium spricht wie einer, der Vergewisserung sucht, Selbstvergewisserung ...

27 Die nachfolgenden Texte zeigen, daß er sich darin auf die Lehren stützt, die er vermittelt bekommen hat, bis er ein Mittel findet, mit dem er ersetzen kann, was er als unannehmbar beurteilt. Seine anfänglichen Überzeugungen hindern ihn bisweilen lange daran, Entdeckungen auszuwerten, für die ihm noch das zusammenhangstiftende Prinzip fehlt, das ihm erlaubt, in der Folge dann wahre Dogmen daraus zu machen.

28 S. 31 mit Anm. 59.

29 „Anfechtung" und „Versuchung". Luther versteht darunter die *Versuchung, an Gott zu verzweifeln,* weil man niemals sicher sein kann, ihm zu gefallen. Vgl. *E. Vogelsang:* Die Anfänge von Luthers Christologie, 1929, S. 124 f.: „Die Anfechtung bestand ja gerade darin, daß er nie wissen konnte, ob er den nötigen Grad von Würdigung erlangt habe. Erst als er gelernt hatte, *nec meritis donat, nec demeritis negat,* erst als er wagte, sich allein auf die Güte und Barmherzigkeit Gottes zu verlassen, erst da hat die freudige Gewißheit der Rechtfertigung ihm Herz und Gewissen ergriffen."

30 Vgl. *H. Bandt:* Luthers Lehre vom verborgenen Gott, 1958.

31 Vgl. unter vielen anderen Texten die Thesen 4 und 24 der *Heidelberger Disputation* (WA I, S. 353—374; *Münchener Ausgabe* Bd. I, 3. Auflage 1951/63, S. 125—138).

32 *H. Bornkamm:* Luther. Gestalt und Wirkungen, 1975, S. 136—143.

33 *Strohl*, S. 121 ff. *Chaunu*, S. 396 ff.

34 Bei dieser Gelegenheit ruft Luther aus: „O Sautheologen!" Die ganze Passage ist voller Entrüstung über den Schaden, welcher der Kirche durch die Verwässerung der Lehre von der Sünde zugefügt wurde.

35 Einer seiner ersten Vorstöße war die Veröffentlichung der *Theologia deutsch* (1516 und 1518): *Bornkamm* (Anm. 32).

36 Eine Lehre, die versicherte, daß Gott notwendigerweise seine Gnade dem verleiht, „der alles tut, was ihm möglich ist". („Facienti quod in se est, Deus non denegat gratiam.") — Dagegen war Luther der Meinung, daß der Mensch keine andere *eigene* Möglichkeit habe, als das Böse zu tun! Er stellte sich auf einen *theologischen* Standpunkt, nicht auf einen moralischen. Vgl. die Thesen 13—16 der *Heidelberger Disputation.*

37 *Chaunu,* S. 423.

38 Denifle profitierte davon, daß er Luthers Vorlesung über den Römerbrief entdeckt hatte. Vor ihm war die Geschichte des jungen Luther vor allem durch spätere Zeugnisse bekannt, die keinen Anreiz zur Erforschung der reformatorischen Entdeckung boten.

39 Vgl. die S. 34 ff. zitierten Werke. Und vor allem: *B. Lohse* (Hg.): Der Durchbruch der reformatorischen Erkenntnis bei Luther, Darmstadt 1968 (im folgenden *Lohse* zitiert). — Der 3. Internationale Kongreß der Lutherforschung, der 1966 in Järvenpää in Finnland stattfand, gab Gelegenheit zu einem Kolloquium über diese Frage. Man erhoffte sich Lösungen. Am dritten Arbeitstag mußte man aufgeben. Keiner war imstande, die strittigen Punkte zu entscheiden. Vgl. den Bericht von *O. H. Pesch* in *Lohse,* S. 445—505.

40 *E. Wolgast:* Die Wittenberger Lutherausgabe, 1971.

41 Man beschäftigte sich in Wittenberg damit, die authentischen Dokumente über die Anfänge der Reformation zu sammeln, um es den Lutheranern zu ermöglichen, ihren Gegnern zu antworten. Man edierte die Luthertexte und diejenigen Schriftstücke, welche die historische Verkettung der Ereignisse belegten. Der 1545 veröffentlichte Band ordnet die Schriften Luthers *seit den Ablaßthesen* und umfaßt die beiden ersten Jahre der Bewegung. Die Schriften der „papistischen" Periode Luthers werden *der Vergessenheit anheimgegeben.* Sie waren schwer zu interpretieren für ein Publikum, dem man die „gesunde" Lehre eintrichterte. Luther selbst warnt seine Leser vor seinen Rückständen aus dem Papismus. Dieser „verwunschene" Teil seines Werkes nimmt in der Weimarer Ausgabe mehrere Bände ein.

42 Luther sah einen Gegensatz zwischen dem Evangelium, das die Verkündigung der Barmherzigkeit ist, und der Idee der „Gerechtigkeit", die genau das Gegenteil ist: Gerechtigkeit verzeiht nicht. Siehe die Fortsetzung des Textes. In einer Vorlesung über die Genesis heißt es kurz nach dem Vorwort: „Sooft ich aber diese Stelle las (nämlich daß im Evangelium die Gerechtigkeit Gottes geoffenbart wird), immer wünschte ich, daß Gott das Evangelium niemals geoffenbart hätte." (WA XLIII, S. 537, 19 ff. Übersetzung aus dem Lateinischen.)

43 WA LVI, S. 185, 12—186, 24.

44 Luther und seine Zeitgenossen nahmen die Aussagen der Bibel wörtlich. Daraus erklärte sich, welche Rolle in dieser Schwierigkeit die

Autorität der Schrift spielte: „Wo auch immer das Wort „Gerechtigkeit Gottes" in der Schrift stand, konnte ich es nicht anders verstehen als so, daß es nämlich die Gerechtigkeit bedeutet, nach der Gott selbst gerecht ist und richtet nach seiner Gerechtigkeit … Die ganze Schrift stand vor mir wie eine Mauer": Winter 1542/43, WA Tr V, Nr. 5553, S. 234f. (Übersetzung aus dem Lateinischen). Dieser Text scheint darauf hinzudeuten, daß Luther durch die Scholastik daran gewöhnt war, die strafende Gerechtigkeit Gottes in allen Texten der Vulgata oder der Liturgie zu sehen, wo er die Worte *iustitia Dei* fand. Andere Texte eröffneten ihm die Perspektive des Evangeliums. Aber es gab ja Röm. 1, 17: „Im Evangelium wird die *Gerechtigkeit Gottes* geoffenbart …"

45 *De spiritu et littera* IX, 15 (MPL 44, 209): „sed *iustitia Dei,* non qua Deus iustus est, sed qua induit hominem cum iustificat impium". Man zitiert diesen Text selten ausführlich. Man scheint nicht zu bemerken, daß Augustinus *wörtlich* dieselbe Auslegung von Röm. 1, 17 gibt, die Luther „gefunden" hatte. Dieses Zusammentreffen ist gerade der Grund für Luthers Überraschung. Er sagt genauer, daß die Lehre des Augustinus nicht seiner eigenen entspricht, weil er das Zitat einzig *dem Satz* des Augustinus über den Sinn von *iustitia Dei* in Röm. 1, 17 verdankt.

46 Die „Werke" haben die Funktion, den Forderungen der Gerechtigkeit Gottes Genüge zu tun. Die Formulierung vom „Glauben ohne Werke" besagt, daß die Gerechtigkeit empfangen wird im Glauben, aber nicht durch die Werke erworben werden kann.

47 Weder im *Vorwort* noch anderswo hat Luther ein *Mémorial* verfaßt wie Pascal, der darin die Erfahrung seiner Konversion schriftlich niederlegte und auf den 23. November 1654 datierte.

48 Vgl. den Auszug von *Grisar* in *Lohse,* S. 49—52.

49 Meine Meinung zu diesem Thema entspricht der einer kleinen Zahl von Autoren, namentlich Bizer und Kurz, von denen jeder seine Gründe hat. Katholischerseits Grisar und in neuerer Zeit *J. Wicks,* der feststellt, daß Luther seit 1518 das Heil einzig von der Gewißheit des Glaubens abhängig macht (Man Yearning for Grace, Wiesbaden 1967). Vgl. *Pesch,* a. a. O. K. Aland legt die reformatorische Entdeckung auf die zweite Hälfte des Februars 1518 fest *(Pesch,* S. 483). Es ist frappierend, daß sich im Kommentar zu Psalm 5, 9 (WA V, S. 144), der von 1518/19 datiert, Elemente des Berichts im *Vorwort* finden …

50 „Dies erzähle ich darum, lieber Leser, damit du beim Lesen meiner Schriftchen daran denkst, daß ich (wie ich oben schon sagte) einer von denen war, die (wie Augustinus von sich schreibt), durch Schreiben und Lehren weiter kamen, und nicht einer von denen, die, obwohl sie nichts sind, aus nichts mit einem Schlage alles werden …" *(Münchener Ausgabe* Bd. I, 3. Auflage 1951, S. 28.

51 Die Tatsache, daß sich die Debatte auf Röm. 1, 17 konzentriert, ist ohne Zweifel die Erklärung dafür, daß die Römerbrief-Vorlesung erwähnt wird. Aber das *Vorwort* lenkt die Aufmerksamkeit nicht speziell auf die *Vorlesung,* die in den vollständigen Werken des Reformators nicht publiziert werden wird. Die erste Ausgabe, die es jemals davon gab, ist die von *J. Ficker* 1908 (s. o. Anm. 12).

52 Siehe das folgende Kapitel.

53 Stand Cajetan gar am Ursprung des sich herauskristallisierenden reformatorischen Denkens, indem er Luther im Namen des Papstes dazu herausforderte, sich über das Fundament seiner theologischen Position zu erklären? Luther war dann darauf festgelegt, daß seine auf die Schrift gegründete Vorstellung von der Rechtfertigung durch den Glauben es ihm erlaubte, ja ihn verpflichtete, jeder Aufforderung zum Widerruf zu widerstehen...

54 Siehe in *Lohse,* S. 58—60 die Erörterung *Grisars* über den *Ort* der Entdeckung (oder das *Örtchen*...).

55 Die Frage bleibt offen. Ohne die späteren Zeugnisse Luthers würden die Texte aus seiner Jugendzeit die Vorstellung, daß es eine Erleuchtung gegeben habe, nicht zulassen. Die Frage nach der reformatorischen Entdeckung ist also ein Thema des *alten Luther,* und deshalb halte ich mich ans *Vorwort.* Man hat festgestellt, daß die Texte kaum eine Rekonstruktion des Ereignisses erlauben, von dem sie sprechen. Ihr Inhalt, der nie ausreichend genau ist, erlaubt vielleicht die Aussage, daß die Texte von 1518 darüber mehr sagen als die Texte von 1516: Vor 1518 erklärt Luther Röm. 1, 17, *ohne* besonderen Nachdruck auf das Problem der aktiven Gerechtigkeit zu legen oder auf die ängstigende Deutung, die er durch sie der Formulierung des Paulus zu geben verleitet wurde. Aber ging der Weg seines Denkens wirklich über Röm. 1, 17? Nach meinem Eindruck ist Luther dazu gekommen, die ganze Begebenheit in diesem Vers zusammenzufassen, weil dieser in seinen Augen zunehmend an Bedeutung gewann, als er sich Rechenschaft gab und ihm beim Nachdenken über seine Entwicklung die Geschichte wieder einfiel, die er 1545 erzählte.

56 Jedenfalls auf der intellektuellen Ebene. Wir werden noch sehen, daß die Angst sein ganzes Leben lang eine Schwierigkeit darstellte.

57 *Chaunu,* S. 417.

58 Luther wurde getragen von der geistigen (humanistischen und augustinischen) Bewegung an der Universität Wittenberg, deren brillantester Repräsentant er zunächst einmal war, nichts weiter. Vgl. die Werke von *Grane* und *Weier,* die S. 37/38 aufgeführt sind, die Arbeiten von *Heiko A. Oberman* und (älteren Datums) *K. Bauer.* Übrigens wird die geistige Vaterschaft der Reformation Luther von den Anhängern *Zwinglis* bestritten. Dieser letztere, ehemaliger Feldprediger der päpstlichen Truppen in der Schlacht von Marignano (1515), entdeckte

die Bibel unabhängig von Luther auf dem Weg des erasmianischen Humanismus. 1519 begann er in Zürich über das Matthäus-Evangelium zu predigen. Zufällig wurde dieselbe Entdeckung an zwei Orten gleichzeitig gemacht. Die Reformation Zwinglis zeigt, daß etwas passiert wäre — auch ohne Luther. Aber es ist erlaubt, daran zu zweifeln, ob der schweizerische Reformator eine so günstige Aufnahme gefunden hätte, wenn sein Publikum nicht über die Ereignisse in Deutschland auf dem laufenden gewesen wäre und nicht die Texte Luthers in der Hand gehabt hätte, die Froben in Basel schon über ganz Europa zu verbreiten begonnen hatte.

59 *Nathan Söderblom:* vgl. PL 5 (1957), 1, S. 53.

60 *G. Rupp* auf dem Kongreß in Järvenpää 1966 (oben Anm. 39). Vgl. *Ivar Asheim* (Hg.): Kirche, Mystik, Heiligung und das Natürliche bei Luther. Vorträge des Dritten Internationalen Kongresses für Lutherforschung Järvenpää, Finnland, Göttingen 1967, S. 17 (aus dem Englischen übersetzt).

61 Vgl. *Lortz*, Bd. I, S. 288 f.

62 Vgl. *Imbart de la Tour:* Les origines de la Réforme, Bd. III, S. 63, Anm. 2.

IV. Rechtfertigung durch den Glauben. Die Lehre des Römerbriefes

1 Cl Bd. V, S. 222—304 (Auszüge im Originaltext). *Münchener Ausgabe,* Bd. II der Ergänzungsreihe. 5. Auflage 1965 (*Ellwein*); englisch: Library of Christian Classics, Bd. XV, Philadelphia, London 1965 (*Pauck*), Luther's Works, Bd. XXV, usw.

2 *H. Strohl:* La substance de l'Evangile selon Luther, Paris: „La Cause" 1934, S. 258 ff. Der hier gegebene Text folgt der *Münchener Ausgabe,* Bd. VI, 3. Auflage 1958, S. 86—98. Untertitel und Kursivsetzungen von Daniel Olivier.

3 Vgl. oben II. Kap. Anm. 7.

4 Unglaube: Ungläubigkeit, Glaubenslosigkeit, Mangel an Glauben, Fehlen des Glaubens, Nicht-Glauben, Ablehnung des Glaubens, Zweifel usw. Es handelt sich hier ganz genau um Widerstand gegen das Wort Gottes. Der Unterschied zum Glauben, der rückhaltloses Annehmen des Wortes (des Geschenks Christi) ist, ist ebenso grundlegend wie der zwischen Tag und Nacht, zwischen Gut und Böse. Es gibt keine Übergänge zwischen beiden. Die Perspektive ist nicht psychologisch, sondern logisch und existentiell, auch biblisch (vgl. Paulus, Johannes ...). Man glaubt, oder man glaubt nicht.

5 Adam und Eva haben schon an Gottes Worten zu zweifeln begonnen,

bevor sie die verbotene Frucht aßen. Die Sünde hat also mit dem Unglauben angefangen.

6 Luther ist mit vielen anderen der Meinung, daß Paulus in Röm. 7, 14 *von sich selbst* spricht. Die (französische) *„Jerusalemer Bibel"* sagt im Gegensatz dazu: „Es handelt sich hier um den Menschen unter der Herrschaft der Sünde, *vor der Rechtfertigung.*" Aber der Text ist nur dann interessant, wenn der Sünder, von dem Paulus spricht, der Apostel selbst ist, und zwar *nach* der Rechtfertigung. Vgl. den Artikel von *Congar,* in: RSPT 60 (1976), S. 643, Anm. 9.

7 Nicht, daß der Glaube die Macht hätte, den Heiligen Geist zu „verschaffen". Das Geschenk des Glaubens begleitet die Ausgießung des Heiligen Geistes, die ohne Glauben nicht stattfindet: „Habt ihr den Geist empfangen durch des Gesetzes Werk oder durch die Predigt vom Glauben?" (Gal. 3, 2). Vgl. Röm. 5, 5; Gal. 3, 14; usw.

8 In diesen Gefühlen war Luther im Jahr zuvor nach Worms gegangen. Ein Jahrhundert vorher hatte sich Johann Hus, ebenfalls wie Luther mit einem Geleitbrief versehen, der Vorladung durch den Kaiser gestellt. Man hatte seine „Häresie" nicht ertragen können und ihn auf der Stelle verbrannt, unter Mißachtung des gegebenen Wortes. In Worms war die Geschichte allen in Erinnerung.

9 Es ist der Glaube, den Gott als Gerechtigkeit anrechnet: vgl. Röm. 4, 3. Gerechtigkeit ist zugleich Ausgenommensein von Sünde und jedem geben, was ihm zukommt.

10 „Ohne Glauben", das heißt in der Ungläubigkeit, fehlt jedem Verhalten, so korrekt es auch sein mag, die Haltung, die man gegenüber *Gott* braucht. Das ganze religiöse Problem besteht darin, Gott als „Gott" zu behandeln. Vgl. *Watson,* S. 37.

11 Häresie und Haß sind Haltungen der Seele, aber sie kommen aus dem „Fleisch".

12 In Sachen des Glaubens hat Luther die Autorität keines Autors außerhalb des biblischen Kanons anerkannt. Er verpflichtete sich hier, selbst den Beweis für seine Behauptungen anzutreten. Man hat ihm seinen „Hochmut" vorgeworfen. Aber er hatte nicht unrecht, daran zu erinnern, daß man sich selbst auf die Kirchenväter nicht durchgehend verlassen kann.

13 Die Natur „ohne Gnade" ist hier die Menschlichkeit *ohne Christus,* von der in Röm. 1—3 die Rede ist. Vgl. Röm. 1, 18—32.

14 Das Gesetz Gottes ist Gnade, die uns seinen Willen tun läßt. Aber dem schlecht veranlagten Menschen, dem Sünder, enthüllt es sein Unrecht, stachelt zum Aufruhr an und zu neuen Übertretungen. Luther legt dieser Lehre von Röm. 7 große Bedeutung bei, aus denselben Gründen wie Paulus: Das Gesetz muß den Menschen, der niemals ohne Fehler ist, zum Erlöser führen. Siehe S. 81 f.

15 „Ohn Verdienst", weil ein Sünder außerhalb des Standes ist, in dem er die Gerechtigkeit *Gottes verdienen* könnte.

16 Die Gerechtigkeit des Glaubens ist genau die, welche das Gesetz fordert und welche die Werke des Gesetzes niemals erreichen.

17 Gott geht über die Sünde hinweg und verdammt uns nicht, weil er Rücksicht nehmen will auf den Glauben, der genausoviel ist wie Vertrauen auf ihn, das gegen den alten Menschen ankämpft. Am Rand liest man: „Glaube fichtet on unterlas wider die sünd." (Vgl. D. Martin Luther: Biblia. Das ist die gantze Heilige Schrifft. Deudsch auffs new zugericht (Wittenberg 1545). Herausgegeben von *Hans Volz* ... Darmstadt, München, 2 Bände, 1972; Taschenbuchausgabe München 3 Bände 1974, S. 2263. Der ganze Text läuft der Vorstellung von einem Glauben zuwider, der sich einfach dem Leben überläßt. Die Dynamik von Luthers Glauben fordert die Fortdauer der Sünde. Die katholische Vorstellung vom Stand der Gnade setzt voraus, daß die Seele aus dem Stand der Sünde „ausgegangen" ist. Es scheint, daß man, indem man das Problem der Sünde auf das der Moral reduziert, sich der dynamischen Richtung beraubt, die Luther in der Bibel zu finden und auszubeuten wußte, wie man hier sieht. Vgl. *D. Olivier:* Péché, Pénitence. Critiques et „nouveautés" chez Luther et les Réformateurs du XVIe siècle, in: *Le Supplément* 120/121 (März 1977), S. 75—109.

18 Das sind Formulierungen von der Art, die Anlaß gegeben haben zu sagen, daß Luther die „gänzliche Verdorbenheit" der menschlichen Natur lehre (wie ein verfaulter Apfel). Aber was man da gerade liest und was Luthers durchgehende Position ist, erinnert etwa daran, wie ein ausländischer Freund zu einem „Feind" wird, wenn Krieg entsteht mit seinem Land. Der Mensch ist im Kriegszustand mit Gott. Er ist „von Natur aus" sein Feind. Welches auch seine Vorzüge und guten Gefühle sein mögen — er kann sich nicht anders denn als Feind Christi und seines Kreuzes verhalten. Paulus sagt nichts anderes.

19 2. Kor. 3, 3—16. Vgl. Röm. 11, 6—8. Moses war S. 42f. das Symbol des Gesetzes und als solches Christus entgegengesetzt. Aber Luther — in seinem Verständnis — kannte den wahren Sinn der Lehre des Moses, der — für ihn — von den Juden, die das Neue Testament vorführt, vergessen worden war.

20 Luther läßt keine Gelegenheit aus festzustellen, daß die Römer seiner eigenen Zeit sehr wohl auch auf sich beziehen könnten, was Paulus über ihre weit zurückliegenden Vorfahren geschrieben hatte.

21 Vgl. S. 53; Cl Bd. V, S. 336f. (WA LVII, S. 79f.)

22 Das ist die Frage des *facienti quod in se est:* siehe Kap. III, Anm. 36.

23 *Von der Freiheit eines Christenmenschen*, WA VII, S. 20—38; *Münchener Ausgabe* Bd. II, 3. Auflage 1948/62, S. 269—287.

24 *R. Garcia-Villoslada* spricht (nach *Lagrange* und *Lyonnet*) von einem „Paulinismus, der aus seiner Bahn geraten ist", *paulinismo desorbitado:* Martin Lutero, Bd. I, Kap. 8 und S. 357. In für Luther günsti-

gem Sinn: *J. Lortz:* L'épître aux Romains dans l'exégèse de Luther, in: Da Tarso a Roma. Mailand 1961, S. 78—107.

25 *G. Lindbeck:* Der Zusammenhang von Kirchenkritik und Rechtfertigungslehre, in: *Concilium* 12 (1976), S. 481—486. *Congar,* in: RSPT 60 (1976), S. 645, Anm. 27.

26 Das ist eine der Thesen des Katholiken *J. Janssen:* Geschichte des deutschen Volkes seit dem Ausgang des Mittelalters, 8 Bände, Freiburg i. Br. 1878—94. Die Katholiken glaubten an die grundlegende Unmoral Luthers und seiner Lehre. Ich habe seine Heirat mit einer Nonne schon erwähnt. In einem *Brief* an Melanchthon (1521) erklärt Luther seinem jungen Schüler, der sicher kein öffentlicher Sünder war, daß er „stark" sündigen könne, wenn er nur glaube: *pecca fortiter, sed fortius fide* (*in Christo*) (WA Br. II, S. 372). Diese paradoxe Erklärung ist, aus ihrem Kontext gerissen, zur Formel für Luthers eigene Perversion geworden. Aber der Empfänger konnte darin keine Aufmunterung zum Laster sehen. Anderswo schreibt Luther: „Wil Fraw nicht, sso kum die Magd." (WA X, 2, S. 290. Diskussion bei *Grisar,* Luther, Bd. II, S. 505). Der Grund dafür liegt darin, daß der Ehegatte, der fortwährend die ehelichen Pflichten verweigert, die Ehe *bricht.* Ein anderes Faktum ist die dem Landgrafen von Hessen 1540 zugestandene Erlaubnis, eine zweite Ehe einzugehen, *ohne die erste aufzulösen* (vgl. *Delumeau,* S. 105 f.). Luther handelte in dieser Situation als ein Beichtvater, der es auf sich nimmt, beispielsweise einem wiederverheirateten Geschiedenen die Kommunion zu erlauben. Das Problem war, den Landgrafen in eine Situation zu bringen, wo er aufhörte zu sündigen, obwohl er ehelich mit zwei Frauen zusammenlebte. Politische Gründe schlossen eine Scheidung der ersten Ehe aus. Eine Lösung war es, daß die kirchliche Autorität im Einzelfall zwei gleichzeitig bestehende Ehen für erlaubt erklärte. — Der Fall trug nicht zum Ruhm der Reformatoren bei (die Entscheidung wurde von Luther, Melanchthon und Bucer getroffen), die sich des Mißbrauchs der Schlüsselgewalt und der Servilität gegen einen mächtigen Verteidiger der Reformation schuldig machten. Er zeugt von der lutherischen Sensibilität für die Anforderungen des Gewissens (man sah nur darauf, daß Sünde vermieden werden müsse) und von einer gewissen Willkür auf dem Felde der *objektiven* Moral. Die Moral blieb unbeschädigt insofern, als der Fürst seine zweite Frau in aller Ordnung heiratete, aber die Kirche hat die Polygamie niemals autorisiert.

27 Siehe die Studien in *Vilmos Vajta* (Hg.): Luther und Melanchthon. Referate und Berichte des Zweiten Internationalen Kongresses für Lutherforschung, Göttingen 1961. Man hat gesehen, daß Luther keinesfalls die Rechtfertigung auf ein so simples Schema zurückführt.

28 Seine Vorstellung von der Gnade als „göttlichem Vermögen" führt dazu, daß er kein Interesse hat für die gewöhnliche oder heiligende

Gnade (Vermögen des *Menschen*, das ihn Gott angenehm macht) und für die gegenwärtige Gnade (Hilfe Gottes zum Tun des Guten). Diese Bedeutungen findet er *in dieser Form* nicht in der Schrift.

29 Zur Diskussion über die lutherische Rechtfertigungslehre in der neueren katholischen Theologie vgl. *M. Bogdahn:* Die Rechtfertigungslehre Luthers im Urteil der neueren katholischen Theologie, Göttingen 1971; *O. H. Pesch,* S. 37.

30 Vgl. *Strohl,* S. 10 f.

31 *Roland Dalbiez:* L'angoisse de Luther. Essai psychologique, Paris 1974. Vgl. *A. Greiner,* in: PL 24 (1976), S. 54—56; *Y. Congar:* Sur l'„angoisse de Luther", in: RSPT 60 (1976), S. 638—648. Ich kann die Kritik von P. Congar hier nicht wiedergeben. Ich entnehme ihr aber einige Einzelheiten.

32 *Paul J. Reiter:* Martin Luthers Umwelt, Charakter und Psychose, 2 Bände, Kopenhagen 1937—41. Reiter schließt die anderen Krankheiten aus, die man Luther unterstellte: Syphilis, Alkoholismus, Schizophrenie, Epilepsie, Neurasthenie. Vgl. *Armand Iselin:* Les maladies de Luther, in: *Fraternité évangélique,* Juli/August 1945. *W. Beyna:* Das moderne katholische Lutherbild, Essen 1969. *H. Bornkamm:* Luther. Gestalt und Wirkungen, 1975, S. 11 f.

33 Er bekennt, Reiter nicht gelesen zu haben, und erwähnt nicht einmal *Erik H. Erikson:* Young Man Luther. A Study in Psychoanalysis and History, New York 1950 (deutsch: Der junge Mann Luther. Eine psychoanalytische und historische Studie, München, 2. Auflage 1958 und Reinbek bei Hamburg 1970). Erikson und Dalbiez analysieren beide das bekannte Phänomen der Obszönität Luthers. Man kann zugeben, daß der „anale" Faktor beim Reformator stärker ausgeprägt ist als bei anderen.

34 Reiter hat zwölf „Krisen" in Luthers Leben gezählt: Depressionen, Wutausbrüche usw. Vgl. *Congar,* a. a. O. S. 638. Jedoch bestreitet Dr. *Lamache,* obwohl er Luther für „vollkommen unverantwortlich im religiösen Bereich" erklärt, keineswegs, „daß er sich im täglichen Leben wie ein normaler Mensch aufzuführen verstand" (*Dalbiez,* S. 9, Vorwort). Luthers Psychose sei mit seiner religiösen Erfahrung verbunden: „Sobald er das Thema der Sünde anging, wurde er von einem krankhaften Schuldgefühl mit solcher Gewalt ergriffen, daß seine Willensfreiheit aussetzte. Wenn ich bedenke, daß es mehr als wahrscheinlich ist, daß diese Schlußfolgerung, die ich mit Professor Dalbiez teile, von gewissen Lesern aus rein konfessionellen Motiven zurückgewiesen werden wird, scheint es mir im Gegenteil mehr als zweifelhaft, daß man es fertigbringen wird, sie aus rein wissenschaftlichen Gründen zu widerlegen" (ebenda). Ich werde mich anstrengen, auf einem anderen Weg als P. Congar die *theologische* Argumentation zu widerlegen. Die „Angst" findet sich bei vielen Heiligen (Augustinus, Theresa vom

Kinde Jesus, usw.). Die Angst allein als solche beseitigt noch nicht die Frage, wie man die Lehre bewerten soll. Dalbiez übrigens legt seiner theologischen Beweisführung *entscheidende* Bedeutung bei. Was die „Unverantwortlichkeit" Luthers im theologischen Bereich angeht, kann man sich ja anhand der in diesem Buch wiedergegebenen Texte ein Urteil bilden.

35 Man unterscheidet zwischen dem *speziellen* und dem *allgemeinen* Glauben: Es genügt nicht, „im allgemeinen" an die Mysterien des Glaubens zu glauben; jeder muß außerdem glauben, daß das Heil *ihn persönlich* „speziell" betrifft. Luther besteht mit Nachdruck auf diesem Sinn.

36 Oben S. 54 f.

37 Vgl. *Congar,* S. 648, der von seinem Standpunkt aus ebenfalls den Eindruck hat, daß Dalbiez andere wichtige Aspekte nicht berücksichtigt hat.

38 Siehe die Diskussion in *E.-W. Kohls:* Die Lutherforschung im deutschen Sprachbereich seit 1970, in: *Lutherjahrbuch* 1977, S. 29—33.

39 *Jacques-Benigne Bossuet* (1627—1704): Histoire des variations des églises protestantes. Dieses 1688 erschienene Werk existiert in zahlreichen Ausgaben. Dalbiez bezieht sich auf Buch 1, Nr. 7—8. An Lutherforschern außer Bossuet zitiert er nur Denifle, Grisar, Cristiani und Paquier.

40 Die „extrinsische" Rechtfertigung ist die durch Gott „von außen" auferlegte Gerechtigkeit. Sie wird unserer sündigen Realität übergestülpt. *An uns selber* bleiben wir Sünder. Die Wohltat der Anrechnung erhält nur, wer mit totaler Sicherheit an *seine eigene* Rechtfertigung glaubt. Dieser *spezielle Glaube* bewirkt, daß der Mensch „einzig durch das Faktum, daß er an seine eigene Rechtfertigung glaubt", gerechtfertigt ist (S. 18). Die *unausweichliche Sündhaftigkeit* beruht auf der Vorstellung, daß es der Mensch nicht vermeiden kann, schuldig zu werden, was er auch tun mag, aufgrund der *natürlichen* Versuchungen durch die Triebhaftigkeit (Konkupiszenz), von der Petrus Lombardus und andere die Sünden ableiteten. — Ich beschränke mich in der Diskussion auf den speziellen Glauben, welcher mein Thema ist. Was Luther selbst über die Rechtfertigung sagt, haben wir schon gesehen. Was von der Lehre von der unausweichlichen Sündhaftigkeit schon in der Scholastik da ist, könnten andere sagen.

41 Siehe S. 125. Die Frage des freien Willens war mit dem Problem des Papstes und dem der Messe ein Unterscheidungsmerkmal zwischen Protestantismus und Katholizismus. Der Ausgangspunkt der Unterscheidung steht S. 81: „Damit wird aber kund und bestätiget, daß sich niemand selbst aus Sünden zur Gerechtigkeit mit Werken kann helfen, so wenig er kann wehren, daß er leiblich geboren wird." Luther nimmt die Debatte über Sünde und Gerechtigkeit *an der Quelle* auf,

nämlich bei der Geburt in Adam (Sünde) und in Christus (Gerechtigkeit): Keiner kann sich selbst gebären. Diese auf die Schrift gestützte Vorstellung von Sünde und Gerechtigkeit ist richtig und der katholischen Tradition keineswegs fremd. Der Konflikt kommt daher, daß diese Tradition an den Wert der geistlichen Anstrengungen des Menschen vor Gott glaubt, welche Luther aus der Theologie der Rechtfertigung *auszuschließen* behauptet. Man muß den hartnäckigen Widerstand des Katholizismus gegen diesen Ausschluß festhalten wie auch Luthers Anstrengung zu beweisen, daß der Christ immer dort, wo er auf sich selbst baut, auf Christus zu bauen aufhört. Der Einsatz ist auf beiden Seiten äußerst ernsthaft (der Katholizismus verteidigt die volle moralische Verantwortlichkeit des Menschen), aber er ist nicht gleich. Jede der beiden Positionen hat ihre schwachen Punkte. Der Katholizismus steht in der Gefahr des Pelagianismus, und das Luthertum ist nicht genügend motiviert, sich grundsätzlich mit den Problemen der Moral auseinanderzusetzen. Vgl. *J. S. Preus:* Die lutherische Luther-Diskussion, in: *Concilium* 12 (1976), S. 511—517.

42 „Denn Evangelium predigen ist nichts anders, denn daß Christus zu uns komme oder uns zu sich bringe. Wenn du aber siehest, wie er wirkt und hilft jedermann, zu dem er kommet und die zu ihm gebracht werden, sollst du wissen, daß solchs der Glaube in dir wirke und er deiner Seelen eben dieselbige Hilfe und Güte anbeut durchs Evangelium. Hältst du hie still und lässest dir gut tun, das ist, so du es glaubest, daß er dir wohltue und helfe, so hast du es gewiß ...": S. 43. Der Kontext zeigt, daß sich diese Lehre auf das Versprechen Gottes gründet, das verkündet wurde durch die Propheten und verwirklicht durch Jesus Christus. Eine *objektive* Fundierung: Gott täuscht nicht. Wie kann man an Jesus Christus glauben, ohne gerecht zu sein? Luther weicht hier nicht aus. Die katholische Theologie macht geltend, daß sich niemand mit einem *perfekten* Glauben brüsten kann. Luther antwortet: Wenn man sein ganzes Leben in Unsicherheit zubringen muß, wozu ist dann der Glaube gut? Bibel und Logik wollen vielmehr, daß sich das christliche Leben auf einem soliden Fundament entwickelt. Dieses Fundament ist die vor Gott durch das Verdienst Christi erworbene Gerechtigkeit, welche man, mit Christi Hilfe, in seine Handlungen übergehen zu lassen bestrebt ist. Luther war der erste, der diese Fragen in dieser Form aufgegriffen hat.

43 Das von den Texten gestellte Problem rechtfertigt psychologische Forschungen unter der Bedingung, daß man sie nach der Gesamtheit dessen, was man über Luther weiß, interpretiert. Sonst setzt sich das psychologische Dossier über Luther aus einer *begrenzten* Zahl authentischer Fragmente (einigen Zeilen), aus gelegentlichen Bekenntnissen und Berichten *anderer* (Tischgespräche) sowie einigen isolierten Tatsachen zusammen. Den Texten über den Glauben Luthers kann

man nichts Vergleichbares nach Belieben hinzufügen; sie beweisen ein solches *Gleichgewicht,* daß es anomal ist, daß die psychologische Wissenschaft es nicht zur Kenntnis nimmt. Wenn man nicht will, daß Religion weiter nichts ist als eine „universale Neurose" (Congrès international des chrétiens en psychiatrie, in: *Le Monde,* 15. Juli 1977). Man wirft die Voraussetzungen des Christentums weg, nämlich daß es einen persönlichen, erfahrbaren Gott gibt und daß der auferstandene Christus *lebt.* Der Ausweg, den Luther in seinem Glauben gefunden hat, wird zu einem weiteren Beweis seiner Angst, usw.

44 Dalbiez zeigt nicht klar, daß Luther Hals über Kopf in diese Theologie gesprungen sei: vgl. *Congar,* S. 641.

45 Congar erweitert die zu enge Basis der These von Dalbiez. Er zeigt, daß es aufgrund der neuen Beiträge in „L'angoisse de Luther" möglich ist, die Debatte zu präzisieren, nicht aber, sie radikal zu verändern.

46 Lateinischer Text und Übersetzung ins Französische auszugsweise bei Dalbiez, S. 29 ff. — Hier zitiert nach der *Münchener Ausgabe,* Bd. I, 3. Auflage 1951/63, S. 67 ff. — Vgl. auch WA I, S. 540 ff. (Erläuterung der 7. Ablaßthese).

47 *Delumeau,* S. 287—293, zieht eine völlig ausreichende Bilanz dieser Debatte.

48 Das Thema „Luther und der Teufel" ist eine literarische Fundgrube. Vgl. den Kommentar des Abbé *Cordemoy* über die Unterhaltung zwischen Luther und dem Dämon (1681); *Gheorghiu:* La jeunesse du Dr Luther, S. 84 ff. (das Wesentliche zum Thema); *Claude Mettra:* Wittenberg ou les anges de la nuit, in: *Michelet:* Mémoires de Luther, Paris 1974, S. 11—30 (Einleitung). Weitere Zielscheiben seines Hasses: Eck, Müntzer und die Gruppierungen auf dem linken Flügel der Reformation, Erasmus.

49 Kommentar zum Brief an die Galater, 1531—35. WA XL, 1, S. 589, 8 ff. (Übersetzung aus dem Lateinischen).

V. An Jesus Christus glauben. Die Praxis des Glaubens

1 Wir haben soeben das Beispiel von Dalbiez gesehen. Ein anderer typischer Fall: der Artikel von *M. Clavel:* La nuit de Luther, in: *Le Nouvel Observateur* 89 (November 1975). Clavel zeichnet zwei widersprüchliche Porträts von Luther: „Wenn dieser Mann, der das Martyrium so sehr ersehnte, im geheimen noch repressiver als selbst seine Henker gewesen wäre …" Man findet hier zwar das Thema Antichrist, von Jesus Christus aber noch nicht einmal den Namen.

2 *Ian D. Kingston Siggins:* Martin Luther's Doctrine of Christ, Yale U. P. 1970, S. 1 (im folgenden *Siggins* zitiert). Vgl. WA XLV, S. 511, 4

(1537). Man wird im folgenden Kapitel im „Glaubensbekenntnis" Luthers die allgemeine Richtung seiner Christologie finden.

3 *M. Lienhard:* Luther témoin de Jésus Christ. Les étapes et les thèmes de la Christologie du Réformateur, Paris 1973, S. 9 (im folgenden: *Lienhard.* Deutsche Ausgabe: Luthers christologisches Zeugnis. Entwicklung und Grundzüge seiner Christologie, Göttingen 1980). Der Ausdruck „Glaube Christi" *(fides Christi)* war, ebenso wie die Formel „Gerechtigkeit Gottes", einer von den Ausdrücken, mit denen Luther sein Denken zusammenfaßte. Vgl. Augustinus: *De spiritu et littera* IX, 15 (MPL 44, 209): *Sicut autem ista fides Christi dicta est non qua credit Christus: sic et illa iustitia Dei non qua iustus est Deus. Utrumque enim nostrum est; sed ideo Dei et Christi dicitur, quod eius nobis largitate donatur* (Wie man aber vom „Glauben Christi" nicht insofern spricht, daß Christus glaubt, so ist auch mit „Gerechtigkeit Gottes" nicht ausgedrückt, daß Gott gerecht ist. Denn beides ist unser Teil; es wird aber deshalb Gott beziehungsweise Christus zugeschrieben, weil dieser es uns in seiner Großzügigkeit gegeben hat.)

4 *Ernst Wolf:* Was wollte Luther eigentlich? in: *Concilium* 2 (1966), S. 236—240. *„Tota vita et substantia Ecclesiae est in verbo dei."* (Alles Leben und das ganze Wesen der Kirche beruht auf dem Wort Gottes.) (WA VII, S. 721) *„Unica enim perpetua et infallibilis Ecclesiae nota semper fuit verbum."* (Das einzige beständige und unfehlbare Zeichen der Kirche war immer das Wort.) (WA XXV, S. 97) *Ernst Wolf:* Die Christusverkündigung bei Luther, in: *Peregrinatio* 1, 2. Auflage 1962, S. 30ff. *A. Peters:* Luthers Christuszeugnis als Zusammenfassung der Christusbotschaft der Kirche, in: KD 13 (1967), S. 1—26; 73—98.

5 Die Wittenbergisch Nachtigall, hg. v. *G. H. Seufert,* Stuttgart 1974 (Reclam).

6 Siehe Kapitel II: *Das Evangelium.*

7 Es wird deutlich werden, daß die Reinigung von Christus bewirkt wird, indem er persönlich im Leben des Christen anwesend ist, dank dem Glauben. Derjenige, der keinen Glauben hat, der Ungläubige, hat die Möglichkeit dieser Gegenwart und dieses Handelns nicht.

8 *Epistel der hohen Messe am Christtag,* WA X, 1, 1, S. 160—162; *Münchener Ausgabe* Bd. V der Ergänzungsreihe, 3. Auflage 1960, S. 142—144.

9 Vgl. WA VII, S. 42—73; *Münchener Ausgabe* Bd. II, 3. Auflage 1948/62, S. 273 f. Die Christologien der Gegenwart scheinen die Sorge nicht mehr zu haben, zeigen zu müssen, daß der Christus, von dem wir sprechen, kein anderer sein kann als der, der alles für uns ist im Glauben. Studien wie die von *F. Refoulé:* Jésus dans la culture contemporaine, in: *Les quatre Fleuves* 4 (1975), S. 6—28, oder *H. Bourgois:* Libérer Jésus. Christologies actuelles, Paris 1977, beweisen gleichzeitig, daß das Interesse an Christus nicht schwächer wird und

daß die Antwort auf die Frage: „Wer saget denn ihr, daß ich sei?"
(Matth. 16, 15) weiterhin von brennender Aktualität ist. Luther hält
sich an das Bekenntnis des Petrus: „Du bist Christus, der Sohn des
lebendigen Gottes", obwohl er auf der Tatsache besteht, daß das, was
man „verstehen" muß, zuerst einmal das ist: daß man selbst vor Gott
steht, im Lichte der Tat Jesu Christi. Siehe die bewundernswerten
Predigten über das Thema „Wie man die Passion Christi betrachten
muß" (Karwoche 1518), *Lienhard* S. 99ff. WA I, S. 336.

10 Man wird in Luthers Text einen Nachklang der Erlösungstheorie
Anselms von Canterbury vernommen haben. Diese Vorstellung, welche in der katholischen Theologie des Mittelalters herrschte (und auch
heute noch herrscht), ist eines der Zeichen für die Germanisierung der
Kirche. *M. Richard:* Le mystère de la Rédemption, 1956, S. 134,
differenziert diese Aussage. Aber in dieser Frage, die den Rahmen
meiner Darstellung sprengen würde, habe ich allen Grund, *Lortz* zu
folgen, vgl. seine Geschichte der Kirche in ideengeschichtlicher
Betrachtung, Bd. I: Altertum und Mittelalter, 21. Auflage, Münster
1962 („Zweiter Zeitraum: Das kirchliche Mittelalter. Das germanisch-
romanische Zeitalter. Die Kirche als Gestalterin des Abendlandes").

11 Zum Vorwort Luthers zu seinem ersten Psalmenkommentar bemerkt
Congar (Kap. IV, Anm. 31), S. 645f., Anm. 28: „Die ekklesiologische
Allegorie ist gut augustinisch, die Typologie ist spezifisch für Luther."
Seit dem Anfang seiner Laufbahn suchte Luther bevorzugt in der
Schrift, was Christus betrifft (im wörtlichen und im prophetischen
Sinne) und was den Christen betrifft (im typologischen Sinne).

12 Über die exegetische Methode des jungen Luther siehe die katholischen Arbeiten von *A. Brandenburg:* Gericht und Evangelium, 1960,
und *J. Vercruysse:* Fidelis populus, 1968, die beide auf die Forschungen von *G. Ebeling* verweisen.

13 Vgl. *Von der Freiheit eines Christenmenschen*, WA VII, S. 49—73;
zitiert nach der *Münchener Ausgabe*, Bd. II, 3. Auflage 1948/62, S.
273f. *Th. Beer:* Der fröhliche Wechsel. Grundzüge der Theologie
Luthers, 2 Bände, Leipzig 1974.

14 *D. Olivier:* Les deux sermons sur la double et triple justice, in: *Oecumenica* (1968), S. 39—69. *W. von Loewenich:* Duplex iustitia, 1972.
Lienhard, S. 114ff. WA II, S. 145—152; V, S. 608, 6—22.

15 S. 9—11.

16 Luther spricht von Maria in ihrer Funktion für Christus und für den
Christen. In der WA V, S. 624, 28ff. vergleicht er anläßlich der unbe-
fleckten Empfängnis Christus mit dem Honig, der sich ganz der Blüte
verdankt, ohne (in Gestalt der Biene) die Unversehrtheit der Blüte zu
beschädigen. Sein Kommentar zum Magnificat wurde von einem
katholischen Verlag in französischer Sprache neu herausgegeben (*Le
magnificat*. Übers. *H. Laponge,* Mulhouse 1967). Vgl. auch *H. Düfel:*
Luthers Stellung zur Marienverehrung, 1968.

17 *Siggins*, S. 199f.

18 Diskussion im Zusammenhang bei *Th. Süss* (Lutheraner, Husserl-Schüler): La communion au Corps du Christ, 1968. Luthers Darstellung seiner Transsubstantiationslehre: *Von der babylonischen Gefangenschaft der Kirche*, 1520 (WA VI, S. 497—573; *Münchener Ausgabe* Bd. II, 3. Auflage 1948/62, S. 153—254), *Vom Abendmahl Christi*, 1528 (WA XXVI, S. 261—509; *Münchener Ausgabe* Bd. III, 3. Auflage 1950/62, S. 285—293 — Schlußteil).

19 *Lienhard*, Kapitel 4: La christologie de Luther et la controverse sur la Cène avec ses adversaires protestants (1523—1528).

20 *Lienhard*, S. 216. Zu den Diskussionen über die Allgegenwart Christi und die Frage des potentiellen Doketismus der Christologie Luthers kann ich nur auf dieses Buch verweisen (vgl. S. 112).

21 Vgl. WA II, S. 113f. *Münchener Ausgabe* Bd. I, 3. Auflage 1951/63, S. 330f.

22 Die ökumenische Bewegung hat im Protestantismus zu einer Erneuerung der Eucharistie geführt. „Die ersten Christen wären nie auf die Idee gekommen, einen Gottesdienst ohne das Mahl der wirklichen Gegenwart Christi zu feiern. Es gibt ein Gebot Christi: ‚Tut dies zu meinem Gedächtnis!‘ Wer würde da nicht gehorchen? Die *häufige Kommunion* ist Zeichen einer mit Christus verbundenen Kirche ...“: *Église évangélique luthérienne de France, Inspection de Paris*, 1974, S. 9.

23 *Von den Konziliis und Kirchen* (1539); vgl. WA L, S. 582ff. *Lienhard*, S. 320—323. *P. Meinhold:* Luthers Sprachphilosophie, 1958.

24 WA VII, S. 35. Zur Theologie des kirchlichen Dienstes bei Luther vgl. *W. Stein* (S. 37) oder meinen Essay „Les deux visages du prêtre. Les chances d'une crise“, Paris 1971.

25 Nach Y. Congars Urteil wird Luther dem Kriterium des Verdienstes der menschlichen Freiheit Christi nicht gerecht: „Regards et réflexions sur la christologie de Luther“, in: *Congar:* Chrétiens en dialogue, 1964, S. 453—489. *Lienhard* kommt oft auf diese Auseinandersetzung zurück.

26 Die zwischen Katholiken und Protestanten kontroversen Lehren kommen im Glaubensbekenntnis nicht vor: Papst, Transsubstantiation usw. Luther läßt das Credo ohne Diskussion zu. (Es gab *eine* Schwierigkeit: „Ich glaube an die katholische Kirche ...“)

27 Die lutherische Tradition schreibt das Verdienst Christi dem „Gehorsam der ganzen Person“ zu *(obedientia totius personae Christi)*. „Die menschliche Natur allein, ohne Gottheit, hätte dem ewigen, allmächtigen Gott weder durch Gehorsam noch durch Leiden für die Sünden der ganzen Welt Genugtuung zu leisten vermocht.“ *(humana enim natura sola, sine Divinitate, aeterno, omnipotenti Deo neque obedientia neque passione pro totius mundi peccatis satisfacere valuisset):* Kon-

kordienformel (1577), II, 3; *De iustitia fidei coram Deo,* hg. *Walch,* Jena 1750, S. 641 (vgl. „Die Bekenntnisschriften der lutherischen Kirche", 3. Auflage 1956). Dieses Zitat zeigt die traditionelle Problematik: Die Menschlichkeit Christi *als solche* hat zum Nachdenken über die *alleinige* „Menschlichkeit Christi" geführt. Aber indem das Luthertum mit derselben Beharrlichkeit vom Verdienst Christi spricht wie die Katholiken, sagt es doch im allgemeinen nicht genau dasselbe. Vgl. *Lienhard,* S. 93f. und passim.

28 WA XL, 1, S. 33—688; XL, 2, S. 1—184. „Das ist nicht mehr der aus der Jungfrau geborene Sohn Gottes, sondern ein Sünder, der die Sünden des Paulus, der ein Gotteslästerer, Verfolger und Gewalttäter war, hat und trägt, wie auch die des Petrus, der Christus verleugnete, des David, der ein Ehebrecher und Mörder war", usw.

29 Ebd.

30 *Lienhard* zitiert S. 120f. typische Erklärungen protestantischer Lutherinterpreten: „Luthers Kreuzes-Lehre überbietet alle frühere Theologie durch den Ernst, mit dem er Christus die totale Gottesverlassenheit und die Hölle erleben läßt" (*Paul Althaus:* Die Theologie Martin Luthers, Gütersloh 2. Auflage 1963, S. 183). Im selben Sinn: *Vogelsang, Gogarten, A. Peters, Pinomaa, Bühler, Beintker* und, nicht zu vergessen, die grundlegende Arbeit von *W. von Loewenich:* Luthers theologia crucis (S. 37). Der Schlüssel zu dieser Auffassung ist die *Anfechtung.* A. Peters unterstreicht, daß Luther „eine tiefere Einsicht in die wahre Menschlichkeit Jesu hatte als alle Theologen vor ihm und wahrscheinlich auch nach ihm". *A. Peters:* Luthers Christuszeugnis als Zusammenfassung der Christusbotschaft der Kirche, in: KD 13 (1967), S. 96. Das Verdienst ist nicht ebenso „menschlich".

31 Vgl. die vorhergehende Anmerkung und oben S. 59.

32 Eine psychologisierende Lektüre der Passagen, in denen Luther diesen Punkt entwickelt, deutet auf die These von der „krankhaften Sündhaftigkeit" hin. Es handelt sich aber meist um ein strikt theologisches Denken, das viele Schriftstellen anklingen läßt. Vgl. These 4 der *Heidelberger Disputation.*

33 WA V, S. 603ff. *Lienhard,* S. 122ff.

34 Diese Bemerkung ist in diesem Zusammenhang von Luther selbst gemacht worden.

35 Die Idee, daß sich Christus für uns seiner Göttlichkeit entäußert hat. Vgl. *Lienhard,* S. 398, der das Mißverständnis mit Bezug auf Luther erklärt.

36 *Jürgen Moltmann:* Der gekreuzigte Gott. Das Kreuz Christi als Grund und Kritik christlicher Theologie, München 2. Auflage 1973.

37 *Moltmann,* S. 89—91. *R. Mokrosch:* Politik und Gesellschaft in der Theologie Martin Luthers, in: *Concilium* 12 (1976). *P. Althaus:* Die Ethik M. Luthers, 1965. *J. Heckel:* Lex charitatis, 2. Auflage 1973. *H.*

Bornkamm: Luthers Lehre von den zwei Reichen im Zusammenhang seiner Theologie, 3. Auflage 1969. Die im folgenden Kapitel zitierten Texte geben das Wesentliche von Luthers „Ethik" wieder, auch der der *Confessio Augustana.* In meinem Artikel „Personne chrétienne, personne sociale. Luther et la vocation du chrétien", in: *Le Supplément* 123 (November 1977), S. 489—506, habe ich eine Darstellung dieser Debatte versucht, für die mir hier der Raum fehlt.

38 *Ermahnung zum Frieden auf die zwölf Artikel der Bauernschaft in Schwaben,* WA XVIII, S. 313—315; zitiert nach der *Münchener Ausgabe* Bd. IV, 3. Auflage 1957, S. 133—135.

39 *Heidelberger Disputation,* These 28. *Siggins,* S. 80—84, zeigt die Entwicklung der Diskussion im Laufe von Luthers Leben.

40 Er hat seine widersprüchlichen Gefühle nie überwunden, außer um unfreundliche Schlüsse zu ziehen: „Obwohl es in der Stadt Rom schlimmer zugeht als in Sodom und Gomorrha, gibt es dort noch die Taufe, das Sakrament, die Stimme und den Text des Evangeliums, die Heilige Schrift, Priester, den Namen Christi, den Namen Gottes. (...) Die römische Kirche ist heilig, weil sie den heiligen Namen Gottes hat; sie hat das Evangelium, die Taufe, usw. (...) Es steht in Rom wie in Wittenberg, unserer Stadt, und mit uns selbst: Wir sind wahrlich Heilige, denn wir sind getauft, wir nehmen teil an der Kommunion, wir sind von Gott unterrichtet und werden von ihm gerufen. Wir haben die Werke Gottes bei uns: das Wort und die Sakramente. Das macht uns zu Heiligen. (...) Dort, wo das Wort und die Sakramente in der Substanz erhalten bleiben, dort ist die heilige Kirche, selbst wenn dort der Antichrist regiert, sie, die nicht im Teufelsstall noch im Schweinestall noch unter dem Haufen der Ungläubigen lagert, sondern an einem sehr edlen und sehr heiligen Ort: im Tempel Gottes. (...) Die Kirche befindet sich überall auf der Welt, wo man das Evangelium und die Sakramente hat": WA XL, 1, S. 51 f. (1531).

VI. Was für eine Reform? Die Kirche und das Evangelium

1 Trotzdem bleiben noch einige Aspekte von Luthers Evangelium zu erforschen. Dieses Kapitel bringt zahlreiche Ergänzungen. Der Akzent liegt auf dem Grundproblem *Gesetz und Evangelium* und auf den *ekklesiologischen* Konsequenzen.

2 Weil sie das *Gewissen* betrifft und von daher die Struktur einer noch fraglos *religiösen* Gesellschaft.

3 Die Weigerung Luthers, in Worms zu widerrufen, machte die Frage des Evangeliums zum Auslöser einer Krise, in der sich die Probleme der Gesellschaft mit denen der Kirche mischten. Der *politische* Faktor, von anderen gar nicht zu sprechen, war oft entscheidender als die

theologischen Fragen, denn die Fürsten waren eher als die Bischöfe zu reformieren geneigt. Und es gab ja noch andere Reformatoren. Das Evangelium Luthers erklärt also nicht alles. Man findet es nichtsdestoweniger am Ausgangspunkt der Dynamik und der entstehenden protestantischen Expansionskraft. Und man kann nicht vergessen, daß es Luther allein war, der das *Nein* von Worms gesprochen hat. Zur jeweiligen Bedeutung verschiedener Faktoren und Akteure der Reformation vgl. *Delumeau*, S. 257—280, und *Ph. Joutard et al.:* Historiographie de la Réforme, Paris 1977.

4 Siehe die vorangehende Anmerkung. Übrigens verletzt der römisch-katholische Gebrauch der Wörter „Kirche", „katholisch", „Protestantismus" usw. die Protestanten, und es wäre eigentlich notwendig, daß ich die Nuancen herausstellte, welche dieses Vokabular anspricht. Die Dinge von der (römischen) Kirche aus aufzunehmen und also auch in ihrer Sprache, scheint mir gerechtfertigt durch das Interesse, die Bemühung um eine *katholische* Luther-Interpretation weiter voranzutreiben als zum Beispiel die „ökumenische" Bilanz von *A. Brandenburg:* Martin Luther gegenwärtig, 1968, S. 43—62.

5 Die Historiker, welche meinen, daß man Luther zuviel Bedeutung zumißt, scheinen seine Schriften nicht immer allzu genau zu lesen, oder sie vergessen, daß sich die Zeitgenossen darum rissen, daß schließlich viele Autoren des 16. Jahrhunderts erst durch die moderne Wissenschaft „entdeckt" worden sind. Die radikale Neuheit der Lehre von der Rechtfertigung durch den Glauben darf nicht verdunkelt werden durch die jüngst entwickelte Forschung über die „Vorreformation" und die nicht-religiösen Faktoren der Reformation. Jede Erklärung, die den Einfluß von Luthers *Lehre* gering anschlägt, ist eine Herausforderung für die *historische* Wahrheit.

6 Der Protestantismus ist das Ergebnis der Tatsache, daß die Reformation nicht *in der Kirche* stattfand. Er hat seine eigene Logik, die deutlich unterschieden ist von derjenigen der Situation der Reformatoren im Kampf mit Rom. Wir besprechen die Texte Luthers wegen des Katholizismus und seiner Probleme, die übrigens aus diesem Grund in ihrer Mehrzahl die protestantische Öffentlichkeit nicht interessieren.

7 Hatte der Katholizismus jemals einen Sinn dafür, was für ihn Luther, die Reformation und der Protestantismus bedeuteten, insofern sie Ausdruck sind für die Frage des Evangeliums an eine Kirche, welche den höchsten Rang dem Gesetz einräumt?

8 Für die Protestanten gab es keinen „Austritt" der Reformatoren aus der Kirche, sondern nur eine Befreiung der Kirche aus der babylonischen Gefangenschaft des Papsttums.

9 Doppelt verfälscht: a) durch die Trennung zwischen Kirche und Evangelium, b) durch die widernatürlichen Akzente: *Evangelium* ohne Kirche, *Kirche* ohne Evangelium.

10 WA XXVI, S. 499ff. Cl Bd. III, S. 507ff. Hier zitiert nach der *Münchener Ausgabe* Bd. IV, 3. Auflage 1957/64, S. 285—293.

11 Dieser Anfang steht in der Perspektive der Kontroversen zwischen den ersten Strömungen der Reformation (seit 1521). Luther widerspricht denen, welche die Lehre von der Taufe (Wiedertäufer) und der Eucharistie verfälschten (siehe V. Kap., Anm. 19).

12 Luther und seine Generation erwarteten das Ende der Welt. Das Jüngste Gericht stand also unmittelbar bevor. Nach 2. Thess. 2, 3—12 sollte in der letzten Zeit der Antichrist (auch „Endchrist") erscheinen, den die Reformatoren im Papsttum ihrer Zeit verkörpert sahen.

13 Trinitarische Häresien (3./4. Jahrhundert).

14 Das Bekenntnis Christi und seiner Gnade führt zur Zurückweisung des freien Willens: Luther gibt hier klar und deutlich in wenigen Worten eine von mehreren großen Auslegungen seiner reformatorischen Lehre. In *De servo arbitrio* (1525) antwortet er Erasmus, der von Rom beauftragt war, den freien Willen zu verteidigen und an diesem neuralgischen Punkt der Reformation den Gnadenstoß zu geben. Dieses Zerwürfnis zwischen den beiden Anführern der damaligen geistigen Bewegung ist der Höhepunkt der Krise, der entscheidende Wendepunkt der Reformation; eine Auseinandersetzung, die den Dingen auf den Grund geht (vgl. *De servo arbitrio*, WA XVIII, S. 786). Es geht um die Auffassung vom *Menschen*, die jeder Theologie der Sünde und der Gnade zugrunde liegt. Für den Katholizismus hat der Mensch die Freiheit, zwischen Gut und Böse zu wählen. Luther sieht in dieser Aussage eine Leugnung der Gnade Christi: Wenn der Mensch in sich selbst die Macht hat, seine eigene Bekehrung zu Gott ins Werk zu setzen, kann er am Ende ohne Christus auskommen (siehe auch die Einleitung zum Römerbrief). Das *Glaubensbekenntnis* bedient sich eines Schemas, das dem Feudalismus entlehnt ist: Die Dienstleute eines Herrn oder eines Fürsten werden eins mit seiner Sache. Aber die von Adam herstammende Erbsünde macht uns zu Vasallen Satans, der Sünde und des Todes. Es liegt nicht an uns, uns vom Gesetz solcher Herren zu befreien. Christus muß sich ihrer Herrschaft entgegenstellen und sie auf Gnade oder Ungnade unterwerfen.

15 Die lutherische Lehre erklärt die katholische Theologie der Sünde und der Werke für *Neo-Pelagianismus*. Diese Anschuldigung geht folgerichtig aus dem Neo-Augustinismus Luthers hervor. Indem die Reformation den Konflikt auf die Kontroverse zwischen Augustinus und der pelagianischen Häresie zurückführt, bringt sie sich in eine Position der Stärke und hat leichtes Spiel. Trotz allem fehlt bei Luther die Erforschung eines entscheidenden Punktes: Warum haben Augustinus und die tausend Jahre christlichen Glaubens nach ihm dem Menschen eine zu seinem Heil wirksame Rolle zuerkannt, *obwohl sie den Pelagianismus zurückwiesen?* Die katholische Theologie der Reforma-

tionszeit enthielt (semi-)pelagianische Thesen, die dann auf dem Konzil von Trient verurteilt wurden (DB 811—813 ...): Luther hat also das Problem nicht aus der Luft gegriffen, aber seine radikale Lösung ist auch nicht ganz gerechtfertigt (vgl. die auf S. 37 angegebenen Bücher von *Pesch* und *McSorley*).

Zu den verschiedenen Auffassungen der Erbsünde: WA LVI, S. 273ff., 312ff. Luther wendet sich vor allem gegen die Theologen, die aus der Erbsünde einen Mangel an ursprünglicher Gerechtigkeit machen, ein Gedankending ohne Eigenkonsistenz.

16 Röm. 6, 23; 1. Kor. 15, 56.

17 Vgl. Matth. 24, 24.

18 1. Tim. 2, 5. Ein Text, der Luther teuer war (Anwendung anläßlich der Anrufung der Heiligen, S. 130).

19 Diese Passage bringt die Grundlage des lutherischen Radikalismus zum Ausdruck.

20 Luther definiert die Kirche durch ihre Glieder (die Gläubigen) und ihr Haupt (Christus). Das Lehramt (der Klerus) fällt heraus. Die *Papst-kirche* läßt sich nicht mit der Kirche Christi zusammenbringen. Der Papst ist auf menschlichem Felde der Führer einer Teilkirche. Einzig Christus ist das Haupt der universalen Kirche: *Von dem Papsttum zu Rom ...* (1520), WA VI, S. 285—324. Vgl. *J. Vercruysse:* Fidelis populus, 1968 (Bibliographie); *E. Kinder:* Die Verborgenheit der Kirche nach Luther, in: Reformation. Schicksal und Auftrag (Festgabe Lortz), 1958, Bd. I, S. 173—192; *Jan Aarts:* Die Lehre Martin Luthers über das Amt in der Kirche, Helsinki 1972, vor allem S. 89ff.; *Scott Hendrix:* Luther und das Papsttum, in: *Concilium* 12 (1976); Nouveau livre de la foi, 1976, S. 595ff.

21 Eine strenge Sekte, welche dem die Vergebung verweigerte, der wieder in die Sünde fiel, nachdem er einmal absolviert worden war.

22 *Gebetbüchlein,* veröffentlicht 1522: WA X, 2, S. 331—501. Vgl. *Frieder Schulz* (Hg.): Die Gebete Luthers, Gütersloh 1976.

23 Luther behauptet, die sehr alte und imposante Tradition des Gebetes für die Verstorbenen nicht zu kennen, da die Schrift darüber schweige. Die Abschaffung so vieler Gebräuche, die aus dem Fühlen und der Frömmigkeit des Volkes entstanden waren, durch die Reformation war eine unerhörte Gewalttätigkeit gegen die Kirche, den Realismus und den gesunden Menschenverstand. Sie hing bei Luther mit seiner Sorge für die fraglose Autorität der Schrift zusammen.

24 Will Luther von der *Anfechtung* sprechen (S. 59 und 114) oder andeuten, daß er sehr wohl weiß, was man über das Fegefeuer geschrieben hat?

25 Vgl. den Beginn der Ausführungen über den *Stand* in *De captivitate Babylonica ecclesiae:* „Die Kirche Christi kennt dieses Sakrament nicht; es ist von der Kirche des Papstes erfunden worden." (WA VI, S. 560; aus dem Lateinischen übersetzt).

26 Hier sind drei Einwände Luthers gegen die Messe in einem Satz beisammen: Geld, Opfer und verdienstliches Werk. Keiner bestreitet, daß die Meßpraxis in Verbindung mit dem Meßgeld zu schweren Mißbräuchen führte. „Auch für 10000 Gulden würde ich keine Messe mehr lesen!" (WA LI, S. 21, 8). Luther sah darin ein bißchen voreilig schlicht und einfach Simonie: „Die römische Kirche in der Frage der Simonie reformieren, hieße sie von Grund auf zerstören." (WA XLIII, S. 421, 5; aus dem Lateinischen). Der Einwand gegen das *Opfer* der Messe kehrt wieder in der *Confessio Augustana* (siehe S. 138). Luther wirft sich oft vor, durch seine Messen *Christus gekreuzigt* zu haben. Das Opfer Christi in der Messe schien ihm die Priester mit den Mördern Jesu auf dieselbe Stufe zu stellen. Was den verdienstlichen Wert der Messe angeht, richtete sich sein Einwand dagegen, daß man einem *Menschen* (dem zelebrierenden Priester) die Initiative zum Verdienst überließ. Wir werden auf diese verschiedenen Punkte noch zurückkommen.

27 Handelt es sich um Jugendsünden *vor* dem Eintritt Luthers ins Kloster? Aber die große Masse ähnlicher Erklärungen (WA LVIII, S. 17ff.) betrifft sein Klosterleben und in allgemeinerer Weise die lange Suche nach Gerechtigkeit durch Werke, den Mangel an Glauben an die Barmherzigkeit Gottes. Vgl. auch WA XIX, S. 262, 25: „Keiner kann mir vorwerfen, jemals Frau oder Kind von irgend jemandem besudelt zu haben."

28 *Léonard*, S. 111ff., 132ff. 1529 führte eine *Protestation* lutherischer Fürsten und Städte zur Bezeichnung „Protestanten": Man protestierte gegen die Infragestellung der ersten Errungenschaften der Reformation. Das Festhalten am Evangelium war zu diesem Zeitpunkt nicht mehr allein Sache Luthers.

29 Die beiden ersten wurden 1523 in Anvers lebendig verbrannt. Die Hinrichtung Berquins fand in Paris am 16. April 1529 statt. Über die französischen Martyrer: *R.-J. Lovy:* Les origines de la Réforme française, 1959.

30 1522/23: *De la Brosse et al.*, S. 182ff. (deutsche Ausgabe, Kap. I, Anm. 29).

31 „Der Papst war dem Konzil abgeneigt", heißt es bei *De la Brosse et al.*, S. 188. Es war die Sorge des Papsttums, die chronische Infragestellung des Primats durch die Anhänger der Konzilstheorien (die nicht alle Lutheraner waren!) nicht wieder zur Sprache zu bringen.

32 Der Text wurde von Melanchthon verfaßt, der aus der Ferne von Luther kontrolliert wurde, dem wegen des Wormser Ediktes der Aufenthalt in Augsburg verwehrt war. Zu den unterschiedlichen Meinungen Luthers und seines Stellvertreters vgl. das Werk von Maurer, das weiter unten zitiert wird, und *P. Manns:* Zum Vorhaben einer „katholischen Anerkennung der Confessio Augustana". Ökumene auf

Kosten M. Luthers?, in: *Ökumenische Rundschau*, 29. Jg. (Oktober 1977), Heft 4, S. 426—450.

33 Einige Dutzend Seiten in zwei Versionen, lateinisch und deutsch. Wie beim Traktat *Über die Freiheit eines Christenmenschen*, der ebenfalls zweisprachig abgefaßt wurde, sind die beiden Versionen nicht in allen Einzelheiten identisch.

34 Kritische Ausgabe: Die Bekenntnisschriften der evangelisch-lutherischen Kirche (1930), Göttingen, 8. Auflage 1979 (im folgenden: *Bekenntnisschriften*). — *W. Maurer:* Historischer Kommentar zur Confessio Augustana, Bd. I: 1976.

35 Die Aufstellung der *Lehr*artikel macht den Gedankengang deutlich: Artikel 1—6: Gott, Erbsünde, Sohn Gottes, Rechtfertigung, Predigtamt, neuer Gehorsam. — Artikel 7—8: Kirche, was Kirche ist. — Artikel 9—13: Taufe, Abendmahl, Beichte, Buße, Gebrauch der Sakramente. — Artikel 14—16: Kirchenordnung, Gottesdienst, bürgerliches Leben. — Artikel 17—21: Wiederkunft Christi zum Gericht, Willensfreiheit, Ursprung der Sünde, Glaube und Werke, Heiligenverehrung.
Die in Artikel 22—28 angesprochenen Mißbräuche betreffen die Kommunion unter beiderlei Gestalt, den Zölibat, die Messe, die Beichte, das Fasten und die Abstinenz, die Mönchsgelübde und die bischöfliche Gewalt. Man bemerke die Sorge um den *Ursprung* (Artikel 2, 19). Man definiert die christliche Realität, indem man *zur Quelle* zurückgeht: Gott, Erbsünde, Kommen des Gottessohns, Rechtfertigung, Verkündigung, Gehorsam. Die Reformation entsprach dem Bedürfnis, verläßliche religiöse *Grundlagen* zu finden — in einer Kirche, welche die Probleme *vom Ende her* zu nehmen pflegte. Vgl. *D. Olivier:* Péché, Pénitence (IV. Kap., Anm. 17), S. 103 f.

36 Die lutherischen Kirchen nannten sich „evangelisch". Die Calvinisten bezeichneten sich als *reformiert* „nach dem Wort Gottes".

37 Die Unfähigkeit, an Gott zu glauben, ist der Beweis *par excellence* für die Erbsünde.

38 „angeborne Seuch", *morbus seu vitium originis* (Konkupiszenz).

39 „Opfer", *hostia.* Dieser Wortgebrauch richtet sich gegen die Messe.

40 Im Vorbeigehen werden Wiedertäufer und andere Schwärmer verurteilt, die behaupteten, den Heiligen Geist ohne die „Mittel" zu haben, die Gott zu diesem Zweck gewollt hatte, und die sich auf subjektive Gaben stützten.

41 Vgl. MPL 17, 195 (Ambrosiaster).

42 „die Versammlung aller Gläubigen", *congregatio sanctorum.* In einer anderen Passage sind die beiden Vorstellungen zusammengefaßt: „Gemeinschaft der Heiligen, der wahren Gläubigen".

43 Riten und Feste, die ohne Sünde erlaubt werden können, werden

beibehalten. Aber man darf nicht glauben machen, daß der Gottesdienst als solcher heilsnotwendig sei. Alles, was in diesem Sinn gesagt und getan worden ist, steht dem Evangelium entgegen (Artikel 15).

44 *J. Hamer:* Les pécheurs dans l'Eglise. Etude sur l'ecclésiologie de Mélanchthon dans la Confession d'Augsbourg et l'Apologie, in: Festgabe Lortz, Bd. I, S. 193—208.

45 Man behauptet, daß keiner das Lehramt in der Kirche ausüben dürfe, ohne dazu in aller Form berufen zu sein (Artikel 14).

46 Zwingli machte aus dem Sakrament ein Erkennungszeichen unter Christen, ein „Abzeichen".

47 Die *Confessio Augustana* diskutiert die Frage der Sakramente nicht im Zusammenhang. Sie hebt nur einige wichtige Punkte hervor, wie Taufe und Realpräsenz, und räumt einen bedeutenden Platz dem *richtigen Gebrauch* der Sakramente ein (sie müssen den Glauben an die Verheißungen Gottes stärken). Diese Besorgnis führt zur Verteidigung der *Zeichen*, die Christus eingesetzt hat. Der Verfall der sakramentalen Zeichen beunruhigte Luther. Unter den „Gefangenschaften" der Messe in *De captivitate Babylonica ecclesiae* steht die Tatsache, daß man den Gläubigen den Kelch in der Kommunion verweigerte und sie daran hinderte, das Zeichen von Brot *und* Wein zu erfassen und das, was es bedeutet. Vgl. die (unveröffentlichte) Arbeit von *Vittorio Varca:* Le signe de la messe d'après le *De captivitate* de Martin Luther. Institut catholique de Paris 1976. Man wird sehen, daß die *Confessio Augustana* diese Vorstellung wieder aufnimmt. Bei der Taufe beispielsweise erinnert das Besprengen des Kopfes des Kindes mit den Fingerspitzen nur von ferne daran, daß Christus im Jordan untertauchte, und an die Vorstellung, daß wir in seinen Tod eingetaucht sind, um mit ihm aufzuerstehen (Röm. 6).

48 Man führt einen Text von Pseudo-Augustinus an, MPL 44, 1623.

49 „Dieweil nu die Lehre vom Glauben, die das Hauptstück ist in christlichem Wesen, so lange Zeit, wie man bekennen muß, nicht getrieben worden, sondern allein Werklehre an allen Orten gepredigt, ist davon durch die Unseren solcher Unterricht geschehen ..." (es folgt eine Zusammenfassung der Lehre Luthers, mit Hinweisen auf Augustinus, namentlich auf „das ganze *De spiritu et littera*". Das Fehlen des Evangeliums in der Kirche lag für die Reformation im wesentlichen an der den Werken zuerkannten Wirksamkeit, was zu einer tatsächlichen Vernachlässigung der Glaubensverkündigung führte und damit mit Sicherheit auch zu einer Veränderung des Gespürs für *Gott*.

50 Vgl. Augustinus, MPL 34, 2055; 40, 1025. Die wahre Erkenntnis Gottes ist nur durch den Glauben erreichbar: *E. Wolf:* Martin Luther. Das Evangelium und die Religion, in: *Peregrinatio* 1 (1954), S. 9—29. Zu dieser Frage ist im 20. Jahrhundert schon viel Tinte geflossen. Zur Kontroverse zwischen K. Barth und E. Brunner vgl. die Dissertation

von *Lode Wostyn:* La rencontre entre Dieu et l'homme dans la théologie d' Emil Brunner. Faculté catholique de Lyon 1968.

51 Die Abschaffung des Tabernakels ist eine Konsequenz derselben Idee. Sie bedeutet für den Lutheraner keineswegs eine Leugnung der Realpräsenz.

52 Man sieht hier klar, daß der Widerspruch gegen das Meß*opfer* einerseits auf die Vorstellung abzielt, daß das Opfer Christi nur für die Erbsünde galt, was ein anderes Opfer für die gegenwärtigen Sünden notwendig gemacht hätte; andererseits auf die Existenz eines anderen Sühneopfers für die Sünden, nach demjenigen, das Christus ein für alle Mal geleistet hat. Die Theologie bot den Angriffen durch die Reformation Angriffsfläche, selbst wenn die beanstandeten Thesen in annehmbarem Sinn genommen worden wären: *E. Iserloh:* Der Kampf um die Messe in den ersten Jahren der Auseinandersetzung mit Luther, Münster 1952; *E. Jamoulle:* Le sacrifice eucharistique au concile de Trente, in: NRTh 67 (1945), S. 513—531; *E. Jamoulle:* L'unité sacrificielle de la Cène, la croix et l'autel au concile de Trente, in: *Ephemerides theologicae lovanienses* 22 (1946), S. 34—69; *K. Rahner/ A. Häussling:* Die vielen Messen und das eine Opfer. Eine Untersuchung über die rechte Norm der Meßhäufigkeit, Freiburg i. Br., 2. Auflage 1966.

53 Nach dem Abbruch der Augsburger Verhandlungen (Sommer-Herbst 1530) publizierte Melanchthon eine gewichtige *Apologie* der *Confessio Augustana*, in der er ausführlich darlegte, daß die Kirche im Altertum gekannt und auch praktiziert hatte, was die Lutheraner wollten. Siehe die angegebene Ausgabe der *Bekenntnisschriften*, S. 141—404.

54 Das Schweigen der *Confessio Augustana* bedeutet nicht *a priori* Ablehnung. Die Absicht, die Hauptrichtung einer evangelischen Reformation der Kirche klar herauszustellen, führte dazu, überall die Unterschiede zu betonen. Man brauchte ja nicht alle Fragen neu zu definieren. Das Schweigen über den Papst verhüllte in Wirklichkeit ein großes Problem, worüber ich schon ein Wort gesagt habe. Im Zusammenhang der Zeit bedeutete es, daß man noch davon absah, das römische Papsttum *vor dem Kaiser* in Frage zu stellen. Melanchthon war dem Papst gegenüber übrigens nicht so feindlich eingestellt wie Luther. Das Schweigen über die *Transsubstantiation* ist weniger zweideutig: Man hielt es für ausreichend, sich mit Rom in der Frage der Realpräsenz einverstanden zu erklären (Artikel 10).

55 Ich habe von Hunderten von Häresien (404!) gesprochen, die Johannes Eck aufzählte. Außerdem verfaßte man eine *Confutatio* (Widerlegung): CR 28, Spalte 81—184 und 189—240.

56 Vgl. WA L, S. 192—254; *Münchener Ausgabe* Bd. III, 3. Auflage 1950/62, S. 292—318; *Bekenntnisschriften*, S. 407—468. — *Th. McDonough:* The Law and the Gospel in Luther, 1963.

57 Vgl. *P. Manns,* oben Anm. 32.
58 Papst Paul III. wollte seinerseits das Konzil, „um die Pest der lutherischen Häresie auszurotten".
59 WA L, S. 192—254. Hier zitiert nach *Bekenntnisschriften,* S. 419.
60 Luthers Ausführungen müssen vervollständigt werden durch den Traktat Melanchthons *Von der Gewalt und Obrigkeit des Papstes,* der in den *Bekenntnisschriften* (S. 471—498) abgedruckt ist.
61 Es war schwer zu sagen, wer bei dem Despotismus, den Ehe- und Religionssorgen Heinrichs VIII. die Oberhand behalten würde. Aber zu Beginn der Herrschaft Elisabeths I. (1558; von Pius V. 1570 exkommuniziert) wurde es offensichtlich, daß die Reformation stattgefunden hatte.
62 Worms, Hagenau und Regensburg (1539—1541). Eine Vorstellung von dieser (den Außenstehenden ...) wenig bekannten Phase der Reformationsgeschichte vermittelt *P. Fraenkel:* Les protestants et le problème de la transsubstantiation au Colloque de Ratisbonne. Documents et arguments du 5 au 10 mai 1541, in: *Oecumenica* 1968 (Gütersloh), S. 70—116.
63 Luther fragte sich das zuweilen selbst. Der Widerhall seiner Botschaft ließ ihn sagen, daß die Steine geschrien hätten (vgl. Luk. 19, 40), wenn die Anhänger des Evangeliums hätten verstummen wollen (WA XLII, S. 657, 33). Aber er dachte auch, daß, wenn er es noch einmal hätte tun müssen, es anders hätte gemacht werden müssen oder gar überhaupt nicht hätte versucht werden sollen. Die Konsequenzen seines Handelns erschreckten ihn; er war sich vieler Irrtümer bewußt (nicht derer, die ihm Rom vorwarf!). In anderen Augenblicken behielt in ihm das Bewußtsein, von Gott geführt worden zu sein, die Oberhand. Siehe die Texte in WA LVIII, S. 47 ff.

VII. Der Glaube der Papstkirche

1 Der 5. Internationale Kongreß der Lutherforschung (Lund, August 1977) brachte einen „Disput" zwischen dem Lutheraner Eric W. Gritsch und dem Katholiken A. Brandenburg über die Aktualität Luthers. Ich habe darin die Hauptideen dieses Kapitels wiedergefunden. Aber dort, wo Brandenburg eine Rezeption Luthers durch die katholische Kirche ins Auge faßt, schint es mir in erster Linie darum zu gehen, daß sich der Katholizismus des Problems vom Evangelium in der Kirche annimmt. Das ist es, was Luther forderte, und er selbst hat dabei mit Sicherheit nichts zu verlieren. (Vgl. *Leif Grane/Bernhard Lohse* (Hg.): Luther und die Theologie der Gegenwart. Referate und Berichte des 5. Internationalen Kongresses für Lutherforschung, Göttingen 1980).

2 *De la Brosse et al.* (Kap. I, Anm. 29), S. 226—230.

3 Das Laterankonzil lag weniger als dreißig Jahre zurück; der Protestantismus hatte die dem Primat des Papstes entgegengesetzten Theorien wieder ins Spiel gebracht; die Existenz des (protestantischen) Militärbündnisses von Schmalkalden bewirkte, daß man nicht mehr darauf hoffte, daß die Protestanten verhandeln würden, wenn man sie nicht zuvor mit Waffen schlagen würde ...

4 Vgl. *H. Jedin:* Geschichte des Konzils von Trient, 4 Bde., 1949—1975. *De la Brosse* gibt eine gute Darstellung der ersten Konzilsperiode 1545—47 (die anderen Perioden: 1551/52 und 1562/63). *Delumeau:* Le catholicisme entre Luther et Voltaire, S. 33—61. Nouvelle histoire de l'Eglise, Bd. III, S. 125—186.

5 Dieser Glaube an das lebendige Lehramt des Papsttums definiert den Katholizismus. Das 1. Vatikanische Konzil (1869—70) proklamierte die päpstliche Unfehlbarkeit. Der Protestantismus schreibt dem Heiligen Geist ebenso sehr die Gnade der Unfehlbarkeit in der Interpretation der Offenbarung zu. Aber anstatt im Nachfolger Petri den privilegierten Verwalter dieses Charismas zu sehen, das man der ganzen Kirche zugesteht, bringt er es mit der Schrift selbst in Verbindung und sieht es in der Gemeinschaft der Gläubigen verteilt. Vgl. die Diskussion in *B. Sesbouë:* L'Evangile dans l'Eglise, 1975, S. 64—67.

6 *De la Brosse et al.,* S. 321—346.

7 *De la Brosse et al.,* S. 339.

8 Zur Debatte über die Rechtfertigung im Lauf der Zeiten: *H. Küng:* Rechtfertigung. Die Lehre Karl Barths und eine katholische Besinnung (1957), Einsiedeln, 4. Auflage 1964.

9 Zur Auffassung der Person bei Luther siehe *Ebeling, Joest* (S. 37). Desgleichen: *W. Joest:* L'horizon eschatologique de la justification *sola fide* dans la pensée de Martin Luther, in: Etudes théologiques et religieuses 1/2 (1968), S. 69—76; *P. Hacker:* Das Ich im Glauben bei Martin Luther, 1966.

10 Nach *Ch. Baumgartner:* La Grâce du Christ, 2. Auflage, Paris 1963, S. 105—120, bereitet der Glaube, Trient zufolge, die Rechtfertigung vor (S. 112) und findet sich „im Gefolge der Gerechtigkeit" (S. 113). Er ist nicht die *Ursache.*

11 Nouvelle histoire de l'Eglise Bd. III, S. 181. Vgl. Kap. VI, Anm. 52.

12 Der Katholizismus verabscheut es, „die Kirche" als solche in die Irrtümer und Fehler seiner Geschichte mit einzubeziehen. Um so freier ist er, Kirchenmänner und Theologen zu belasten — wenn sie nicht mehr im Amt sind.

13 Durch die Einrichtung von Seminaren. *Delumeau:* Le catholicisme entre Luther et Voltaire, S. 44: „Nachdem der Bruch festgestellt war, gab Trient denen, die Rom treu blieben, das, was alle Christen des Abendlandes am Beginn der Neuzeit erstrebten: einen Katechismus

und Seelsorger." Die Reformation ihrerseits legte den Akzent auf die Schulen und auf die Predigt.

14 Der protestantische Theologe mag meinen, daß die Einwände der Reformatoren ihre ganze Kraft bewahrt haben. Aber wer wollte den Angriff in diesen Punkten mit den Worten von Luthers Glaubensbekenntnis wiederaufnehmen? Der Katholizismus hält nur das Erbe der alten *ungeteilten* Kirche aufrecht.

15 Der Katholizismus bleibt der Ausgangs- und verpflichtende Bezugspunkt der katholischen Systeme des Protestantismus. *J. Pelikan: Obedient Rebels.* Catholic Substance and Protestant Principle in Luther's Reformation, New York 1964, wünschte eine Vereinigung der „katholischen Substanz" mit dem „protestantischen Prinzip". Vgl. *G. A. Lindbeck:* Le catholicisme a-t-il un avenir?, Paris 1971, S. 56. Für einen Katholiken ist der Protestantismus im allgemeinen überzeugender als Kritik denn als Fortsetzung der Tradition (vgl. *P. Tillich:* Der Protestantismus als Kritik und Gestaltung, 1962). Die Reformatoren nahmen die Schrift für sich in Anspruch, die antike Tradition und einen persönlicheren Sinn für Glauben und Gnade. Sie gedachten nur Erfindungen und Verderbtheit zurückzuweisen und die wahre Kontinuität der Kirche sicherzustellen. Aber der heutige Protestantismus findet im Katholizismus viele Gründe dafür, den exzessiven Radikalismus der im 16. Jahrhundert erfolgten Abschaffungen zu korrigieren.

16 Die tridentinische Reform hatte, im Einklang mit der Vergangenheit der römischen Tradition, nichts gemeinsam mit einem Programm wie dem der *Confessio Augustana.* Die Historiker sprechen aus diesen Gründen gern von *zwei Reformationen* des 16. Jahrhunderts. Aber für den Protestanten brachte die katholische Reform nichts Neues. Das neue Faktum der Krise war gut und gerne ein massenhafter Ausbruch des Gewissens in Reaktion auf das Evangelium der Rechtfertigung aus dem Glauben. Die Konzilsväter von Trient sahen in der Reformation nur eine Strafe der Vorsehung für die Pflichtvergessenheit der Hierarchie. Wenn aber alles auf eine glücklicherweise überwundene Schwäche zurückzuführen ist, hätte dann die Kirche nicht früher oder später ihre Einheit wiederhergestellt?

17 Die Verteidiger der Orthodoxie erschüttert das nicht im geringsten. Daß die Protestanten Christen sind und daß die Tatsachen ihnen oft recht gegeben haben, ist eine Sache. Aber das ändert nichts daran, daß sie im Irrtum sind. Die eingeschränkte Logik einer solchen Haltung erlaubt die Frage nicht, ob Rom die Probleme nicht schlecht gesehen hat.

18 Das Bedürfnis der einen wie der anderen Seite, zu zeigen, daß man in der Kontinuität der Kirche steht, hat zu einem Aufblühen biblischer, patristischer und kirchengeschichtlicher Forschung geführt.

19 *J. Delumeau:* Le christianisme va-t-il mourir?, Paris 1977, sowie die schon angeführten Werke.

20 Man schonte nicht einmal die Kinder: Die Töchter protestantischer Familien des Poitou wurden ins Kloster gesteckt, die Söhne zu den Jesuiten (*J. Rivierre:* La vie des protestants en Poitou après la Révocation 1685—1700, 2. Auflage 1977).

21 Der protestantische Antipapismus („no popery!") war nicht besser. Aber es steht eigentlich nicht in Frage, welche der beiden christlichen Strömungen behaupten kann, besser als die andere zu sein.

22 *Delumeau:* Le christianisme va-t-il mourir?, Paris 1977.

23 *H. A. Oberman:* Werden und Wertung der Reformation, 1977, S. 8, Anm. 3, zitiert diesen aufschlußreichen Text: *„Expedit enim pro nobis, ut non more religiosorum faciamus mencionem laborum, vigiliarum, disciplinarum, castigacionum, jejuniorum, abstinenciarum etc. in litteris confraternitatum nostrarum, de quibus nobis coram Deo et hominibus non est gloriandum sicut ipsis gloriosis."* (Wir tun gut daran, daß wir nicht nach Art der Ordensleute unsere Arbeiten, Nachtwachen, Übungen, Kasteiungen, Fasten, Abstinenzen etc. in den Briefen unserer Bruderschaften erwähnen, deren wir uns vor Gott und den Menschen nicht rühmen sollen, wie die Heiligen sich rühmen.)

24 Das Schriftprinzip hätte es verdient, in Trient als eine Entwicklung der Lehre angesehen zu werden. Die Kirche hat nie die Erfahrung der eigentümlichen Fruchtbarkeit der Schrift wie der Protestantismus gemacht. Die Bibel ist eines der wahren Fundamente der Kirche.

25 *H. Godin/Y. Daniel:* La France, pays de mission?, Paris 1962. Vgl. *Chr. Frey:* Mysterium der Kirche. Öffnung zur Welt, Göttingen 1969 (die französische katholische Theologie bis zum Konzil). Abbé Godin stellte fest, daß 1943 in Frankreich eine ganze Schicht, Millionen von Menschen, vom Evangelium noch nicht erreicht waren.

26 *Sesboüé, Lindbeck* (oben Anm. 5 und 15). P. Sesboüé hält sich kaum beim Problem des *Nicht*-Evangeliums in der Papstkirche auf.

27 *M. Vidal:* L'Eglise peuple de Dieu dans l'histoire des hommes, 1975 (Bibliographie).

28 *G. Casalis,* zitiert von *F. Refoulé:* Deux Réformes, in: Etudes théologiques et religieuses 1/2 (1968), S. 80. Vgl. *A. Ganoczy:* Calvin et Vatican II. L'Eglise servante, 1968.

29 Die Verbrüderung unter Privatpersonen bringt die Vereinigung der Kirchen keinen Schritt weiter. Sie gehört zu den Tatsachen und ändert nichts am Recht.

30 Die Lehre von Trient läßt nichtsdestoweniger einen viel größeren Interpretationsspielraum zu, als die Gegenreformation behauptete. Vgl. *A. Dulles:* La foi, le dogme et les chrétiens, 1975.

31 Paul VI.: Annoncer l'Evangile aux hommes de notre temps, Paris

1976; Texte der Synode 1974: L'Eglise de cinq continents (herausgegeben von *Jacques Potin*/*Ch. Ehlinger,* D. C.), Paris 1975.

32 *Eric W. Gritsch* auf dem Kongreß von Lund (vgl. Anm. 1).

33 *G. Casalis:* Protestantisme, 1976, S. 22f.

34 Die Unvereinbarkeit von Luthers Glauben mit dem katholischen Glauben, die in Trient festgestellt wurde, ist nicht das wahre Hindernis. Alles Übel kam von der von Anfang an verfälschten Problematik. Die behauptete Ausschließlichkeit Trients hat nur volle Gültigkeit in dieser Perspektive, die sich nicht mehr aufdrängt.

35 Vgl. *Jean Guitton:* Orthodoxie, in: *Le Monde,* 26. Oktober 1977.